经管核心课程系列

数字经济与贸易

Digital Economy and Trade

主 编 沈华夏 张雅丽

复旦大学 出版社

前　言

随着21世纪信息技术的突飞猛进，尤其是互联网、大数据、云计算、物联网和人工智能等技术的广泛应用，全球经济正经历着前所未有的数字化转型。这一转型不仅改变了生产方式、消费模式和就业结构，还重塑了全球贸易的格局和规则。数字经济的兴起，已经成为推动全球经济增长的新引擎，对经济发展、社会进步和国际政治经济关系产生了深远的影响。习近平总书记在主持中央政治局第三十四次集体学习时强调，数字经济发展速度之快、辐射范围之广、影响程度之深前所未有，正在成为重组全球要素资源、重塑全球经济结构、改变全球竞争格局的关键力量。党的二十大报告指出，推动货物贸易优化升级，创新服务贸易发展机制，发展数字贸易，加快建设贸易强国。作为贸易强国建设的三大支柱之一，推动数字贸易高质量发展已成为中国扩大高水平制度型开放、深化更宽更广领域合作的重要战略抉择。当前，数字贸易正在成为中国外贸增长新亮点、经济发展新引擎。

正是在这样的背景下，我们编写了《数字经济与贸易》这本教材。我们希望通过这本教材，为读者提供一个全面了解数字经济与贸易的窗口，帮助读者掌握数字经济的基本概念、原理和实践，理解数字贸易的发展趋势和规则，以及探讨数字经济时代的机遇与挑战。本教材是上海商学院国家级一流本科专业建设试点国际经济与贸易专业的阶段性建设成果之一，同时也是教育部新文科项目建设成果之一。本书的编写充分结合了二十大精神、国家"十四五"教育改革与发展规划指导和"新文科"教育理念，科学系统总结学习我国数字经济和数字贸易实践取得的成就和经验，分析未来需要应对的挑战，致力于为加快建设贸易强国、推进中国式现代化发展、实现中华民族伟大复兴的中国梦添砖加瓦。

本书具有以下特色：

第一，跨学科知识融合。在数字经济的浪潮中，单一学科的视角已不足以全面解析其复杂性。本教材突破传统框架，融合经济学、管理学、法学、计算机科学等多个学科的理论与方法，构建了一个多维度的数字经济与贸易知识体系。从数字技术的底层逻辑到商业模式的创新路径，从法律法规的政策导向到国际贸易的实战策略，教材内容涵盖了数字经济的全链条，旨在培养学生的系统思维和综合分析能力。

第二，前沿技术与理论并重。本教材不仅注重理论知识的传授，更侧重于对前沿技术的探讨和应用。通过深入讲解区块链、人工智能、大数据、云计算等新兴技术，揭示这些技术如何推动经济模式的转变和贸易方式的革新。同时，教材还涉及这些技术背后的算法原理、发展瓶颈和未来趋势，使学生能够紧跟科技发展的步伐，把握数字经济的脉动。

第三，国际案例与本土实践相结合。本书精选了全球范围内的数字经济与贸易案例，从欧美发达国家的数字治理经验到亚洲新兴市场的电子商务模式，从国际巨头企业的数字化转型到中国数字经济的创新实践，旨在为学生提供宽广的国际视野和丰富的比较视角。同时，本书着重分析了中国在数字经济领域的战略布局和政策导向，帮助学生深刻理解本土市场的特点和机遇。

第四，实践教学与互动学习相融合。为了提高教学的实践性和互动性，教材设计了多样化的实践教学模块，包括案例分析、模拟扮演、小组讨论等。通过模拟数字经济中的各种商业场景和贸易流程，学生可以在实践中应用理论知识，提升解决实际问题的能力。此外，本书还鼓励学生参与在线讨论、分享观点、提出创意，通过互动学习激发学生的思考和创新。

第五，政策分析与商业策略相结合。本书深入分析数字经济与贸易领域的政策环境，从数据治理、隐私保护、市场准入到税收政策，揭示了政策如何塑造数字经济的发展趋势和企业的商业策略。通过对政策背景、政策内容和政策影响的系统解读，学生可以洞察政策背后的经济逻辑和商业机会，培养其战略思维和决策能力。同时，本书还提供了企业如何制定数字经济战略、如何应对政策变化的策略指导，帮助学生理解商业决策与政策环境的互动关系。

本书的出版得到上海商学院领导的大力支持，原校长唐海燕教授对教材出版提供了大量支持，并提出中肯的建议。本书由上海商学院商务经济学院沈华夏博士、张雅丽副教授担任主编，负责全书的统稿。编写人员分工如下：上海商学院商务经济学院张雅丽副教授编写第一章，沈华夏博士与国际商务硕士陈梓欣编写第二、三章，赵华伟博士编写第四、五章，周宜昕教授编写第六、七章，余红心博士编写第八、九章。在编写过程中，我们注重理论与实践的结合，不仅系统地介绍了数字经济的理论基础和贸易模式，还通过大量的案例分析，展示了数字经济在不同领域的应用和影响。同时，我们也关注数字经济的国际视角，分析了主要国家和地区的数字经济发展状况，以及全球数字贸易的格局。我们希望这本教材能够成为高等院校经济、管理、贸易等专业的学生的重要参考书，也期待它能够为政府决策者、企业管理人员以及对数字经济感兴趣的广大读者提供有价值的信息和启示。在数字经济的浪潮中，让我们一起探索、学习、实践，共同迎接这个充满机遇和挑战的新时代。

为方便教学，本书配备了电子课件等教学资源。凡选用本书作为教材的教师均可登录复旦大学出版社教学服务网(http://edu.fudanpress.com)免费下载。由于编者水平有限，书中疏漏、错误和不足之处难以避免，恳请读者批评、指正。主编沈华夏、张雅丽的邮箱分别为 huaxias_shu@163.com 和 zhangyl@sbs.edu.cn。

编 者
2024 年 9 月

目 录

第1章 导论 ··· 1
  1.1 数字经济与贸易的产生背景 / 1
  1.2 数字经济与贸易的内涵 / 4
  1.3 数字经济与贸易的学习方法、研究对象和学习的意义 / 11
  本章小结 / 14
  思考题 / 15
  参考文献 / 15

第2章 数字经济与贸易理论基础 ··· 16
  2.1 政治经济理论基础 / 16
  2.2 数字要素变革 / 20
  2.3 数字产品市场 / 23
  2.4 双边市场与平台经济 / 30
  2.5 数字贸易的比较优势 / 36
  2.6 数字经济交易成本 / 40
  2.7 数据价值链 / 45
  本章小结 / 50
  思考题 / 51
  参考文献 / 51

第3章 数字经济与贸易的测度与统计 ······································· 53
  3.1 数字经济量化测度 / 53
  3.2 数字贸易量化测度 / 62
  本章小结 / 69
  思考题 / 69
  参考文献 / 69

第4章 全球数字经济与贸易发展概况 …………………………………… 71

4.1 全球数字经济发展概况 / 71

4.2 全球数字贸易发展概况 / 73

4.3 欧美数字经济与贸易发展概况 / 75

4.4 日韩数字经济与贸易发展概况 / 79

4.5 中国数字经济与贸易发展概况 / 81

本章小结 / 83

思考题 / 84

参考文献 / 84

第5章 数字贸易国际规则体系 …………………………………………… 86

5.1 多边框架下的数字贸易规则(WTO) / 86

5.2 区域贸易协定下的数字贸易规则(RCEP) / 89

5.3 中国在贸易协定中的数字贸易规则承诺 / 91

本章小结 / 95

思考题 / 95

参考文献 / 95

第6章 数字经贸与跨国公司 ……………………………………………… 97

6.1 全球投资概况 / 97

6.2 数字跨国公司 / 98

6.3 数字经贸对全球价值链的影响 / 106

6.4 案例研究：特斯拉数智化竞争优势 / 112

本章小结 / 116

思考题 / 116

参考文献 / 116

第7章 数字经贸与新兴行业发展 ………………………………………… 118

7.1 数字制造 / 118

7.2 数字金融 / 124

7.3 跨境电商 / 131

7.4 数字文化产业 / 137

本章小结 / 146

思考题 / 146

参考文献 / 147

第8章 数字经贸与中国区域经济发展 ………………………… 149

8.1 中国数字经济的区域发展 / 149

8.2 北京产业数字化转型的路径模式 / 151

8.3 上海加快建设数字贸易国际枢纽港 / 153

8.4 数字贸易创新案例 / 155

8.5 贵州大数据＋实体经济融合发展（"云上贵州"）/ 162

本章小结 / 164

思考题 / 164

参考文献 / 164

附录8.1 数字经济竞争力指数构成 / 166

附录8.2 数字经济竞争力计算方法 / 167

第9章 数字经贸未来发展趋势 ………………………… 169

9.1 全球数字经济与贸易发展的机遇与挑战 / 169

9.2 中国数字经济与贸易发展的机遇与挑战 / 171

9.3 中国数字经贸发展对世界经济的意义 / 175

本章小结 / 180

思考题 / 181

参考文献 / 181

第1章 导论

伴随信息技术的不断革命和世界经济的持续发展,由数字技术和实体经济相互融合的新型经济形态——数字经济应运而生。数字经济的出现对世界经济和全球贸易产生了深刻影响,成为推动世界经济与贸易增长的新动能,一定程度上改变了国际经济格局。同时,数字技术的变革与创新催生了数字贸易。数字贸易作为电子商务和跨境电子商务的高级模态,是数字经济在贸易方面的具体化表现,为数字经济提供了更为丰富的形态与模式。

1.1 数字经济与贸易的产生背景

数字经济与数字贸易的产生是顺应时代发展的产物,在极大程度上改变了社会生产和消费的方式与结构,为生产和消费提供了全新的思路。

1.1.1 历史发展阶段

伴随社会生产力的发展,数字经济提供了新的生产要素,并逐渐成为全球经济发展和增长的新源泉。数字贸易也在数字变革和数字经济发展的过程中向全球化、数字化的方向发展。信息技术革命拉开数字经济发展历史的帷幕,并将数字经济的发展划分为三个阶段:始于1946年开始的萌芽时期、20世纪末至21世纪初的发展时期,以及自21世纪以来的黄金时期。

1. 萌芽时期

20世纪40年代至90年代初,数字经济尚处于萌芽阶段。信息的传播随着科学技术的进步而不断发展。1946年世界上第一台通用电子数字计算机"埃尼阿克"(ENIAC)在美国宾夕法尼亚大学诞生,电子计算机的出现,标志着信息时代的开启,人类从此迈向了数字时代。从20世纪60年代开始,随着晶体管、集成电路以及光纤通信技术的出现与革新,半导体产业逐渐兴起。1972年,第一台小型计算机出现,随后多家企业针对个人推出商业小型计算机;与此同时,软件与信息技术服务业开始兴起,越来越多的信息和知识通过数字化转变为数字要素融合到经济活动的各个方面,并逐渐扩大了在社会经济中的份额。

网络的出现伴随着网络控制协议(Network Control Protocol,NCP),而随着网络不断发展,NCP协议无法满足跨网通信的需求,传输控制协议/网际协议(Transmission Control Protocol/Internet Protocol,TCP/IP)成为Internet网络最为基本的协议,使数字内容在互联网上出现和传播成为可能。1994年,互联网首次商用,这意味着以互联网为代表的信息通信技术促使全球经济进入新的时代。

2. 发展时期

20世纪90年代，随着互联网的商用价值逐渐显露，数字经济随之诞生，并展现出其强大的魅力。与此同时，网络通信行业大力建设基础设施，如计算机硬件、通信硬件、软件和服务等，为数字经济的发展提供了坚实的技术基础。最初学者们对数字经济的关注更多聚焦于新技术为人类社会生产和生活带来的变革。关于数字经济中新技术采用重要性的一个形象比喻来自尼古拉斯·尼葛洛庞帝（Nicholas Negroponte），他在《数字化生存》一书中认为数字时代与之前所有时代之间的根本区别在于信息由"原子"形态向"比特"的转变。他指出，虽然当时的人们生活在信息时代，但大部分信息是以原子形式传播的，比如纸质印刷的书籍或报纸，本质上还是具有制造业的属性；而数字化使这些信息能转化为传输成本更低、时间更短的比特形式，呈现在世界各地。作为数字化的关键，比特是信息的最小单位，它没有质量，能以光速传输，同时它也是数字化计算中的基本粒子。随着二进制语汇的扩展和计算机的普及，无论是杂志书籍等静态信息，还是音乐视频等动态信息，这些原来只属于实体世界的内容和信息都逐渐被转换为比特的形式，进而实现数字化。并且，以比特为代表的数字技术具有独特优势，它既可以将现实中庞大复杂的信息进行数据压缩，又可以在接收端将信息近乎无损地还原。因此，数字技术极大地促进了信息和知识的有效传播。数字经济中提出的"信息产业和通信产业在互联网中的融合是传统产业变革的强大驱动力"契合传统经济对新型经济增长的迫切要求，故数字经济在世界范围内开始兴起。

我国在同一时期也进行了大规模的数字经济建设，于20世纪90年代至21世纪初培育相关数字技术产业集群，集中发展电子商务。在这一发展阶段，数字经济的内涵逐渐深化。

3. 黄金时期

21世纪以来，数字技术创新催生了大数据、人工智能、云计算、区块链、物联网、5G通信等一系列新的数字技术，而这些技术创新成果进一步推动传统的生产方式、消费方式和商业模式向数字化、网络化和智能化转变，世界经济进入全新的数字时代。

一方面，数据作为一种新的生产要素，在生产活动中逐渐占据关键地位。数据要素对于生产效率提升和经济增长具有重要贡献，数据要素的应用推动了全球经济普惠化和共享化发展。另一方面，数字化产业和产业数字化进一步发展，为传统制造业和新兴产业注入新动能。数字技术下的新兴产业蓬勃发展，如云游戏、云旅游、云游览、无人零售等，数字经济遍布人类生活的各个方面。不仅如此，数字经济的发展对金融、国际贸易、全球价值链和全球治理也产生了一系列深远的影响。

我国也十分看重数字经济对经济发展的重要促进作用，中国数字经济在共享出行、移动支付、数字化货币等多个领域皆取得了瞩目的成就。2020年，中国数字经济规模由2005年的2.6万亿元扩张到39.2万亿元人民币，位居世界第二；与此同时，数字经济所占我国GDP比重也从2005年的14.2%上升至38.6%。

随着数字经济在世界各国的关注度不断提升，世界迎来了推动全球经济发展的新生产要素及其新平台、新产业、新生活。

1.1.2 市场经济背景

全球经济在生产、消费、投资、贸易等方面的空间逐渐饱和，需要寻找除传统生产要素之外可以推动经济发展的新要素,并尝试探索其在生产、交换、流通、消费中可能产生的贡献和潜力。

1. 实体经济与数字技术的融合

数字技术推动实体经济大转型,在极大程度上降低了交易成本、改变了贸易标的,重塑了交易方式。

首先,降低数字贸易的成本。数字贸易的成本包括五个方面:搜索成本、信息成本、监督成本、合同成本和数据存储成本,数字技术的发展将使该五类成本进一步降低。第一,降低搜索成本。消费者可以通过平台实时查询商品的静态数据(如价格、型号和生产日期等),以及动态数据(如物流进度、交易状态等);企业可获取目标消费者的历史交易信息。第二,降低信息成本。基于数字技术搭建的信息平台实现了贸易信息的汇总和共享,有效降低了贸易双方的信息成本。第三,降低监督成本。传统贸易监管需要人力、物力和财力,且往往效果不佳。基于数字技术搭建的监督平台能够实现对贸易交易过程跟踪、监控和反馈,提高监督的高效性和透明性。第四,降低合同成本。传统的合同签署需采用纸质合同且线下完成,而借助区块链技术能够在线上完成合同签署,不仅快捷便利,而且安全性高。第五,降低数据存储成本。数字技术能够实现对数据的云存储,即通过整合存储资源集中存储,实现数据存储成本的降低。

其次,数字化产业与产业数字化实现进一步发展。新兴数字技术为原有的信息通信产业注入新动能,数字化产业规模不断扩大,同时也延伸至更多的领域。同时,产业数字化实现新的突破。传统制造业加速探索如何实现供应链全流程数字化,并且在教育、医疗、零售等传统服务业也积极融合数字技术。贸易标的的数字化可体现为诸如书籍、报纸、杂志等商品通过数字技术的发展产生出电子书、电子杂志等产品,实体产品实现数字化,并可以通过线上交易完成。

再次,数字技术改变了传统贸易的交易场所和交易方式。一方面,由于线上支付趋向便利性、安全性发展,企业之间或者企业与消费者之间偏向于将线下支付转移至线上进行,以避免时间、空间所带来的支付限制;另一方面,随着移动支付、数字化货币等多项创新成果的出现,交易方式也逐渐由过去的现金或者支票转变为移动支付,极大地提高了交易效率和安全性。

2. 电子商务与跨境电子商务的高级形态——数字贸易

数字贸易,作为电子商务和跨境电子商务的高级形态,其包含的业务不仅仅局限于传统电子商务和跨境电子商务的实物产品与服务,还涉及相关数字技术、数字通信等虚拟产品与服务。同时,数字贸易在数字经济发展的引领下,逐渐向全球化、数字化、生态化和个性化的方向发展。

电子商务的发展是数字经济时代下生产、生活方式最早发生的变革之一。依托互联网的电子商务改变了传统生产和交易过程中的信息成本,既降低了消费者的选择成本,又削减了生产者在制造和宣传环节的成本,这极大地丰富了商品种类,使有限的资源配置更加合理和高效。

电子商务的发展主要历经三个重要时期。随着第二次世界大战结束,全球经济逐渐复苏,各国企业之间恢复贸易往来,为了去除传统贸易的繁琐过程、降低中间成本,美国多数企业开始采用 EDI 技术(Electronic Data Interchange,电子数据交换),电子商务自此开始萌芽。由于 EDI 应用范围仍然受限,20 世纪 90 年代互联网和计算机的普及,使得企业逐渐放弃 EDI 系统,借助互联网实现了交易线上化,摆脱了时空限制,电子商务快速发展,进入高速成长期。随着电子商务在贸易的地位不断提升,企业开始探索多元化模式,通过市场整合实现了营收稳定增长,由此,电子商务进入了平稳发展的成熟期。

电子商务的后期发展孕育出数字贸易,即通过现代信息网络为载体,实现信息、产品和服务的线上交换,高效完成交易。数字贸易的出现,为数字经济发展提供了全新的运作方式,提高了交易效率,并有效降低了交易成本。

1.2 数字经济与贸易的内涵

1.2.1 数字经济的定义

数字经济是继农业经济、工业经济后产生的全新的一种经济形态。随着互联网技术的不断发展,数字经济的定义和内涵不断更新,所涉及的范围也不断扩宽。各国研究机构与学者对数字经济概念的界定也随之修订和完善,以概括人类社会经济发展的新现象、新模式。因此,恰当而准确地界定数字经济的概念和内涵,对进一步测度和研究数字经济十分关键。

1. 数字经济的提出与发展

"数字经济"(Digital Economy)这一名词最早出现于 20 世纪 90 年代。1996 年 Don Tapscott 在《数字经济:网络智能时代的承诺与危机》一书中首次描述了数字经济的含义,并详细阐述了其可能为全球发展带来的改变和挑战。Tapscott 指出,数字经济讨论了新经济的一些主题,包括去中介化和再生中介等。与以往关注互联网的研究不同,Tapscott 认为数字经济解释了新经济、新企业和新技术的内涵,以及它们之间如何相互联系,这种联系不仅仅是指技术层面的网络,同时也是通过技术建立和发展出的人与人之间的网络。同年,Nicholas Negroponte 在《数字化生存》一书中将数字经济定义为"利用比特而非原子"的经济。

此后,各国组织、机构和学者又依据自身数字经济发展优势,分别对数字经济的性质给予不同的补充和关注,以此对数字经济的发展规模和影响进行测算。其中,中国信息通信研究院在 2021 年发布的《中国数字经济发展白皮书》中,指出数字经济发展包括四个部分,即数字产业化、产业数字化、数字化治理、数据价值化,试图明确数字经济的外延。详细信息见表 1-1。

表 1-1 中国信息通信研究院对数字经济概念的划分

划分层面	主 要 内 容
数字产业化	信息通信产业,包括电子信息制造业、电信业、软件和信息技术服务业、互联网行业等
产业数字化	传统产业应用数字技术所带来的产出增加和效率提升部分,包括但不限于工业互联网、两化融合、智能制造、车联网、平台经济等融合型新产业、新模式、新业态

续表

划分层面	主 要 内 容
数字化治理	包括但不限于多元治理,以"数字技术+治理"为典型特征的技管结合,以及数字化公共服务等
数据价值化	包括但不限于数据采集、数据标准、数据确权、数据标注、数据定价、数据交易、数据流转、数据保护等

资料来源：根据中国信息通信研究院发布的《中国数字经济发展白皮书》(2021年)整理。

目前,最为广泛使用的是 2016 年 9 月二十国集团(G20)于杭州峰会上签署的《二十国数字经济发展与合作倡议》中对于数字经济的定义,即数字经济是以使用数字化的知识和信息作为关键生产要素、以现代信息网络作为重要载体、以 ICT(Information and Communications Technology,信息与通信技术)的有效使用作为效率提升和经济结构优化的重要推动力的一系列经济活动。

2. 数字经济的相关概念结构

数字经济的相关概念由内到外具有三个维度,即数字部门、数字经济与数字化经济,构成"中心-外围"的结构。

数字经济的核心部门为数字部门,通常指 IT 部门或 ICT 部门。其具体涵盖硬件制造、软件和 IT 咨询、信息服务以及电信服务四大内容。狭义范围的数字经济则包含所有以数字为基础的经济活动,例如,数字化应用和服务、平台经济、共享经济、零工经济。数字经济在互联网和数字经济发展的推动下演变为广义范围下的数字化经济,即电子业务流程、电子商务、智能制造、算法经济等。

1.2.2 数字经济的特征与作用

通过对数字经济的内涵和发展状况的梳理,数字经济的特征主要从基本特征和发展特征进行总结。

1. 基本特征

(1) 生产要素数据化。计算机的发明标志着数字经济的启航,而如今互联网、5G 技术、大数据、区块链、人工智能等现代技术的发展推动数字经济爆发性增长,数据成为数字经济发展的基础和关键要素,同时数据与其他生产要素的结合为经济增长提供新的动能。

(2) 产业组织平台化。互联网是全球数字经济发展的重要载体,是适应数字经济发展的新的生产力组织方式,使数字化后的信息和知识得以更广泛地传播。数字经济时代中的产业组织主要呈现多方平台协同合作的新模式,极大地提高生产和资源配置的效率。平台经济体呈现多层次、多维度特点。平台建立后,随着其边际成本递减的特征,平台将逐渐降低其平均成本,并获得前期所投入的成本。而各企业之间则会通过技术创新抢占平台先入优势,从而抢占信息、市场份额。

(3) 数字技术智能化。以大数据、云计算、区块链、物联网为代表的新型数字技术逐渐成为数字产业化和产业数字转型的主要推力,以人工智能为代表的智能算法极大突破了人类和传统计算机运算极限,这体现出数字经济发展的巨大潜力。人工智能被广泛应用于制造业、医疗、金融、教育等方面,推动了整个人类文明进步与社会发展。

(4)产业发展融合化。数字经济通过与传统实体经济进行深度融合,可以有效提高资源配置效率,推动传统产业转型升级,实现产业数字化与数字产业化。当今,数字经济与农业、工业、服务业三大产业融合速度加快,融合程度加深,并不断向各个领域延伸,各个产业之间的界限逐渐模糊,增强协同发展,有效推动经济增长。

2. 发展特征

(1)数字经济是24小时的全球性经济。数字经济打破了以往传统经济中时间与空间的限制,经济活动的全球化进程大大加快,世界各国经济的依赖度空前提升。在这样一种新经济形态下,数据和知识是没有国别限制的,网络和通信技术为全球提供一个平台,供人们或企业组织在此进行沟通、协作。同时,随着传统经济增长放缓,数字经济逐渐成为经济全球化的主力,推动全球经济的发展。

(2)数字经济是普惠与共享的合作经济。根据数字经济的产业组织平台化特征,企业之间互为产品与服务的供给者,具有高关联度。同时,平台采取开放合作的战略,平台间的企业以合作为主,通过共享信息和知识增强各企业的竞争力。

(3)数字经济是速度型经济。数字经济成为速度型经济,更多是由数字经济的规模报酬递增或外部性导致的,哪家企业能够以最快的速度获得规模经济,就会越来越强。随着数字经济节奏的加快,一步落后就会步步落后。再加上数字技术日新月异,在数字技术支撑下,信息传输速度、产品升级换代的速度在加快,创新周期在缩短,竞争越来越成为一种时间的竞争。所以,数字经济是在注重质量的基础上更注重速度的经济。

3. 数字经济的作用

数字经济作为一种依靠数字技术和数据运作的经济,它的到来为全球经济发展提供全新的发展思路,为助推全球经济发展作出极大贡献。

(1)加快产业转型升级,提高资源配置效率。

实体经济一直以来都是一国经济社会发展的基石。在新发展阶段背景下,我国传统的粗放型实体经济发展模式已经难以适应当代的发展需要,必须加速推进实体经济的高质量发展,其中提升实体经济的全要素生产率尤为关键。而想要全要素生产率得到提高就必须依靠数字经济的大力发展。

数字经济时代的到来颠覆了传统产业的运作模式。一方面,数字经济通过促进各产业间协同发展,加强全产业链上下游之间的合作,从而实现资源、技术共享和优势互补;另一方面,数字经济帮助企业拓宽市场,为企业提供更为宽阔的发展空间。在此基础上,企业的生产边界得以拓宽,拓宽企业生产可能性,从而加快自身产业的转型升级。

数字经济通过大数据等数字技术对大量数据进行收集、分析与处理,能够更精确地评估资源的价值,从而拟定最佳资源配置方案。同时,通过数字智能系统监控实时信息与变化,可以降低过去人为因素带来的资源浪费或闲置,从而优化资源使用效果,提高资源配置效率。

(2) 大幅降低交易成本,促进创新创业。

交易成本主要包括企业的搜寻成本、信息成本、议价成本、决策成本、监督成本等。数字经济时代下,信息交互方式的改变导致交易成本明显下降。例如,交易双方可以通过数字化平台和在线市场更为便利地进行价格比较、交易协商;通过区块链技术增强交易透明度和安全度,降低风险成本;通过大数据分析提供的市场预测降低交易风险成本等。数字经济的不断发展使经济活动逐渐步入了非摩擦经济时代。

由于企业交易成本降低,企业创新创业的成本也随之下降。一方面,数字经济推动数据、资源的共享化,企业间可通过技术、设备共享来实现创新,促进各市场主体研发新技术,为整个经济市场营造一个积极良好的创新氛围;另一方面,平台经济体是数字经济发展的产物,而这一平台推动了大众创业的趋势。例如,淘宝等网购平台为个体提供了创业平台。这些新产业、新模式创造了大量的就业机会,丰富了就业岗位,对就业问题起到了积极的引导作用。

(3) 促进经济高质量发展,加快全球化进程。

如前文所言,数字经济对经济增长具有显著作用。通过应用大数据、人工智能等新技术,可以优化企业资源配置,推动企业转型升级,拓宽产品市场,提升企业核心竞争力等,数字经济时代下全球经济增长速度明显高于传统经济时期。

当今,数字经济也在改写和加速全球化进程。数据成为数字经济和新生产要素,拓宽了全球经济格局,数字网络的发展构建了一个以"数据+软件"的核心新世界——赛博空间。赛博空间的本质就是基于软件构建一套数据自动流动的规则体系,把数据转变为信息,把信息转变为知识,把知识转变为决策,以数据流不断优化资源的配置效率,全面提升全要素生产率,培育基于数据驱动的新动能。赛博空间的出现,将商品和生产要素的跨国流动推向了新的高潮,拓宽了经济贸易空间,缩短了贸易距离和贸易时间,大大降低了贸易活动成本。数字经济的成熟与发展推动了企业全球化,电子商务、网络金融等新兴产业的发展推动企业逐步迈向全球化,加速了信息、商品和要素的全球流动,经济全球化进入新的发展阶段。

需要注意的是,数字经济虽然具有诸多积极的正向作用,但也存在一些挑战和风险,如数据安全问题、数字鸿沟问题等。因此,在发展数字经济的同时,需要采取措施来应对这些挑战和风险。

1.2.3 数字贸易的定义

1. 数字贸易的提出与发展

2011年,熊励将数字贸易概括为以互联网和数字通信技术为依托,为供求双方提供互动所需的数字化电子信息,以数字化的信息作为贸易标的的一种贸易方式。李忠民(2014)认为,数字贸易是经济全球化、信息网络化和移动互联化的产物,代表了一种新的业态、新的技术、新的机制。数字贸易不仅是一种新型的贸易形式,也是一种新型的经济业态。马述忠、潘钢健(2018)认为,数字贸易通过有效运用数字化技术实现实体商品、数字化产品以及数字化的知识和服务的精确交换。数字贸易有助于推动产业结构的升级,并实现制造业智能化发展的目标。刘洪愧(2020)认为,早期的数字贸易更多强调的是数字产品以及相关服务,但是并没有将有形的货物纳入贸易标的中,这样的定义具有一定局限性。而近年来的研究拓展了数字贸易的定义,仅仅强调互联网和数字通信技术等在贸易中的应用,使其内涵更加完善且符合实际。

从早期对数字贸易的定义来看,数字贸易被定义为与电子商务相类似的概念。在世贸组织第二次部长会议中,电子商务被定义为通过电子方式生产、销售或交付货物与服务,这就是早期的数字贸易的概念。数字贸易被认为是电子商务发展到一定程度而产生的新型贸易形式,可以说电子商务的高级形态是数字贸易。有关电子商务的定义最早由IBM公司提出,买卖双方的商业活动、进行交易前的沟通和协商,交易过程中以及交易完成之后的互动和支持这些过程的电子通信技术支持就是电子商务(Popescu,2007)。

对数字贸易概念的密集讨论阶段,主要分为国外有关数字贸易的研究和国内对数字贸易的概念研究两个部分。2012年,美国商务部经济分析局(USBEA)在《数字化服务贸易的趋势》中提出"数字化服务贸易"的概念,也就是由于信息通信技术进步而实现的跨境贸易。2013年,美国国际贸易委员会(USITC)在《美国和全球经济中的数字贸易》第一次报告中给数字贸易首次下定义——"通过互联网传输产品与服务的国内商务和国际贸易活动"。2014年其在第二次报告中对数字贸易的内涵进行了补充和延伸。2017年美国贸易代表办公室进一步丰富了数字贸易的内涵,同时将数据流和实现智能制造的服务以及相关的平台也纳入数字贸易范畴。

我国有关数字贸易的研究大概起始于2011年,随着中国以及全球互联网经济的不断发展,研究机构以及学者对于数字贸易的探讨不断深化。2020年,国家工业信息安全发展研究中心在《2020年我国数字贸易发展报告》中将数字贸易定义为"以数字技术为内在驱动力,以信息通信网络为主要支付形式,以服务和数据作为主要标的的跨境交易活动,不仅包括传统服务贸易的数字化转型,而且涵盖了数字技术催生的新模式新业态"。

2. 电子商务与跨境电子商务

数字贸易是传统贸易在数字经济时代下的延展,体现了电子商务和跨境电子商务在数字技术支撑下的高级形态。

电子商务与跨境电子商务的定义有所类似,两者都是通过互联网平台使买卖双方实现线上化交易,其交易标的仍为实体货物或服务,都保留了传统贸易的三大要素,即买者、卖者和交易。而跨境电子商务则是在电子商务的基础上,从以下三个方面进行了拓展:首先,交易主体从国内企业或个人拓展至国内外企业或个人;其次,业务范围由国内交易延展至国际贸易的领域;再次,交易原则由遵循交易所在地的法律进一步发展至国际双边或多边协定。电子商务和跨境电子商务为数字贸易的技术发展与全球化发展提供了坚实的基础。

3. 数字贸易的概念

数字贸易作为当前国际贸易的新形态,引发了广泛的国际关注,但由于数字贸易所涵盖的范围界限较为模糊,其定义也在不断更新中。

目前,对于我国数字贸易发展具有重要意义的则是G20杭州峰会在《二十国数字经济发展与合作倡议》中所提出的定义,即数字贸易是以数字化平台为载体,通过人工智能、大数据和云计算等数字技术的有效使用,统筹贸易数字化和数字化贸易进程,实现实体货物、数字产品与服务、数字化知识与信息的精准交换,进而推动消费互联网向产业互联网转型并最终实现制造业智能化的新型贸易活动,是传统贸易在数字经济时代的拓展、延伸和迭代。

1.2.4 数字贸易的特征与作用

数字贸易最为显著的特征为贸易方式数字化和贸易对象数字化。

1. 贸易方式数字化

贸易方式数字化,可以概括为传统贸易(货物贸易、服务贸易等)交易方式的数字化,如跨境电子商务。

(1) 虚拟化。数字贸易的虚拟化可体现在生产过程中使用数字化知识与信息的要素虚拟化;交易在虚拟化的互联网平台上进行,并通过电子支付的交易虚拟化;数字产品与服务的传输虚拟化。国家统计局数据显示,2023年,全国网上零售额15.4万亿元,比2022年增长11.0%,增速加快7.0个百分点,其中,实物商品网上零售额增长8.4%,增速高于社会消费品零售总额1.2个百分点;电子商务市场规模再创新高,全国电子商务平台交易额46.8万亿元,按可比口径比2022年增长9.4%;跨境电商进出口总额2.38万亿元、增长15.6%,其中,出口1.83万亿元,增长19.6%。

(2) 平台化。数字平台是电子商务和跨境电子商务快速发展的产物,如淘宝、京东,以及Amazon、eBay等。这些数字平台为线上交易提供了场所,通过其强大的集聚效应为企业创造了较为显著的集聚效应和网络效应。随着越来越多的企业向数字平台业务发展,数字平台为买卖双方提供了更多的数据信息,高效促进资源共享,成为价值创造的核心。

(3) 集约化。集约化可理解为通过集合要素优势,节约生产成本,并提高单位效益的方式。数字贸易的集约化集中体现在数字平台对于生产要素的集约化投入和生产环节的集约化管理。同时,数字贸易还可以通过供应链上下游协同合作实现集约化。供应链上下游企业在数字平台上实现了网络集聚效应,从而更好地获取技术溢出效应和协同创新效应。

2. 贸易对象数字化

贸易对象数字化也就是将数字化的知识和信息转化为生产要素而形成的新型经济业态,即以数据和以数据形式存在的产品和服务贸易。数字贸易与传统贸易相比,其比较优势不再是劳动力、资金和技术,而是产生了新的生产要素——数据和数字技术。新生产要素的出现改变了全球产业链,而全球各国的产业结构也会随之出现转变。与此同时,由于各国各地区对于数字技术的掌握程度不同,也许会改变各国在全球数字产业链的地位。

3. 其他特征

除了贸易方式数字化和贸易对象数字化这两大基本特征以外,数字贸易还存在以下三个特征。

(1) 个性化。数字贸易吸引了越来越多的个体消费者参与其中。数字运营平台和商家为了获取更多消费者群体,逐渐开始提供个性化需求产品与服务,极大地丰富了消费者选择的产品和服务种类。因此,个性化产品与服务逐渐成为提升产品或服务竞争力的关键因素。

(2) 生态化。伴随着IT、金融、咨询、物流等生产性服务业线上服务能力的提升,制造业、农业数字化转型所导致的细化分工和服务外包需求,跨界融合的数字化生态加速形成,并从国内市场向国际市场延伸。一是"研发+生产+供应链"的数字化产业链加速构建,产业链上下游企业数据通道逐步打通,数据供应链引领物资链,促进产业链高效协同,实现全渠道、全链路供需调配和精准对接。二是"生产服务＋商业模式＋金融服务"的数字化产业生态逐步形成,产业与生产性服务业跨界融合、相互匹配。

(3) 普惠化。电子商务和跨境电子商务平台的建立,大幅度降低了贸易门槛,使小微企业、独立个体等以较低的成本进入贸易平台,甚至可以面向全世界的消费者。例如,目前中国农村电商的发展不可小觑,通过电商平台直播带货、内容品牌等建设,将商品有效推广给目标用户,拓宽农产品的售卖渠道,从而增加农民收入,促进农业转型升级。

4. 数字贸易的作用

数字贸易逐渐成为我国重组要素资源、优化外贸结构、全面塑造发展新优势的重要力量,前景十分广阔。数字贸易作为一种新型贸易模式,极大改变了全球贸易方式与规模,对于全球经济都有着显著的作用。从微观、中观、宏观来看,数字贸易的作用主要体现在消费者、生产者以及全球市场三大主体层面。

(1) 数字贸易提升消费者的福利。

网络信息技术的发展促进了消费者对于个性化和差异化产品和服务的需求增加,而企业可通过数字技术对于消费者需求进行更为精准的分析,提供个性化产品与服务。

数字贸易降低了交易成本,减少了中间环节,有利于推动企业不断创新以获取竞争优势。企业对于产品和服务的创新,间接地丰富了贸易产品和服务的种类,同时降低了产品和服务的价格。

数字贸易的迅速发展打破了传统贸易的限制,在产生众多数字产品与服务的同时,数字技术还渗入了金融、医疗、教育、零售等行业,出现了网络游戏、在线教育以及远程医疗等新型消费业态与应用场景,激发了中国数字贸易的发展潜力,推动了传统产品和服务的转型升级。数字产品和服务的种类进一步丰富,使消费者的选择增加,从而获得新的福利。

电商平台和跨境电商平台为消费者提供了更为便捷的购物体验和更为丰富的购物选择。例如,消费者可以在互联网获取商品促销信息,并不受时空限制地进行挑选和购买商品,享有了更多选择和便利。

(2) 数字贸易推动全球价值链重构。

由于传统贸易的全球价值链越来越长,协调与分工成本越来越高,导致全球生产分工的趋势放缓。数字贸易的发展改变了全球价值创造和收入分配格局,并使得数字产品成为全球价值链的主导者。同时,数字贸易的发展进程会随着贸易方式数字化和贸易对象数字化的进程不断加速,从而推动全新的价值链。中国已与16个国家签署"数字丝绸之路"合作谅解备忘录,与周边国家累计建设34条跨境陆缆和多条国际海缆。中国-东盟信息港、中阿网上丝绸之路建设的成效日益显著。2022年1月,中国与东盟就加强数字政策对接、新兴技术、数字技术创新应用、数字能力建设合作等达成共识。高质量建设"数字丝绸之路",激发沿线国家经济增长活力,有利于逐步弥合数字鸿沟,促进各国共享数字化发展红利。

数字贸易的发展还推动了各国数字基础设施的建设,数字基础设施又反过来为跨境服务提供有力支撑。数字基础设施包括5G、物联网、大数据库等硬性基础设施和软性基础设施。以中国为例,我国已建成全球规模最大的光纤和移动宽带网络,国际通信网络通达和服务能力持续增强。截至2021年底,我国光缆线路总长度达到5 481万千米,4G、5G用户普及率达到87%左右,4G网络规模等长期稳居世界第一。数据中心规模和算力产业规模快速增长。我国数据中心规模达到590万标准机架,加快构建全国一体化大数据中心体系,8个国家算力枢纽节点启动建设。国际海底光缆发展势头良好,已成为我国与全球连接的最重要方式,我国已与美国、日本、新加坡、英国等各区域重点国家实现直接网络互联。2021年,海南自由贸易港、上海自贸试验区临港新片区的国际互联网数据专用通道正式开通运营,为加快探索国际通信服务新模式提供契机。

(3) 数字贸易降低贸易壁垒和信息不对称性。

跨境电子商务平台越来越成为全球经济发展的一大重要组成部分,数字全球化的发展趋势已不可逆。数字平台的发展使得全球贸易并不再局限于发达经济体或者大型跨国企业,越来越多的国家和小微企业参与其中,市场竞争活力增加。数据流动驱动的全球化新纪元开启。目前,我国跨境电商贸易伙伴已覆盖全球220个国家和地区。中国跨境电商海外市场也由传统的欧美日市场不断向东南亚、非洲、中东、拉美等新兴市场拓展,对"一带一路"沿线国家和RCEP成员国的出口比重进一步上升。2021年,我国跨境电商出口货物主要去往美国、英国、马来西亚、法国、德国、日本、西班牙及俄罗斯等。随着共建"一带一路"倡议的深入推进,中国与东南亚、非洲、中东、南美等新兴市场的跨境电商合作力度不断加大。

互联网和数字技术帮助全球市场信息的透明度进一步提高,有助于交易双方更深入地互相了解,减少交易的不确定性和风险,从而降低全球贸易壁垒。同时,数字贸易可以促进各国之间的经济合作和交流,推动数字经济全球化的发展。目前,在各国的协商下出现越来越多的数字贸易全球治理制度,便于促进数字贸易全球化的进一步发展,推动数字技术向善发展,构建普惠、共享的数字贸易新秩序。例如,新加坡、新西兰和智利于2020年6月签订的《数字经济伙伴关系协定》(Digital Economy Partnership Agreement,DEPA)、中国、日本、韩国、澳大利亚、新西兰以及东盟十国签订且于2022年生效的《区域全面经济伙伴关系协定》(Regional Comprehensive Economic Partnership,RCEP)等。

1.3 数字经济与贸易的学习方法、研究对象和学习的意义

1.3.1 学习方法

数字经济具有较高程度的开放性、共享性以及协调性,因此在学习数字经济与数字贸易的相关内容时,不能只停留于传统经济学结构架构中的步骤,而是要对研究方法进行不断的延展与更新。

1. 多层面理论融合

数字经济学作为一个全新的经济学分支出现,在传统经济学领域的相关理论知识,如经济增长理论、产业组织理论、均衡理论等的基础上,又拓展至其特有的数据、技术相关的数字知识理论层面。这意味着数字经济的理论研究具有创新性和融合性,需要将现有的众多学科理论知识的研究方法进行融合、创新,从而形成新的特定于数字经济的研究方法。

2. 定量与定性分析相结合

定性分析可以概括为通过主观经验判断对经济现象的本质进行归纳和总结；定量分析是通过对大数据进行收集、整理、分析，将研究对象的基本假设进行验证与解释，提高分析结果的客观性与可靠度。后者在数字经济发展中更为常用。

数字技术为定量分析提供可靠的数据来源与分析，为定量过程中建模分析、数理统计、经济模仿拟真、机器学习可视化等提供数据支撑。数字经济学理论研究中数学与计量应用将会越来越广泛，定量分析和实证分析在数字经济学发展中将发挥更大的作用。

3. 加强新研究工具的应用

数字经济时代下，数据量爆炸式增长，个体数据与总体数据互联互通、交叉融合，数据价值呈指数式增长，因此具有大数据数量庞大、非结构化、种类丰富、价值巨大以及高时效性的特征，传统研究方法无法满足对于大数据的研究需求，数字技术的发展使研究方法出现颠覆性创新，大数据分析、云计算、机器学习等新的研究工具和方法应运而生，提高了数据处理能力和价值挖掘能力。这些新的研究方法深入了解各主体之间的内在联系，为经济决策、战略调整提供精确可靠的理论依据。因此，加强大数据、云计算等新研究方法的意义深刻。

4. 案例与理论相结合

特别要指出的是，数字贸易作为数字经济中国际贸易的新业态，具有较强的前沿性以及实践性特征。因此，在数字贸易的学习过程中，要不断根据其发展进程调整学习模式和学习方法，同时还要加强与具体案例相结合，从而将数字贸易的理论知识更多地融入时代背景下的真实案例，发挥其实践意义。

1.3.2 研究对象

整体而言，数字经济和数字贸易的研究对象是指在数字经济时代下，经济发展进程中所遇到的新问题和新挑战。数据是数字经济生产过程中的关键因素，而传统经济缺乏对于数据以及相关数字技术的研究。因此，数字经济和数字贸易的研究对象主要集中在数据和数字技术两个层面。

1. 数据

在数字经济中，数据成为新的关键生产要素。人们通过互联网、物联网、大数据等技术将这些数据进行收集、整理、加工和分析，数据价值开始呈现和流通，为多个行业提高"含金量"带来新一轮的价值增值。不仅如此，数据作为一种新的生产要素，与传统生产要素之间实现了深度融合，作为一种基础资源对数字经济的发展起到了催化作用，成为推动经济增长的主要动力。

对于数据要素研究，可以围绕数据要素的流通、估值、市场配置机制、产权界定和治理等问题展开。具体包括：数据要素对于资源优化配置、产业转型升级的内在影响；数据要素的价值评估体系与市场规则体系；数据要素对个人隐私安全的相关问题与由于数据外部性产生的社会价值；数据发挥最大效益的开发方式；数据要素相关的法律法规；数据全球治理模式与监管方式等。

目前来看，对于数字经济的研究首先需要将研究重点从物质生产要素向数据转移，要重视数据这种全新生产要素在数字经济时代下所发挥的重要作用。

2. 数字技术

随着数字技术的不断更新与发展，一方面，越来越多的企业通过数字技术引入新技术、新模式、新场景，改变了生产方式和组织形式，提高了企业的生产效率和质量，加快传统产业的数字化转型和新产业发展，推动产业结构优化升级，从而提高企业核心竞争力，获得竞争优势；另一方面，数字技术同样也提高了消费者的生活品质，通过个性化、定制化的产品与服务更好地满足消费者不同的需求，通过线上支付、网络购物等方式丰富了消费者的消费模式。不仅如此，数字技术使市场的透明度增加，企业能够及时掌握市场的需求和趋势，消费者也能更便利地获取信息，增强了消费者和企业之间信息的对称性，提高市场效率。

3. 数字经济的新特征

数字产品和服务是数字经济的核心，是虚拟的产品和服务。由于其形态的特殊性，形成了不同于传统实物产品与服务的新经济特征。

（1）零边际成本。

数字产品的研发与生产一旦完成后，就可以无限次地复制并且不增加任何额外费用。也就是说，每生产一单位的产品，其所需的生产成本就会逐渐减少，且后续的每一次收益就等于利润。例如，软件公司在研发阶段一次性投入研发费用，而后续批量生产相关产品时，只需要重复复制研发成果。数字产品与服务的虚拟性和可复制性决定了数字经济的零边际成本。

同时，数字经济具有累积增值性。正如梅特卡夫法则所揭示的那样，网络的价值等于其节点的平方（一个网络的用户数量越多，那么整个网络和该网络内的每台计算机的价值也就越大，表现为网络经济的高渗透率）。数字和网络应用的用户和场景越多，产生的大数据就越多，效益就会不断增值。这使得数字经济的边际效益递增，进一步驱动了边际成本的递减。

总体而言，数字产品和服务符合边际效益递减规律。

（2）外部经济性。

外部经济性是指，对于消费者而言，数字商品和服务的价值不仅来源于自身的消费数量，同时还取决于其他消费者的消费数量。也就是一个数字产品与服务的使用者越多，那么每个用户从使用该产品中得到的效用就越大。部分数字产品自身也存在着外部经济性的特点。例如，为了增加网页访问量，百度平台在提供收费服务的同时，也提供额外的免费数字服务。

（3）正反馈效应。

不同于使得传统市场逐渐收敛于均衡状态的负反馈特性，正反馈正是来自数字产品和服务的外部经济性，将使得市场在波动中趋于分散，引发强者越强、弱者越弱的马太效应，最终导致"赢家通吃"的垄断市场结构。

1.3.3 学习数字经济与贸易的意义

我国在最近几年将数字经济发展战略提上日程，在各种报告和文件中多次提及数字经济，至此数字经济这一新型经济模式开始走入大众视野。中国信息通信研究院在《2023年中国数字经济发展研究报告》中指出，中国数字经济在2022年的总规模就已经达到了50.2

万亿元人民币,占 GDP 比重高达 41.5%,这一比值已经可以与第二产业所占国民经济比重相提并论。但是,近年来随着数字经济的大发展,我国也出现了一些问题,这些亟待解决的问题正成为我国未来发展中必须面对的新挑战。同时,应做好风险预警措施,积极预防和解决风险。因此,学习数字经济与数字贸易,对于培育新型数字经济人才、推动我国发展新经济模式具有重要的意义。

1. 促进经济高质量发展

改革开放以来,我国实体经济持续高速增长,总体规模扩张迅猛,经济实力步入世界前列。但是近年来随着外部环境的限制持续增强,实体经济发展一直面临的生产效率低下、资源浪费、物质资源错配、增长动力不足等问题日渐明显。原有粗放式的经济发展模式在我国如今的环境约束下将难以持续,所以我国急需将发展模式转换为在资源投入规模不变的基础上应用新技术、新模式,依靠创新提高产品附加值、提升效率的新型经济发展模式。相较于传统实体经济,数字经济作为更高级并且可持续的新型经济状态,通过与实体经济不断融合发展,必将成为我国今后实体经济发展的新增长点,数字经济对我国实体经济高质量发展将起到不可或缺的作用。

同时,数字经济可归类于知识密集型经济或技术密集型经济。在数字经济高速发展的同时也出现了对于数字技术人才的大量需求,而我国目前则处于缺少数字经济人才的阶段。因此,研究数字经济与数字贸易,在高校设置相关核心课程、在企业提供数字经济创新政策等,有利于加快完善数字人才供应链的建设,为中国数字经济与贸易发展提供坚实的数字经济人才队伍。

2. 适应经济全球化所带来的新挑战

数字经济与贸易的发展颠覆了全球经济与贸易的发展模式,在降低贸易壁垒和交易成本、推动经济全球化的同时,也加剧了全球经济竞争中的各种问题与挑战,如数字鸿沟、经济负外部性、数据隐私安全问题等。为了更好地适应全球新经济模式的发展与挑战,我国以及全球各个国家和地区都需要通过对数字经济与贸易进行全方位研究,从而为建立新的经济理论与治理体系提供强有力的支撑,以便更好地推动数字经济全球化进程,加强国家或地区之间的数字经济协同效应,实现数字共享化、协同化、全球化。

综上所述,数字经济与贸易的研究与学习对于数字经济发展过程中的问题与挑战具有重要的指导作用,有利于数字经济与贸易的发展朝着正确的方向前进。

本章小结

数字经济时代下,数字经济和贸易的发展已经成为全球经济发展的重要趋势。随着数字技术的不断进步和互联网的普及,数字技术和电子商务正在改变传统的贸易方式和商业模式。

首先,数字经济作为一种以数字技术和数据运作为主要依托的新型经济,具有生产要素化、产业组织平台化、数字技术智能化、产业发展融合化等特征。数字经济的发展为产业转型升级、降低交易成本、促进经济高质量发展做出了巨大贡献,推动当前全球化进程。

其次,数字贸易作为数字经济时代一大瞩目的表现,其特征主要表现在贸易方式数字化和贸易对象数字化两个方面。数字贸易是电子商务和跨境电子商务的高级形态,其在提升消费者福利的同时,还加快推动了全球价值链重构,并降低了贸易壁垒和信息不对称性。

为了更好地利用数字经济与贸易来推动经济高质量发展,我们需要对数字经济与贸易进行更为深入且不断更新的学习。

思考题

1. 与传统经济理论相比,数字经济与贸易有哪些特点?
2. 对于中国而言,数字经济的发展有何重要意义?

参考文献

1. 李静等.数字经济理论[M].合肥:合肥工业大学出版社,2020.
2. 卢福财等.数字经济学[M].北京:高等教育出版社,2022.
3. 马述忠,濮方清,潘钢健,等.数字贸易学[M].北京:高等教育出版社,2022.
4. 商务部电子商务司负责人介绍 2023 年上半年网络零售市场发展状况[EB/OL].[2023-07-20].http://www.gov.cn/lianbo/fabu/202307/content_6893264.htm.
5. 赵立斌,张莉莉.数字经济概论[M].北京:科学出版社,2020.
6. 中国经济网.数字经济与传统行业融合带动价值蜕变(2018)[EB/OL].[2018-04-11].http://www.ce.cn/cysc/tech/gd2012/201804/11/t20180411_28790976.shtml.
7. 中国信息通信研究院网.数字贸易发展与影响白皮书(2019)[EB/OL].[2019-12-26].http://www.caict.ac.cn/kxyj/qwfb/bps/201912/t20191226_272659.htm.
8. 中国信息通信研究院网.数字贸易发展白皮书(2020)[EB/OL].[2020-12-16].http://www.caict.ac.cn/kxyj/qwfb/bps/202012/t20201216_366251.htm.
9. 中华人民共和国商务部.中国数字贸易发展报告(2021)[EB/OL].[2023-01-16].http://fms.mofcom.gov.cn/cms_files/oldfile/fms/202301/20230117111616854.pdf.
10. Shapiro C., Varian H. R. Information Rules[M]. Harvard Business Press, 1999.
11. 熊励,刘慧,刘华玲.数字与商务[M].上海:上海社会科学院出版社,2011.
12. 马述忠,濮方清,潘钢健.跨境零售电商信用管理模式创新研究——基于世界海关组织 AEO 制度的探索[J].财贸研究,2018,29(01):66-75.
13. 刘洪愧.数字贸易发展的经济效应与推进方略[J].改革,2020(03):40-52.
14. 李忠民,周维颖.美国数字贸易发展态势及我国的对策思考[J].全球化,2014(11):60-72+134.
15. Popescu D. V., Popescu M. Electronic Commerce Versus Traditional Commerce[J]. Amfiteatru Economic Journal,2007(21):127-132.

第 2 章
数字经济与贸易理论基础

2.1 政治经济理论基础

2.1.1 数字劳动

第四次工业革命已经到来,数字化、信息化和网络化已经深刻地嵌入人类社会生存发展中,使得人们的生产和生活方式发生了巨大的变化。与数字经济伴随而生的数字化生产方式和生活方式,使得人们大量地使用数字技术从事信息传播、交流、学习和工作等活动。从生产方式角度讲,数字技术的变化必然影响劳动过程。

数字化的劳动过程与传统劳动过程相比,劳动场所和劳动要素等都发生了变化。数字劳动是在数字经济背景下,数字化的知识和信息作为关键生产资料的生产性劳动和非生产性劳动。在数字生产方式下,传统的劳动过程正在向数字劳动过程转变。这种转变将会深刻影响雇佣关系、劳动的控制过程和劳动报酬支付形式等。

针对此"劳动"新形式的研究始于意大利学者泰拉诺瓦(Tiziana Terranova),也是她开创性地将其冠名为"数字劳动"(Digital Labour),并果断地指出:作为"免费劳动"(Free Labour)的"数字劳动"对资本主义数字经济的作用被低估了。可谓一石激起千层浪,欧美学者们纷纷聚焦于这种新兴的劳动形式。研究中,他们虽赋予其不同的名称,如"消费性工作"(Consumption Work)、"玩劳动"(Playbour;Play Labour)、"产用劳动"(Producer;Producer and User)、"互联网与社交媒体的产消劳动"(Internet and Social Media Prosumer Labour)、"非物质劳动 2.0"(Immaterial Labour 2.0)等,但事实上都异名同谓。学者们普遍认为,这种劳动的发生场所是以数字技术为支撑的互联网(尤其是对等协作 P2P 和社交网站),劳动主体是互联网用户,劳动对象是主体的情感、认知、经历等,劳动产品是主体在互联网上生成的内容。相较于传统的工业劳动,其主要特性是无酬的、不被察觉的、生产性与消费性同一的。

根据 2016 年 G20 杭州峰会通过的《二十国集团数字经济发展与合作倡议》,数字经济是指以使用数字化的知识和信息作为关键生产要素,以现代信息网络作为重要载体,以信息通信技术的有效使用作为效率提升和经济结构优化的重要推动力的一系列经济活动。在数字经济背景下,数字劳动工人,不仅是模糊了生产和消费的"玩劳工",还包括支撑起平台核心的付费的技术工人。数字劳动的平台不仅涵盖以数据为盈利点的平台,还包括以信息匹配发展起来的零工平台。数字劳动过程不仅局限于非雇佣的免费互联网平台用户劳动,还应该包括以现代互联网为载体的雇佣劳动,包括传统制造业在信息化升级过程中的劳动者。不同的劳动者在数字经济中的劳动过程的特征并不相同,甚至存在较大差异。

综上所述,可以将数字劳动定义为在数字经济背景下,数字化的知识和信息作为关键生产资料的生产性劳动和非生产性劳动。数字化的知识和信息作为关键生产资料是数字劳动区别于其他劳动的特殊性,而生产性劳动和非生产性劳动,则是数字劳动过程中的两种表现。按照马克思的劳动价值论,它们的区别仅仅在于是否与生产资料一起创造了新价值。

2.1.2 数字劳动的表现形式

根据劳动过程特征差异性的大小,可以将广义的数字劳动过程概括为以下四种表现形式:(1)传统雇佣经济领域下的数字劳动过程;(2)互联网平台零工经济中的数字劳动过程;(3)数字资本公司技术工人的数字劳动过程;(4)非雇佣形式的产销型数字劳动过程。值得注意的是,与第四种无偿数字劳动形式相比,前三种都是付费的有偿雇佣劳动。

1. 传统雇佣经济领域下的数字劳动过程

传统雇佣经济领域下的劳动过程与生产过程进一步分离。工业革命发生后,劳动过程与生产过程开始分离,劳动者的动力职能和操作职能逐渐被机器取代。同时,企业组织结构也趋于扁平化,数字信息技术发展使得各个职能部门信息传递突破了时空障碍,变得更为高效、便捷。原有的纵向管理层次、科层式管理链条逐渐被打破。数字信息技术通过重新构建管理体系中的信息沟通,不仅削减了信息传递的层级,而且避免了信息传递过程中的扭曲失真。这使得工作在一线的劳动者可以跨越中间阶层的管理者与高层直接对话沟通,加快了劳动生产过程中的信息上传和反馈,中层管理者的协调监督功能性作用下降,企业组织结构向扁平化发展。

在传统雇佣经济领域下,对于劳动者的监督加强,使其劳动强度增加。传统的监督方式主要以人工监督为主,后面随着技术发展,借助于摄像头、监视器等工具可以实现远程的人工监督;传统的监督方式受到人生理因素的制约,劳动者偶尔的休息可能不会被发现。但是,数字经济时代下的大数据和智能监控系统可以代替传统人工监督者实现全天不间断的高强度、自动化监督。数字设备和信息技术,使得工人的劳动过程处于无处不在的自动化监控中,这种新兴出现在传统领域的数字劳动过程监督无疑会进一步加强资本家对工人的控制,减少工人的非生产时间,从而使得劳动强度增加。

2. 互联网平台零工经济中的数字劳动过程

在数字互联网经济下,信息交流效率得到了显著的提升,劳动力市场中的供给方和需求方可以通过互联网信息技术进行实时匹配,突破了传统固定工作场所和特定工作时间的限制。大批公司企业从传统的"企业-员工"的劳动力组织模式向"平台-个人"的模式转变,互联网平台零工经济中的数字劳动过程与传统的劳动过程相比有两个典型的变化:(1)劳动者在决定工作时间和服务对象方面有了更高的自主选择权,在数字劳动过程中,劳动者是以一个独立生产者的身份参与平台,利用的生产资料也是劳动者个人所有的;(2)具体固定地址的工厂消失了,平台零工的劳动者摆脱了计时制的工作模式,取而代之的是计件和业绩考评的薪酬结算方式。

互联网平台零工经济中的数字劳动过程以其碎片化、灵活的工作时间和地点往往使得劳动者产生自由工作的感觉,这是否意味着资本对劳动的控制下降了呢?首先,没有物质形态的工厂并不意味着劳动摆脱了资本的控制。事实上,以互联网平台企业为核心,平台零工中的数字劳动者以散点的形式在全社会范围内形成了一个没有实体边界的社会工厂。资本家表现出的"善意"的灵活工作方式，实际上是其借用互联网信息技术已经不需要为劳动控制付出成本。这具体表现在互联网平台零工的用工门槛很低，零工劳动力往往出现供过于求的情况。尽管劳动者就业机会增加，也拥有安排工作时间的权利，但是由于内部的竞争，劳动者却不得不自行加大工作强度。而资本家通过充足的、扩大了的劳动后备军，不需要过多的付出就可以使得平台零工的数字劳动者处在内部竞争的控制之下。

在平台零工的数字劳动过程中，劳动者受剥削的深度和广度都加深了。从表面看，零工经济下的数字劳动过程并没有发生劳动者和生产资料的分离，剩余价值的剥削被掩盖了，因此，必须从零工经济内部的生产方式中去探究。在生产过程中，平台零工不仅支付了平台信息费用还承担了不变资本的费用，兼之平台零工经济中存在的大量后备军，使得零工劳动者在生产分配环节中都处于劣势地位。此外，由于平台零工劳动者就业十分不稳定，因而即使他们处于劣势地位，也不愿意耗费时间精力去维权。社会工厂中的这些平台零工劳动者也很难形成有组织的反抗力量去向资方施加压力，资本家据此可以肆意设置工作和利益划分机制，进而在更大的社会范围内控制劳动者的工资水平和劳动权益。

3. 数字资本公司技术工人的数字劳动过程

与传统的产业工人相比，数字资本公司技术工人的数字劳动过程拥有自身独有的特点。与传统工业生产中的劳动者"去技术化"现象不同，数字资本公司里的技术工人与互联网技术紧密存在，不可分割，这意味着数字资本公司无法采用传统的管理控制模式来干预技术工人的数字劳动过程，而需要构建出新的生产劳动管理方式——虚拟团队。虚拟团队成员内部表现出一种平等的合作关系，原本实体团队中占据领导地位的项目经理，在虚拟团队中却是充当协调、联络的角色。在数字经济时代，创新成为数字资本公司发展的命脉，而且创新需要劳动者处于一个相对自由、平等的工作文化和环境当中。这也意味着，数字资本公司在解决劳动能力转化为实际劳动的不确定性问题时面临比传统生产企业更加复杂的局面，不仅需要保证剩余价值的生产被控制在理想范围内，而且需要激发技术工人的创新潜力，但是技术工人的知识、技能转化为创新需要相对自由、平等的环境氛围。

平等、自由的虚拟团队模式是否意味着数字资本公司技术工人不受资本的控制呢？事实上，在虚拟团队的劳动过程中，团队项目的设定本身就隐含着巨大的时间压力，项目的截止时间也是虚拟团队的存在期间，同时也是虚拟团队中每个技术工人绩效考核的关键。因此，虽然原始的行政命令在虚拟团队中已经很难产生影响，但是资本仍然可以通过利益的分配实现对技术工人的数字劳动过程的高效控制。此外，尽管有些技术工人转变成为成功的知识型企业家，还有些技术工人持有了少量的股权，但是阶级的划分并没有消失，在数字经济的企业当中，仍然是少数高管占据了绝大部分财富，而公司里的雇佣员工并没有拥有公司。

4. 非雇佣形式的产销型数字劳动过程

随着资本主义的发展，消费变得越来越重要，尤其是对于生产充裕的发达国家而言，生产的作用相对下降。依托互联网的数字经济，使得资本找到了一群数字劳工，他们既是消费者又是生产者，超越了普通雇佣劳动的概念，成为被剥削和生产剩余价值的新源泉。一方面，数字经济中的产销者可以被看作传统资本主义延伸模式的发展，因为他们一直处于资本主义的控制之下；另一方面，数字经济下的资本与产销型数字劳动者的关系又具有独特性，正是这种特性使得资本主义有可能发展到一个不同的阶段。

非雇佣形式的产销型数字劳动过程具有一些典型特征。首先，很多人难以理解产销型的数字劳动者是被剥削的对象，这是因为产销型的数字劳动者往往看起来是乐于、热爱他们在网上的生产和消费行为，并且愿意为此付出较长的时间成本而不求回报。

其次，同传统资本主义时期相比，数字经济时期资本想要控制产销者的数字劳动过程并从中牟利的难度加大。现阶段，资本公司一旦收取费用，其用户群体将被其他公司提供的免费服务抢去，从而有可能丧失未来盈利领域，因此目前资本公司是很难向用户收取服务费用的。目前的盈利空间主要是在平台上投放广告，或者通过大部分免费服务留住用户，再用服务的升级来向意愿用户收取费用、赚取利润。反过来，资本也不愿意付工资给创造出价值的产销型数字劳动者。

再次，产销型数字劳动主要由人的智力（即脑力劳动）构成。对这种数字劳动的管理和控制将区别于传统的体力劳动，由于知识的生产是基于免费数字经济下的合作，控制的首要挑战就是如何吸引并保持现有的产销型数字劳动者（即流量），然后是提供具有创造性和开放的交流环境来促使产销型数字劳动者可以有效地运用和提高他们的知识劳动。互联网在电视和纸质印刷品上的广告，不仅体现了资本不知疲倦地寻找新的市场，也造成一种舆论压力迫使无产知识劳动者进入连续的创新知识生产的数字经济当中。

2.1.3　数字劳动的剩余价值

1. 数字劳动过程中的价值形成与剩余价值

按照马克思的劳动价值理论，数字劳动可以分为生产性数字劳动和非生产性数字劳动。生产性数字劳动是以数字化的知识和信息作为关键性的生产要素，与其他生产资料和劳动力一起创造出有形产品或无形产品的劳动。生产性数字劳动是耗费了人的脑力或体力的劳动。生产性数字劳动产生的劳动产品，经过市场交换后成为商品，此类商品也具有使用价值和价值。数字劳动过程中生产的商品的使用价值是商品对人的有用性，价值则是凝结在商品中无差别的人类劳动。

在生产性数字劳动过程中，劳动力这种特殊的商品是形成数字商品新价值的关键。只是，在生产性数字劳动过程中，劳动者一般具有高素质和高技能，其劳动一般是复杂劳动，其生产的商品具有科技含量高、数字化程度高等特点。劳动力这种特殊的商品，与其他生产资料相结合，可以在劳动过程中创造出新价值，即价值形成与价值增值。新价值的一部分是劳动力价值，具体表现为数字劳动者的工资；另一部分则是剩余价值，由资本所有者无偿占有。在数字劳动过程中，剩余价值的产生，可以通过增加数字劳动者的劳动时间等绝对剩余价值生产方式实现，也可以通过提高技术水平进而提高劳动生产率等相对剩余价值生产方式实现。随着劳动法律的健全以及技术进步，通过技术创新提高劳动生产率，进而提高相对剩余价值是资本所有者获得剩余价值的主要方式。一些率先采用新技术的企业，可能还会获得超额剩余价值。随着信用制度的创新，通过兼并、重组、股份制和上市等方式，一些以数字知识和信息为核心生产要素的公司能够迅速集中分散的小资本成为大资本，通过平台垄断等获得超额剩余价值。垄断性的数字平台等，不仅可以获得超额剩余价值，还可以凭借平台优势获取接入平台的其他生产商或服务提供商缴纳的租金，以及攫取消费者的剩余。与传统产业相比,这可以解释为何以数字化的知识和信息为核心要素的公司能够在很短时间内成为世界级的巨无霸公司。

数字劳动过程中的非生产性劳动,则不能创造新价值。例如,娱乐性的"玩劳动"以及自助服务性劳动,仅仅是帮助实现商品的价值。在流通领域,商品资本的所有者会参与特定商品剩余价值的分配。如果商品资本的所有者建立起了垄断性的数字平台,可能会挤压前端生产者的剩余价值,同时攫取后端消费者的剩余。

2. 数字劳动过程中的异化与剥削

在数字劳动过程中,仍然存在马克思所提到的异化和剥削问题。在马克思的理论中,异化和剥削紧密联系,甚至是存在一种共生的关系。异化既构成了剥削的前提条件,也作为剥削的结果被呈现。此外,异化和剥削都有着共同的资本主义存在基础,即私有制和劳动的商品化。马克思理论中的异化和剥削也有区别,它们分别从两个不同的角度批判了资本主义,前者更注重从人性的角度分析资本主义,后者更多地从经济角度进行分析。劳动的异化使得工人失去了对自身劳动过程的主宰以及对最终产品的支配,与其他劳动者的交流也变少,从而最终迷失自我。劳动的异化一般要求存在这样一种社会经济环境:价值和产品与它们的真正生产者分离,并且从一个阶级转移到另一个阶级手中。在数字劳动过程中,也存在价值和产品的分离。这种分离已经超越了传统劳动过程中的时间和空间的限制,可以进一步延伸到不同的时间域和空间域中。

数字经济下的资本公司就像一个储存、加工、分析从而生产出有用数据的工厂。一方面,这些数据呈现人口统计学的特征,记录了用户的一些真实信息,如 Facebook 会利用平台规范和文化尽量保持用户填写个人信息的真实性,并迫不及待地通过定向广告等方式挖掘其中的利润空间;另一方面,数字资本一直十分关注用户交往内容的数据,通过对这些具体数据的趋势、关键词、主题进行分析,可以获得人们的消费等具体行为信息,从而产生商业价值。商业价值不仅体现在搜集用户的消费行为,而且展现为参与、引导用户交流的内容,具体方式可以表现为传播相应信息,制造网络口碑以及网络流行。由于剥削的加深需要大量的表现个人特征的数据,需要不断激发并促使用户表现自我、参与社会讨论,形成与以往劳动过程不同的新的异化现象。例如,在产销型数字劳动过程中,一个对非雇佣的数字劳动者较高的剥削率是可以通过数字经济技术与较低的劳动异化程度同时出现的。

2.2 数字要素变革

工业经济时代,宏观经济增长的价值基础来自工业标准化生产,并以此为事实基础诞生了经济增长理论。从经典索洛模型到内生增长理论,经济增长理论演变的核心是将技术进步视作外生向内生转变,前者在假定规模报酬不变的前提下,用产出、资本、劳动以及知识或劳动的有效性四个要素解释经济增长;后者则认为技术进步引起资本和劳动力边际报酬稳定增长,规模报酬不变的假设逐渐放松为规模报酬递增。数字经济时代,价值创造的基础发生了变革:数据作为新的经济增长要素被纳入生产函数,重构了生产要素体系,进一步拓展了经济增长理论中规模报酬递增的假设和传统经济增长理论的边界。

2.2.1 数据生产要素化

作为一种全新的经济形态,数字经济的界定在学术研究中仍然存在一定分歧,但是总体而言,数字经济的发展以数据为基础,以信息通信技术(ICT)为主要依托,强调经济当中的数字化信息化驱动。也就是说,人类社会进入了数字经济时代之后,生产要素不再局限于传统的劳动、资本、土地等,数据成为一种新的生产要素,并且在数字经济的发展过程中发挥了极其重要的作用,可以说,在数字经济时代下,数据已经成为一种核心资源。

近年来,随着我国数字经济的快速发展,数据扮演着越来越重要的角色,其作为一种生产要素的性质已经在生活中逐渐显现出来。2019年,党的十九届中央委员会第四次全体会议通过了《中共中央关于坚持和完善中国特色社会主义制度、推进国家治理体系和治理能力现代化若干重大问题的决定》,文件中明确指出了要健全劳动、资本、土地、知识、技术、管理、数据等生产要素由市场评价贡献、按贡献决定报酬的机制。这说明从国家层面上讲,已经将数据明确定义为生产要素中的一种,这在经济学上是一项很大的变化。这也进一步表明,数据生产要素已经是我国经济在从高速发展转向高质量发展时期的重点关注对象。

1. 数据的内涵

数据是对事实和概念等的一种特殊表达方式,是事实和信息的载体。数据和信息密不可分,两者很多情况之下是并行的,数据经常被看作信息的一种表现形式或者数字化载体。根据 Jones 和 Tonetti(2020)的研究定义,数据可以被视为信息中不属于"创意"和"知识"的部分,是其中的一部分。因此,数据就拥有了特殊的地位,虽然它不能够直接用于社会生产,无法直接生产经济物品,但却能够凭借其属性在社会生产中发挥重要的作用,从而指导经济物品的生产,而这也正是数据作为生产要素的简单表现。数据生产要素能够在生产过程中提高劳动生产率,增加使用价值量,从而实现更多价值。

一般来说,数据是指未经组织的数字、词语、日志、语音、视频、图片、地理位置、传感资料等,就如水与空气一样自然而然地存在,并无所不在。但是,数字经济关注的不是数据,而是大数据。百度百科把大数据理解为多样化的信息资产。而麦肯锡全球研究所则认为,大数据是一种规模大到在获取、存储、管理、分析方面大大超出传统数据库软件工具能力范围的数据集合,具有海量的数据规模、快速的数据流转、多样的数据类型和价值密度低四大特征。也就是说,大数据既是相对传统科学研究的小数据而言,也是相对数据而言的数据集合。小数据是人们有意识的、主观测量和采集的数据,是对选择性对象的追踪、记录、分析所获得的数据,目的是试图通过这些小数据建立起事件之间的因果关系或内在逻辑。大数据则是移动互联网、云计算、物联网、智能化等新的信息技术的普及及广泛应用、万物互联的环境下所形成的数据集合,是经过数字化处理后的数据。所以,没有经过数字化处理过的数据不是大数据。

大数据具有 6V 特征。一是海量(volume),即非结构性数据的超大规模及快速增长;二是快速(velocity),即数据的产生与采集异常频繁;三是多样性(variety),即大数据构成是完全多样的;四是真实性(veracity),即保证大数据挖掘扎根真相及避免数据质量的污染;五是可见性(visibility),即把潜在、不可见的因素转换成可见、可用于判断与决策的信息;六是价值(value),即大数据挖掘的信息是技术创新、需求发现、新的商业模式开拓,以及价值创造的工具。根据大数据的基本特征,数字经济所关注的大数据,其核心就是如何通过便利、低成本的数据技术分析把数据转化为信息,通过这些信息来了解事件的真相,寻求事件之间的关联性,建立最有效的预测模型,实现对不可见因素的当前和未来状态的预测。在这样的条件下,数据才能成为一种生产要素。也就是说,作为生产要素的大数据是经过数字化、智能化后的数据。

2. 数据作为生产要素的特征

数据作为生产要素主要有以下四个特征。

第一,数据具有非竞争性。数据可以轻而易举地被复制,并且其传播几乎不需要成本。尤其是多一个人使用数据产品并不会产生拥堵,这就意味着数据至少带有俱乐部商品的特点。更常见的是,难以保证数据的排他性。除非是秘而不宣,否则商业谍战时有发生。这样一来,数据甚至有接近公共品的特点。

第二,数据的边际成本趋近于零。首先,数据的传输成本几乎为零,数据的复制成本也几乎可以忽略。其次,随着软硬件的不断迭代,芯片计算能力、电脑存储能力的不断增强,数据的创作成本在不断下降。因此,对于原始数据二次创作的成本也随之下降。综合来看,数据相关成本基本为零。而从事实来看,知识产权保护迟迟得不到改善正是源于此。时至今日,通过云服务传播盗版的行为还不能禁绝。

第三,数据的价值存在不确定性。严格意义上说,数据具有事前不确定性,也就是说,数据的买方在交易之前如果不了解数据的详细内容,就很难对相应数据进行估值。然而,一旦买方充分了解了数据的信息,那么,对其来说,该数据的价值就大打折扣,这种情况也被称为信息悖论。另外,数据存在网络外部性。也就是说,使用数据产品的人越多,其价值就越高。然而,有很多研究指出,数据规模并非始终体现出规模报酬递增的特点,如数据量对预测的价值达到顶峰之后可能下降。

第四,数据对于不同使用者的效用大相径庭。数据只有被加工才能产生价值,而相应数据只有被对应行业企业获得才能发挥出真正的价值。这就表明数据是有目标人群的,无法成为股票等金融资产在市场上供大众去交易。相反,由于数据涉及的潜在交易对手相对少,价格机制形成可能更接近拍卖,于是研究数据的交易是十分急迫的。

此外,数据还具有即时性、可再生性、强渗透性等很多与其他生产要素不同的特征,也正是由于这些特别的特征,数据这种新的生产要素就得以从另外的角度推动经济增长。

2.2.2 数据要素引发创新范式变革

创新的经典解释和理论范式源自熊彼特1934年的著作《经济发展理论》。他最早将"创新"的概念引入经济学领域,把创新理解为通过生产要素重新组合实现对生产函数的重构。传统创新范式侧重于对创新活动的物理形成过程以及有形要素资源进行分析。随着数据成为新的生产要素,网络空间的拓展、数字技术的应用,特别是数据和算法,成为新的创新要素,创新的范式迎来新的变革。与工业经济创新范式不同,数字技术应用成为数字经济创新范式的本质特征,通过数字技术赋能将数据和算法作为新的创新要素纳入创新的生产函数中,不仅优化和拓宽了原有的创新要素体系,而且也改变了传统创新范式的秩序和规则。

数字经济创新范式是以第四次工业革命引发的技术-经济范式变革为驱动,基于网络空间发展,在数字技术应用过程中将数据和算法纳入创新要素体系所形成的新一代创新范式。其基本内涵主要包括全时空性、强互动性、高开放性、跨边界性四个方面的内容,四者相互作用、相互补充,并有机统一于数字经济创新活动的整体范式中。

第一,全时空性。数字技术和连接的泛在性和普遍性突破了创新主体原有时间和空间的范围限制、产业和组织的边界限制,并极大地降低技术创新实施的门槛,使创新活动能够在任何时间任何地点进行。第二,强互动性。伴随数字技术迭代加快和产品研发周期不断缩短,不同创新主体、创新主体与技术元素以及技术元素与产业生态间的互动变得更为持续、频繁和强烈,能够在不断的交互过程中提升知识的异构性和共享性,进而加快知识的重组和创新的渗透及扩散。第三,高开放性。数字技术的可同质性、可再编辑性和可供性属性使数字经济条件下的创新活动具有高度开放的创新生态系统特征。数字技术在产业应用领域中的不断扩散和渗透,不仅拓展了数字经济创新活动的过程和范围,使创新机制表现得更为开放,而且有助于形成知识扩散和创新共享的开放式创新生态系统。第四,跨边界性。数字技术赋能从根本上改变了创新的行为逻辑和功能,使创新过程和创新结果的边界逐渐弱化和模糊,使跨学科、跨行业、跨领域的异质性创新主体能够产生更为广泛的技术连接和实现价值共同创造。

作为新一代创新范式,数字经济创新范式强调利用数字技术对传统产业的生产制造、运营管理和产品销售等诸多环节进行全方位、全流程、全产业链的数字化改造,在这个过程中,创新范式表现出创新主体多元化、创新组织网络化和创新活动生态化等特征。随着数字经济的快速发展及其与实体经济的进一步融合,数字技术的深度渗透和广泛赋能也在不断重构创新活动的秩序和运行规则,使其朝着民主性、包容性、共生性方向演进(如图 2-1)。

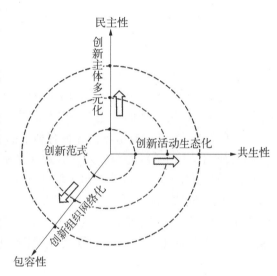

图 2-1 数字经济创新范式的主要特征

2.3 数字产品市场

2.3.1 数字产品特征与成本结构

1. 数字产品特征

数字产品又称数字化产品,是高科技发展特别是计算机技术以及互联网技术的产物。数字化产品可以分为有形数字产品和无形数字产品。有形数字产品是指基于数字化技术的电子产品,如 MP3 播放器、数码相机、数字化电视机、数码摄像机等。无形数字产品指的是能够被数字化的一切事物并能够通过如互联网这样的数字化网络传输的产品,如网络游戏、计算机软件、音乐等。

数字产品可以分为三种类型:其一是可基于数字格式交换和传输的产品和服务,如互联网公司提供的软件服务;其二是数字技术与实体产品融合的产物,如智能家居、智能汽车;

其三是信息和通信技术产品,也就是ICT产品,如智能手机、个人计算机等。从经济学角度来看,数字产品具有以下四个主要特征。

特征一：高固定成本,低可变成本。数字产品固定成本往往较高,但可变成本很低,甚至趋于零。数字产品低可变成本的一个重要原因就是数字产品具有较低的复制成本。例如,花费上亿成本制作出来的电影可能不需要任何费用就可以进行无限复制。虽然生产第一份数字产品的成本非常高,但是生产或者复制副本的成本几乎可以忽略不计,这使得数字产品的定价往往是基于顾客价值而不是生产成本的。类似地,数字产品运输成本也趋向于零,这大大降低了数字产品的分销成本、扩大了数字产品的销售范围。

特征二：网络外部性(亦称为梅特卡夫法则)。所谓网络外部性是指当一种产品被更多的人使用时,它的价值就会增大。梅特卡夫法则指出,网络的价值以节点数平方的速度增长,也就是说网络对每个人的价值与网络中其他人的数量成指数型增长。由于价值增值速度快、潜力大,网络外部性的存在会极大地影响消费者的行为和选择,成为数字产品定价时必须考虑的因素。

特征三：非竞争性和非排他性。当产品以数字形式提供时,竞争性和排他性就不存在了,也就是说,一个人对数字产品的消费并不会影响该产品对其他人的供应。同时,数字产品在被一个人消费之后也不会减少其他人消费该产品的数量和质量。例如,一个人观看网络电影,并不影响其他消费者在线同时观看该电影。数字产品这一特点为政府提供数字公共产品提供了更大的动机,如开放的信息资源将有利于数字化资源的更充分的供给与更平等的分配。

特征四：不可破坏性与时效性。数字产品一旦生产出来就能永久保持其存在形式,具备不可破坏的特性。该特性有利于保证数字产品质量的稳定,但不利于销量的增加。时效性的显著存在则提供了更灵活的销售方式。例如,实时信息相对于滞后信息有更高的价值,更新的软件版本相对于老旧的版本有更高的使用价值。鉴于此,数字产品提供商可通过不断提升产品性能,推进产品升级换代,吸引客户不断购买更新的产品版本。

2. 数字产品的成本结构

数字产品的固定成本绝大部分是沉没成本,这主要是因为高昂的生产成本。生产成本具体包括计划费用、产品设计费用、详细程序设计费用、取得数字化产品技术可行性之前的数字产品检测及编译费用等。沉没成本通常必须在生产开始以前预付,一旦第一份产品被生产出来,大部分成本就无法挽回了。

数字产品的可变成本称为边际成本,而低廉的边际成本是由于生产副本的数量不受自然能力的限制。如果能生产一份副本,就能以相同的单位成本生产100万份副本或者1 000万份副本。多份副本可以以大致不变的单位成本生产。

根据数字产品的特性,假设TFC为总固定成本,AFC为平均固定成本,AVC为平均可变成本,MC为边际成本(这里考虑为靠近零值),AC为总平均成本(如图2-2)。MC与AVC靠近零值不在图中标识,同时AC理论上逼近AFC,也不在图中另行标注。图2-2

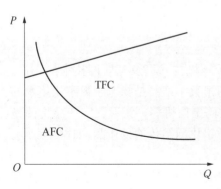

图2-2 数字产品AFC和TFC曲线

中函数关系体现随着产量销量增加,固定成本追加幅度相对较少,平均固定成本快速摊薄。

TFC=研发费用+设备购置费用+维护费用+升级新增固定成本费用

AC=AFC+AVC

AVC=单个产品的材料费用+单个产品的产权费用+管理费用
　　　+操作费用(在规模经济下几乎为零)

MC=AVC

数字产品成本结构的特殊性主要体现在:沉没成本高,边际成本低。从上文的分析中可以了解到,数字产品成本结构的特殊性,从经济学角度看,就是网络数字产品生产的固定成本很高,复制的可变成本很低。这种成本结构产生了巨大的规模经济,即生产的数量越多,生产的平均成本越低。

数字产品的生产通常分成两个阶段:第一阶段是智力的创造性劳动阶段,需要大量的投入才能创造出第一个数字化产品。这一阶段所投入的成本被布鲁斯·金格马(Bruce R. Kingma)形象地称为"首稿成本"。生产的第二阶段主要是机械性复制阶段。由于复制信息的成本很低,因此,只需很低的边际投入便可以通过复制生产出大量的同类数字产品。与高额的首稿成本相比,网络数字产品的边际成本几乎为零。

数字产品的易复制性的优点集中在数字产品能被轻易地复制、储存或传输,使得数字产品的生产形成高固定成本、低边际成本的特殊成本结构。生产第一份数字产品花费的成本非常高,但以后生产(或复制)此产品的成本几乎可以忽略不计。传统产品的成本结构如图2-3所示,数字产品的成本结构产生了巨大的规模经济效益,供应商生产得越多,平均成本就越低(数字产品的成本结构如图2-4所示)。

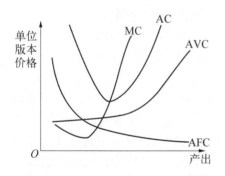

图2-3 传统产品各成本之间的关系

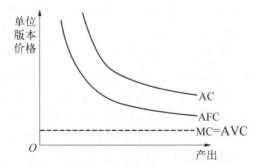

图2-4 数字产品各成本之间的关系

2.3.2 数字产品供求

传统经济学中,需求曲线是向下倾斜的,消费者对某一商品的需求随着价格的降低而增加。由于网络外部性的存在,某个数字产品对消费者的效用随着该产品的其他使用者数量的增加而增加,强调价格与数量的正相关性。事实上,两者并不矛盾。传统的需求曲线描述了一个静态的单期行为,反映了价格对需求数量的影响。而网络外部性的存在使消费者决定是否购买该产品时,不仅要考虑该产品现有的用户规模是否足够大,还要据此预测该产品未来的用户规模是否会继续扩张。

考虑到网络外部性的作用,数字产品的需求曲线无法像传统市场那样由个人需求曲线简单叠加而得到。对个人消费者来说,随着数字产品价格降低,个人对数字产品的需求强度会增加(如图 2-5)。在数字产品的市场中,数字产品的价格是由数字产品的预期量所决定的,可用函数表达式 $P=f(Q_d)$ 表示。在未达到一定市场规模之前,传统的消费者边际效用递减起到相对主导作用,预期销量越多,产品价格越低(如图 2-6,Q^* 左侧)。

对包含了所有消费者的整个市场而言,网络外部性的影响是一种内生变量。并且某个消费者的消费所导致的其他消费者效用的增加,抵消了该消费者的边际效用递减,从整个市场上来说是边际效用递增的。因此,随着市场需求量的增加,市场上消费者愿意支付的价格也随之提高,由此可以推出数字产品的市场需求曲线是一条向右上方倾斜的曲线。因此,达到一定规模 Q^* 之后,随需求量的增多,市场的价格是递增的。由此可以得出数字产品的市场需求曲线(如图 2-6 所示,Q^* 表示临界市场需求量)。

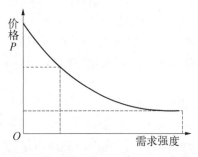

图 2-5 数字产品的个人需求曲线

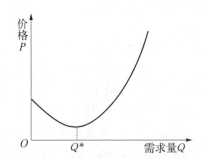

图 2-6 数字产品的市场需求曲线

传统经济学中,供给曲线朝右上方倾斜,是由于边际成本递增的原因。然而,在边际成本递减和不变(如数字产品)的情况下,产品的供给曲线是什么样的呢?

数字产品的边际成本几乎为零,数字产品供应商的平均成本无限接近于零。因此,对厂商来说,价格对其愿意提供的产品数量的影响十分有限,即使产品售价很低,只要出售的数字产品数量足够多,厂商也能得到补偿。这样,可以假设在数字产品的市场中,价格不再是自变量,供给量才是自变量。因为在任一价格下,厂商都有一个至少要销售的产品数量的预期。对于价格是供给量的函数可以从两方面来理解:一方面,由于数字产品网络外部性的存在,对某产品使用的人越多,该产品对消费者的效用就越大,价格就可以越高;相反,消费者对低市场规模的产品只愿意出较低的价格。另一方面,由于数字产品的边际成本几乎为零,随着产量的增加,产品的平均成本逐渐下降。

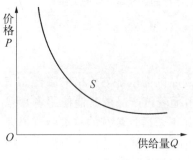

图 2-7 数字产品的供给曲线

如果以供给量为自变量,价格为因变量,可以仿照传统经济学中的供给曲线推导出数字产品的供给曲线(如图 2-7)。由于数字产品市场中供给量(市场规模)对价格的影响作用,因而可归纳为:随着产量的增加,数字产品的售价越来越低。正如保罗·克鲁格曼所言:"在网络经济中,供给曲线下滑而不是上扬。"

均衡理论是传统经济学最基本的理论,经济学的各个领域都离不开均衡思想,如传统产品市场上价格、数量的决定就是供求均衡分析的一种结果。由于边际效用递减规律,需求曲线向右下方倾斜,而边际成本递增效应又使供给曲线向右上方倾斜。市场均衡点是唯一的、确定的,它就是需求曲线和供给曲线的交点。可见均衡原理产生的实质是消费者的边际效用递减和厂商的边际成本递增,它产生的是一种负反馈机制,使产品的市场移动和市场份额最终能达到一种可以预见的均衡。

在数字产品市场中,通过前面对市场中供给与需求的分析已知传统的需求曲线和供给曲线在数字产品市场中都不存在。在网络经济学下,占主流地位的是规模报酬递增现象,它会导致正反馈,经济中出现了许多可能的均衡点。首先在需求方面,由于网络外部性的作用,存在需求方规模经济;其次在供给方面,高固定成本和低边际成本使供给方规模经济在更大市场上延续下去。这样,需求方规模经济和供给方规模经济有机地结合起来,形成超强的正反馈效应。

2.3.3　数字产品市场均衡

1. 数字产品市场的"反市场均衡"

与传统经济不同的是,在数字经济中占主导地位的是正反馈机制。正反馈的出现改变了市场均衡的条件,进而也改变了数字经济市场均衡所实现的形式。正反馈机制形成的原因是数字经济中的报酬递增。主流经济学的支柱是报酬递减规律,即随着规模越大,其边际报酬随之呈递减趋势。正因为有报酬递减规律,市场才有可能达到均衡。而报酬递增,就是指报酬随着规模的增加而增加,即生产或销售的规模越大,收益越多。

实际上,报酬递增并非为数字经济所专有。在传统产业中也存在规模报酬递增的现象,在一定的限度内,扩大规模能够带来规模经济效应,出现报酬递增。问题是传统经济的报酬递增是完全基于供给方规模经济的。这样,随着规模的扩大,必然带来管理的困难从而导致很高的成本,最终将抵消规模经济带来的好处。此后,报酬递减规律又开始占据主导地位,规模经济也就转变为规模不经济。

在数字经济中,情况发生了变化。其规模报酬递增不仅来自供给方,更多地来自需求方,即需求方的规模报酬递增。由于数字经济中普遍存在网络效应,即网络中每一个节点的用户不仅通过产品(网络)本身的使用而获得价值,而且还从网络中其他节点的用户对产品(网络)的使用而获得价值,因此,网络用户越多,网络给每个用户带来的价值也越大,其边际收益递增。这样,当市场需求量超过某一个临界值后,消费者愿意接受的价格会随需求量的增加而上升,随需求量的减少而下降。而且,数字经济中的供给方规模经济也与传统经济的供给方规模经济不相同。数字经济中的产业具有高固定投入和低边际成本的特性。一旦产品研制成功,其复制的成本几乎可以忽略不计,因而其生产规模可以无限扩大。因此,数字经济中的供给方规模经济不会像传统经济那样在远远低于主宰市场的时候就几乎消耗殆尽,相反,数字经济中的供给方规模经济可以在更大的市场上得以不断延伸。正是在这种需求方规模经济和供给方规模经济的共同作用下,形成了超强的正反馈效应,进而使该产业和市场超过临界点以后得以爆炸式增长。

报酬递增导致数字经济中供给、需求与价格的关系发生改变。一方面,供给与需求不是由价格所决定,相反,价格则是由供给与需求所决定;另一方面,在供给增加的同时价格不是上升而是下降,而在需求增加的同时价格不是下降反而上升。也就是说,数字经济中供给、需求与价格的关系与传统经济是相反的,供给与价格呈负相关,需求与价格呈正相关。这也就是所谓的正反馈现象。在这种情况下,原来适用于负反馈条件下的供求原理不再适用,用传统的分析方法将无法得出数字经济中的市场均衡。一些学者将这种情况称为"反市场均衡"。

我们可以用图2-8来说明反市场均衡。由于数字经济中供给、需求与价格的关系发生了改变,供给与需求曲线的位置也发生了改变,供给曲线向右下方倾斜,需求曲线则向右上方倾斜。在这种情况下,当起始价格为P_1时,$Q_{s1} > Q_{d1}$,市场供过于求,此时的市场价格将会下降,而价格的下降使供给增加和需求减少,供求之间的差距增大,偏离稳态点E更远。同理,当起始价格为P_2时,$Q_{s2} < Q_{d2}$,市场供小于求,此时的市场价格将会上升,而价格上升使供给减少和需求增加,同样使供求之间的差距变得更大,离稳态点E也更远。可见,用传统均衡理论来分析数字经济是行不通的。在数字经济条件下,我们必须用新的方法来分析供给和需求的变化,并解析其市场均衡。

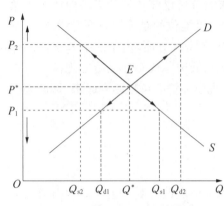

图2-8　数字经济中的反市场均衡

2. 数字产品市场均衡的形成过程

与传统经济不同,数字经济中的市场均衡遵循的不是一般供求规律,而是在依照数字经济自身法则和正反馈机制作用下,达到一种动态的非均衡状态。随着技术不断成熟及竞争加剧,负反馈机制产生作用,最终形成一种新的均衡点。这一过程,我们称之为数字经济中的新供求规律。我们以数字产品为例,结合图2-9进行深入分析。

在图2-9中,Q为自变量,P为Q的函数,供给曲线和需求曲线相交。在市场规模$Q < Q_1$时,消费者愿意接受的最高价格小于企业愿意接受的最低价格。由于数字产品市场是以消费者为主导的市场,企业要想把自己的产品销售出去,就不得不接受消费者愿意提供的最高价格,即使这个价格低于自己所愿意接受的价格,所以企业只能按照消费者愿意接受的最高价格来定价。此时,企业处于亏损状态。从长期来看,企业不可能一直在这个生产规模上来提供产品,否则将永远处于亏损状态。所以,任何在Q_1以下的市场规模,都不可能长期存在。然而,由于数字产品网络外部性的存在,随着数字产品规模Q的变大,在网络效应的作用下消费者所得到的效用将会迅速增加,其愿意接受的最高价格越来越高。而企业由于边际成本递减,愿意接受的最低价格也越来越低。当到达临界点E_1时,消费者愿意接受的最高价格和厂商愿意接受的最低价格相等。

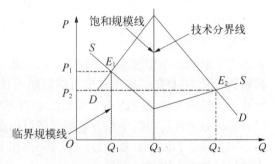

图2-9　数字产品的市场均衡

但是,E_1点却不像在传统经济中的均衡点一样,它不是一个稳态的点。这是因为随着新的消费者加入网络,网络的规模继续变大,消费者内心愿意接受的最高价格就会提高,厂商意识到消费者预期的这种变化,就会依然按照消费者愿意接受的最高价格来定价。那么,数字产品的规模就会继续扩大,从而又偏离了临界点 E_1。当 Q 超过临界点 $Q1$ 时,即 $Q_1<Q<Q_2$ 时,消费者愿意接受的最高价格远大于企业愿意接受的最低价格,如果市场不存在竞争,追求最大利润的厂商依然会按照消费者愿意接受的最高价格定价,厂商将会提供越来越多的产品,获得巨大的超额利润,网络将会产生持续的增长,直至趋向饱和。此时,数字产品的规模为 Q_3。

网络达到饱和,意味着新的技术所带来的新数字产品开始加入市场竞争行列,于是消费者对原有的数字产品的支付意愿开始下降,此时网络外部性不再发挥效用,以传统的消费者选择理论为基础的供求规律开始发挥作用,市场均衡点为 E_2。因此,可将 Q_3 所代表的饱和规模线称为技术分界线,在 Q_3 之前该数字产品属于新技术产品,在其之后则属于成熟技术产品。当一种数字产品发展为成熟技术产品之后,其市场均衡价格一般会低于临界规模时的价格水平,消费者福利得到提高。可见,数字产品市场均衡的实现并不像传统经济下产品的市场均衡实现那样仅通过供给和需求达到自动均衡,而要先后经历正反馈和负反馈过程。其中,正反馈过程非常关键,一旦数字产品生产无法突破临界规模,则市场根本不可能出现该产品,更别提市场均衡了。正因为此,才出现了所谓的竞争性垄断、创新竞争和标准竞争,从而使数字产品层出不穷。

3. 数字产品市场均衡的现实意义

在数字经济下,市场均衡实现的过程必然经历正反馈机制作用的过程,根据前面的讨论可知,正反馈机制作用的过程中有一个转折点,也就是临界点。数字产品市场规模在临界点之下,市场就是一种负循环,企业一直处于亏损状态。只有突破临界点,才能进入正循环。利用正反馈形成的自增强机制,企业的市场规模迅速扩张,最终垄断整个市场。直至一种新的技术出现,打破原有的均衡状态,开始新一轮正反馈过程,并形成新的市场均衡。在这样反复的交替中,数字经济不断向前发展。

可见,无论对于一个产业还是一个企业,能否尽快突破临界点,由负循环迅速进入正循环,对其能否生存和发展至关重要。然而,一般情况下企业不可能一开始就越过负循环而直接进入正循环,正循环过程不会自动实现。这需要通过一定的制度安排来推动这一过程,为数字经济的发展提供制度保障。

首先是产权制度保障。数字经济中的产品主要是信息产品,而信息产品具有可复制性、可共享性、不可耗尽性等性质,带有一部分公共产品特性,因而产权界定存在一定困难。如果产权得不到有效界定,人们可很容易地无须付出任何代价就能得到产品的使用价值,也就没有人愿意出钱购买产品,不能形成有效需求。所以,为了确保均衡能够在临界点以上的区域出现,必须要明晰信息产品产权,完善对信息产品的产权保护制度,对信息产品产权给予切实的法律保护。对信息产品的产权保护将使生产企业通过控制专有技术而形成一定的垄断,从而在较短时期内能够迅速达到经济的规模。

其次是市场制度保障。与一般产品不同,正反馈意味着只有一家企业能成功,即所谓的"赢家通吃",因此最后必然形成独家垄断。而垄断又是正反馈的条件,因为只有在垄断情况下,在达到临界点后,企业才能按需求定价,使正反馈得以保持。而此时如果政府进行干预,使市场成为完全竞争市场,那么,一旦供给超过了临界点出现超额利润,就会有新企业加入,企业的相互竞争必然导致价格下降,使企业只能按供给定价,最后大家都没有利润,重新回到临界点以下。这样一来,所有企业都难以把在临界点之前由于高固定成本投入所造成的亏损收回,最终造成企业失去研发和生产积极性,市场出现萎缩。因此,在数字经济中,需要有一种竞争性垄断的市场结构作为保障,政府应允许在一定条件下的垄断存在,使其巨大的前期投入能得到有效补偿,并获得超额利润。

再次是企业制度保障。在数字经济条件下,由于生产具有高固定成本、低边际成本的特征,因此企业面临的将是一种高投入、高风险,同时在取得成功后也是高收益的局面。而面对这样一种情况,传统的企业制度就显得难以适应。因为在达到临界点之前,企业一直处于亏损状态,投资者得不到应得的收益,管理者得不到应有的报酬,因而难以筹集到足够的资金和招募到优秀的经理人,企业也就无法正常地兴办和运行。针对这一问题,解决的办法一是实行风险投资制度,通过风险投资来解决企业的资金问题;二是实行股票期权制度,以解决对经理人激励的问题。这样,通过企业制度的创新,就可以消除产业及企业发展的障碍,为数字经济的顺利发展创造更加有利的条件。

2.4 双边市场与平台经济

2.4.1 双边市场内涵

双边市场理论是网络经济学与产业组织理论领域新兴的前沿理论。双边平台向两个相互区别又相互联系的用户群体提供产品和服务,两方用户通过平台进行交易,且一方用户的收益取决于另一方用户的数量。

双边市场的市场成员包括买方(即消费者)和卖方(即生产者),也包括平台企业。在单边市场中,有很多买方与很多卖方,卖方将产品出售给买方,市场交易过程分布于卖方与买方之间。双边市场是一种典型的"哑铃式"结构,无论是买方还是卖方,都要通过同一个平台进行交易。交易平台是双边市场的中介机构,通过匹配买卖双方,从而降低交易成本、保证买卖双方能够从交易或者其他形式的互动中受益,是双边市场中最重要的组成部分。

双边市场的买方与卖方之间的关系与单边市场不同,其并非严格的卖方将产品与服务售卖给买方的关系。在双边市场中,交易双方存在着相互依赖性与互补性。相互依赖性是指双边用户均需要另一边用户提供的价值。只有一方有需求或双方均无需求时,双边市场便不会产生。互补性是指双边用户提供的价值能够满足对方的需求。相互依赖性与互补性是相辅相成的,正因为双边用户均有需求,且均能满足对方的需求,才能产生双边市场,平台企业可以通过降低双边用户的搜索成本的方式,为双边用户提供交易的平台。

2.4.2 双边网络外部性

网络外部性理论是双边市场理论的重要基础之一。所谓市场或产业的"网络外部性"特征,是指该市场中的消费者能够从更多的同类消费中受益。这种网络外部性特征在具有真实网络的产业,如电话通信、E-mail 互联网接入、传真通信和调制解调器等产业中都十分显著地表现出来;一般地,当某种商品具有网络终端的属性时,则该商品对使用者的价值除了其本身的质量外,很重要的一个因素就是通过这个终端能够联系到的其他终端用户规模。

常见的网络外部性有直接网络外部性与间接网络外部性。其中,直接网络外部性是指消费者消费某种网络产品的价值会随着消费与该产品相兼容产品的其他消费者数量的增加而增加;间接网络外部性则是指消费者消费某种网络产品的价值随着与该产品相兼容的互补性产品种类的增加而增加。

双边市场中往往存在双边网络外部性,也称为交叉网络外部性或跨边网络外部性。双边网络外部性是指一边的用户获取的价值取决于另一边用户的规模,即随着平台一边用户数量的增加,平台另一边用户的收益也会增加,可以将一边用户的需求函数写成另一边用户数量的增函数。双边网络外部性是双边用户与平台企业组成一个市场的基础,可以说,双边市场就是一种"鸡生蛋,蛋生鸡"的市场。但双边网络外部性并非一定是正向的,事实上,也存在一方是正向、另一方是负向的情况。也就是说,虽然增大一边用户的规模会提高另一边用户的利益,但另一边用户规模的提升反而会降低该边用户的利益,从而形成市场制约结构。

交叉网络外部性是双边市场的主要特征。这个重要概念显然包含着几层意思。首先是外部性,说明每个市场中有利益溢出;其次是网络外部性,意味着溢出的利益是与市场规模成正比的;再次是"交叉",强调这种利益的溢出并不是如传统的网络外部性理论所讨论的那样,在一个市场内部一个用户向其他用户溢出,而是在不同市场的终端用户之间相互溢出。显然,前面所介绍的双边用户之间的需求互补特征,是产生交叉网络外部性的主要原因。

例如,在操作系统的双边市场上,PC 终端用户规模的增加会增加应用软件开发商(继续)开发某个操作系统上的应用软件的动机,因为同样的软件的销售量可以增加,从而吸引更多的开发商开发更多的应用软件;软件开发商数量以及适用软件数量的增加也会使得 PC 价值上升,吸引更多用户使用。

交叉网络外部性还存在正负问题。一种是交叉网络外部性为负的情况。例如,以广告为收入主要来源的媒体。广告对受众而言,特别是诸如电视台在黄金时段播放的连续剧中插播广告,通常对观众来说是一种干扰。然而,从广告商的角度出发,电视台这样安排播出可以扩大广告的观看度。从这个角度看,广告商对广告时间的需求对观众的效用产生负的外部性。另一种是自网络外部性中会出现负的情况。例如,对于一些高档酒吧的会员来说,他们更愿意维持一个高素质、高消费的交流圈子,所以人流过大或人员复杂对这些会员的效用将产生负影响。然而,不管是实际观察还是研究中,双边用户一般都是参与越多,对双方都有利,最直观的例子如追求点击率的门户网站、银行卡组织大力发展受理商户和持卡消费者等。

2.4.3 平台经济的内涵

1. 平台经济的概念

平台是一个真实或虚拟的空间,它可以引导或促进两个或更多客户之间的交易,其核心是联结、架桥或撮合。平台企业具有双边市场特征,其行为具有显著区别于传统的单边市场的经济特征(见图 2-10)。与传统的网络外部性不同,平台经济的形成是基于交叉网络外部性。平台市场是指交易双方需要通过平台进行交易,一方加入平台的收益取决于加入该平

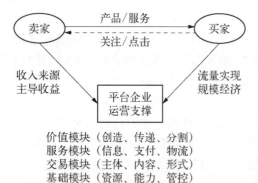

图 2-10 平台经济模式的微观结构和价值模块

台的其他方的数量。平台市场中包含两类用户，各自通过公共平台与另一类用户交互获得价值，交叉网络外部性是平台市场重要的理论基础。

Katz 和 Shapiro(1985,1992)给出了网络外部性的定义，他们认为网络外部性分为直接与间接两类情况。直接网络外部性是某产品或服务与使用的用户数量相关的价值；间接网络外部性则主要指由互补性的产品和服务带来的外部性效应，也称为"硬件-软件范式"。而平台企业结合了两者的共同特征，具有交叉网络外部性。参与平台交易的双方往往具有互补的需求，只有当双边用户同时参与平台，并同时对平台提供的产品或服务产生需求时，平台才能实现其自身价值并获得利润。在平台企业竞争中，关键竞争要素是网络规模，用户使用该平台所获得的效用在很大程度上取决于另一方终端用户的数量和规模。

2021年2月，国务院反垄断委员会出台的《国务院反垄断委员会关于平台经济领域的反垄断指南》将平台定义为"通过网络信息技术，使相互依赖的双边或者多边主体在特定载体提供的规则下交互，以此共同创造价值的商业组织形态"。这一定义反映了信息时代背景下互联网、大数据等技术的应用成为平台经济体的必要特征。

综上所述，双边市场与平台经济联系密切。通过中介平台的连接功能，两类用户（如消费者和生产者）可汇集到一起并进行交易，这就是所谓的双边市场。从双边市场与平台之间的关系来看，平台是双边市场的核心，是双边市场区别于单边市场的重要条件；双边市场是平台的载体，是平台得以真正发挥作用的基础前提。

2. 平台经济特征

与传统经济不同，平台经济具有一些突出特征，主要包括价格结构非中性、交叉网络外部性、需求互补性和多属性等。

（1）价格结构非中性。由平台定义可知，平台企业索取的价格总量不变而价格结构变化时，会引起交易量的变化。换句话说，与单边市场的边际成本定价法则不同，平台企业要实现自身利润最大化，需要将索取的总价在买方和卖方之间进行"分配"，最优决策的结果可能会出现对一方用户索取价格为零甚至是负数（对用户进行补贴）的情形。

（2）交叉网络外部性。Katz 和 Shapiro(1985,1992)认为，网络外部性是指产品价值随该产品消费者数量的增加而增加。Evans(2003)同 Rochet 和 Tirole(2003)进一步将外部性区分为成员外部性和用途外部性。用途外部性又称直接网络外部性，是指每位用户从平台的交易互动中所获效用，一般与平台用户的整体规模相关。成员外部性，即交叉网络外部性，又称间接网络外部性，是指平台用户数量会影响用户对该平台的价值评价。例如，信用卡对持有者的价值取决于接受此卡的用户数量，用户数量越多则持有价值越高，表现出较强的正外部性。除正外部性外，网络外部性也有可能表现出负外部性。一般而言，对异侧用户产生正外部性，同侧用户产生负外部性，但也有例外，如 Reisinger、Ressner 和 Schmidtke(2009)研究发现，最终用户数量随着广告商的增加而减少。

(3) 需求互补性。双边用户对彼此的互补性需求是进行平台交易的前提。这一特性不仅提出了平台经济视角下的"鸡蛋相生"问题（平台初始阶段如何召集双边用户），也易导致消费者锁定现象的出现。尹振涛、陈媛先和徐建军（2022）指出，平台两侧用户易对平台提供的产品或服务产生依赖，当进行产品或服务转换时，由于信息资源损失、软件学习和升级系统所需时间等原因，使得转移成本高昂、转换困难，从而迫使用户忽视平台成本的提高或漠视成本变化，坚持使用当前平台。

(4) 多属性。由于存在许多具有相似功能且互不关联的平台企业，用户可能选择与多个平台产生关联以实现自身效用最大化，即多属行为占优策略。例如，不同网络购物平台间通常不能互联互通，使得消费者与商家可能存在着多属行为，消费者切换不同平台选购商品，商家入驻多个平台进行销售活动。当存在平台不兼容或不能互通的情况时，市场上至少一方采取多属行为是实现交易的必要条件。买卖双方的多属行为对平台定价会产生重要影响。

3. 平台经济的市场运营策略

在平台企业市场化运作过程中，存在一些典型的市场运营策略，主要包括客户召集策略、差异化策略、捆绑销售策略等。

(1) 客户召集策略。

平台必须对双边客户具有强大的吸附能力。双边市场的创立必须解决"鸡与蛋"矛盾，想要说服买家采用该平台，则应该首先说服一部分卖家进入平台，并同时需要让卖家确信会有买家进入该平台。客户召集策略包括双边客户召集和双边利益平衡两种具体方式：第一，双边客户召集。平台企业初创期必须设法召集双边客户，甚至为市场一方的客户提供免费服务和消费补贴，培养客户群。第二，双边利益平衡。平台需要制定最优的收费结构，以维护平台双边客户的利益，形成平台利益平衡。

平台企业会充分利用平台的特性和优势来培育和召集客户资源。互联网中介企业普遍具有平台特征，该网络通常有两方参与者，一方会因另一方的加入而获取价值。资源异质性创造了双边平台的竞争优势，对于平台的长期竞争发展起着重要作用。

(2) 差异化策略。

差异化是平台企业竞争的重要策略，通过差异化可以实现平台细分，树立独有的特征和效用，以避免激烈的竞争。差异化策略在平台经济竞争中主要体现在服务差异化和客户差异化两方面。

(3) 捆绑销售策略。

平台企业常采用搭售、捆绑等策略来满足优势客户的多样性需求，同时能获取其他平台优势客户。平台的正向交叉网络效应使得拥有用户数量越多的平台，其用户退出的概率越小，因此这些平台可以采用捆绑销售策略。搭售行为使得更多消费者转变为买方，使得平台双方以及平台企业自身均获利。平台可以通过捆绑销售来获得更大的收益。在双边平台市场中，捆绑销售有助于平台更好地平衡双边客户的利益，对社会福利也不一定会造成损失。

2.4.4 平台经济融合赋能实体经济

1. 平台经济与实体经济的融合优势和运行机理

针对实体经济的目标及存在的问题，平台经济具有与实体经济的融合优势，助力实体经济目标的实现,化解发展中存在的问题,充分发挥平台经济的功能。

(1) 不断升级经营模式,增强发展动力,推动实体经济规模增长。保持国民经济适当的增长速度是保就业、保稳定的前提条件。改革开放以来,我国的经济发展实现高速增长,但近十年来我国经济保持一位百分数增长速度且呈下行趋势,而数字经济中的信息服务业年增速却保持在15%以上。以电信业和软件业为例,两大数字化产业在2020年的收入规模分别达到了1.36万亿元和8.16万亿元。平台经济为传统经济注入了新活力,作为一种创新型的商业模式已经成为产业转型升级的新龙头和推动经济增长的新引擎,激发实体经济发展,产生新动能,从而有利于国民经济在发展中保持一个规模上新的增长点。

(2) 发挥数据资源优势,对称各类信息,不断优化实体经济结构。经济结构、产业结构协调发展有利于提升经济资源的有效配置,保持规模的稳定增长。平台企业通过平台形式,使供需双方在虚拟空间实现了无缝对接,不仅颠覆了传统经济架构,而且通过信息对称,不断优化经济结构,从而推动产业结构优化升级。同时,由于平台经济和平台企业在不断迭代升级,进一步推动了线上平台与线下实体经济的融合。此外,新基建还有力地推动工业互联网平台、大数据平台、应急管理平台、政府治理平台等快速发展,从而深刻改变着产业结构与产业发展方式,带动实体企业供应链上下游发展,通过资源和供需的再配置,为传统产业转型升级提供帮助。

(3) 减少经营流程环节,优化配置资源,大幅提升实体经济效益。平台经济可以带来传统价值链重组,引起资本和新商业模式对存量业态的冲击,应用数字化优势振兴传统实体企业,推高生产企业效率,降低实体企业流通成本,帮助实体企业在降本增效方面取得新的进展。工业互联网平台在制造业的广泛应用可以直接提升企业在决策经营、管理设备、设计定制等多方面的能力。据中国工业互联网研究院测算,2021年,工业互联网直接产业增加值为1.17万亿元,其渗透产业增加值达到2.93万亿元,同比增速分别为16.07%和13.94%。一些公共服务平台可以让实体企业足不出户完成行政事项审批,一些平台提供给实体企业的数据分析、线上线下高效链接等功能,帮助实体企业简化了管理流程,快速进入市场,实现了经营管理的最大集约化、高效化。

(4) 突破时间空间限制,提高交易概率,推动实体经济效能提升。平台企业可以突破时间和空间的限制,可以最大限度地获得实体企业需要的经营信息,平台企业本质上是提供一种信息服务,由于平台具有强大数字基础设施,使大规模的信息交互与精准的信息相匹配,依靠互联网连接性,让资源、供需更加有效率地匹配,实现高效资源配置以及价值交换,从而有效地提升经济运行效率。因此,平台有助于实体经济的生产流通效率的优化,更好地解决生产经营过程中的信息不对称,所以平台企业的资源配置功能对于实体经济效能的提升至关重要。

(5) 加大科技研发力度,突破科创高点,实现实体经济创新发展。实体经济的科技创新既有依靠自主力量的创新,也有借助外力资源的科技创新,特别是对现有的科技创新成果的应用,既快又投资风险小。平台具有加快科技创新成果流动、转化和变现的功能,而且平台企业也积累了较强的科技创新能力,特别是在数字技术创新能力方面更为突出。平台企业可以不断推动科技创新技术及由此构建的新模式、新业态,用于促进实体经济发展、推动实体企业进步,进而迸发出更大的经济发展潜能和创造更多的社会经济价值。

(6) 打破市场隔离篱笆,促进资源流动,促实体企业融入大市场。平台经济有非常高效的资源匹配功能,能够有效地打破地域性政策壁垒,让实体企业的产品、信息、知识、技能顺畅地流通,提高整个市场的运行效能和效率。而各平台之间的互联互通成了新基础设施实现公平、便捷、普惠的重要手段,有效地拆除了各种壁垒,助力平台、用户、商家多方获利以及商业生态的良性循环,实现技术和生态的互通,助推全国统一大市场、整个产业、互联网企业、互联网与传统企业之间协同发展,带来乘数效应并做大整体市场规模。

(7) 立足全球经济视角,触角渗透世界,助力实体企业进入海外。扩大出口,对外开放,加强国际间的经济贸易是我国新时期重要的发展战略,也是实现"双循环"的重要路径之一。平台从服务区域来说,已经突破国界,将世界特定的群体可以集聚到一个平台上来实现交易。平台要突破国界,走向世界,一方面是由于实体经济迫切需要寻找新的与国际市场对接的交易方式,而平台交易则是一个信息量巨大、交易成本极低、成功率极高、消费者体验极好的方式,另一方面由于我国的平台经济发展也触碰到流量天花板。2021年6月,我国网民规模已经达10.11亿人,互联网普及率71.6%,是全球规模庞大、富有活力的数字社会,但人口红利正在消失,平台企业必须寻求新的发展方式,打开"第二增长曲线"。平台企业瞄准国际市场,实现经济要素全球连接,将为我国实体经济发展带来新的发展动力。

2. 平台经济对实体经济的赋能路径

(1) 发展平台,增加对实体经济发展的直接贡献度。高质量发展平台经济,提升平台经济对国民经济的贡献度。平台本身就是实体经济的一部分,承担起实体经济新的价值增长点,带动实体经济的技术层面提升。有资料显示,我国2015—2020年市场价值超过10亿美元的平台企业年均新增26家,总市值规模的年均复合增长率在35%以上。平台企业发展推动平台经济蓬勃发展,还带动消费等实体经济增长。平台经济成为国民经济发展的直接贡献者,保持平台经济的健康发展就是保持实体经济的增长。为了进一步高质量发展平台经济,需要明确搭建平台的目标模式,科学搭建企业平台,并不断完善平台监督管理体系,保持平台的健康发展必须对平台实行强监管和严监管。

(2) 坚守定位,发挥平台赋能实体经济的基本功能。随着平台数量的增多、功能的完善,其作用于实体经济的路径也已成熟和常态化,特别是经过专项整治后,平台可更好地服务于实体经济的发展,因此,从平台服务于实体经济的基本功能看,只有平台的基本功能得到正常发挥,实体经济才会得到平台经济的有效支撑。在平台赋能实体经济的过程中,要抓牢实体经济的发展目标,让平台的功能得到充分的发挥。一是升级平台经济经营模式,发挥经济规模增长驱动功能;二是发挥平台数据资源优势,实现实体经济结构优化功能;三是优化平台配置资源手段,激活经济效益大幅提升功能;四是提高平台交易成功概率,驱使管理效能持续提高功能;五是加大科技创新研发力度,振兴推动科技创新发展功能;六是促进平台资源要素流动,推动进入大市场的流动功能;七是发展平台跨境合作业务,扩大进入海外市场发展功能。

(3) 抓住重点,利用专业平台赋能实体经济实现定向目标。实体经济发展不同时期、不同区域所面临的矛盾与发展的重点是不相同的,因此,平台经济赋能实体经济的发展,除了要注重平台的基本功能的发挥,更要根据实体经济发展不同时期的重点,优化平台经济功能,激活平台企业新的功能,以解决和实现实体经济发展面临的新矛盾与主要目标。当前,我国实体经济的发展面临的问题主要有"双碳"目标实现、数字化转型、乡村振兴。平台经济发展要围绕这几个问题,推进平台专业化建设,加快实体经济阶段性或重点目标的实现。其一,打造绿色低碳平台,助力低碳经济的发展;其二,打造数字技术平台,推动数字经济的发展;其三,打造乡村振兴平台,助力农村经济的发展;其四,构建机制,驱动平台经济与实体经济相向而行。

2.5 数字贸易的比较优势

2.5.1 数字贸易背景下的比较优势理论

比较优势理论的代表人物是大卫·李嘉图(David Ricardo),他认为国际贸易产生的基础是生产技术的相对差异,因此即使一国在所有产业上的生产技术都落后他国,两国也可以进行国际贸易。

1. 基本假设与贸易原因

大卫·李嘉图比较优势贸易模型的基本假设如下:(1)存在两个国家和两种可贸易商品。本节假设两个国家分别为本国和外国。为了刻画数字贸易现象,假定两种可贸易商品为"数字音乐"和"搜索引擎服务"。(2)两国在生产中使用差异化技术。技术的差异导致劳动生产率的差异,进而导致成本的差异。(3)两种商品的生产都只需要劳动一种要素投入,且劳动在一国内可以自由流动,在国际间不能流动。(4)规模报酬不变。假定 n 单位劳动可以生产 m 单位数字音乐,那么,等倍增加劳动可以生产的数字音乐只能以相同的倍数增加。(5)完全竞争市场。在两个国家中,商品市场与要素市场都是完全竞争的,各国的产品价格都等于产品的平均生产成本,因此没有利润产生。(6)分工前后生产成本不变。(7)不考虑国际贸易的交易费用和运输费用,也没有关税或影响国际贸易自由进行的其他壁垒。但是,在贸易存在的条件下,只有两国的相对商品价格完全相等时,两国的生产分工才会停止。(8)两国资源都得到了充分利用,均不存在未被利用的资源和要素。(9)两国的贸易是平衡的,即总的进口额等于总的出口额。

根据比较优势贸易理论,生产和贸易的模式是由生产技术的相对差别(即生产效率的相对差别)以及由此产生的相对成本差别决定的,每个国家都应集中生产并出口具有比较优势的产品,进口具有比较劣势的产品(即两优相权取其重,两劣相衡取其轻),双方均可节省劳动力,提高生产效率,获得专业化分工的好处。

2. 贸易模式与贸易利得

产品的比较优势可以用相对劳动生产率、相对生产成本,或者机会成本的概念来确定。本节以产品相对劳动生产率为例来解释贸易模式与贸易利得。相对劳动生产率即不同产品劳动生产率的比率,或两种不同产品的人均产量之比。用公式可以表示为:

$$产品 A 的相对劳动生产率 = \frac{产品 A 的劳动生产率(人均产量:Q_A/L)}{产品 B 的劳动生产率(人均产量:Q_B/L)} \quad (2.1)$$

一国在某种商品生产上具有比较优势的条件是该国在该商品生产上的相对劳动生产率

高于其他国家。假设美国1单位劳动力,可以生产数字音乐2单位,但只能生产1单位的搜索引擎服务;而法国1单位劳动力,可以生产搜索引擎服务5单位,也能生产4单位的数字音乐。那么,美国生产数字音乐的相对劳动生产率为2,生产搜索引擎服务的相对劳动生产率为0.5;法国生产数字音乐的相对劳动生产率为0.8,生产搜索引擎服务的相对劳动生产率为1.25,法国在搜索引擎服务生产上具有比较优势,而美国在生产数字音乐上具有比较优势,则美国应该专业生产并出口数字音乐,而法国专业生产并出口搜索引擎服务。为简单起见,假设两国各有100单位劳动力,且用于生产数字音乐和搜索引擎服务的劳动力各为50人,两国在封闭经济中的产量等于消费量,并且假设法国搜索引擎服务与美国数字音乐的交换比率为1∶1(这里交换比率的设定仅仅是为了方便分析,实际中这一比率并不固定,究竟以什么比例或价格进行交换则取决于两种产品在国际市场上的供给与需求),则在封闭经济中,美国可以生产100单位数字音乐和50单位搜索引擎服务,而法国可以生产200单位数字音乐和250单位搜索引擎服务。若进行专业化生产并进行交换,则美国可以生产200单位数字音乐,其中100单位数字音乐用于交换100单位法国的搜索引擎服务,相比于封闭经济,多出50单位搜索引擎服务的贸易利得;同样,法国可以生产500单位搜索引擎服务,其中250单位搜索引擎服务用于交换250单位美国的数字音乐,相比于封闭经济,多出的50单位数字音乐便是贸易利得。

2.5.2 数字贸易背景下的要素禀赋理论

埃利·赫克歇尔(Eli Heckscher)和伯蒂·俄林(Bertil Ohlin)提出的要素禀赋理论(即H-O理论)对之后的新古典贸易理论的发展影响非常深远。赫克歇尔认为,各国不同产品的比较优势,很大程度上由要素的禀赋差异与不同产品的投入比例差异来决定。

1. 基本假设与贸易原因

赫克歇尔-俄林模型(简称H-O模型)的基本假设有9个。(1)两种生产要素:劳动力和资本。(2)两种可贸易产品:搜索引擎服务和数字音乐。假设数字音乐需要投入更多劳动,即"劳动密集型";搜索引擎服务需要投入更多资本,即"资本密集型"。(3)两个国家:本国和外国。(4)每个国家的生产要素都是给定的。(5)两国生产技术相同。(6)生产规模报酬不变。(7)两国偏好相同。(8)市场为完全竞争市场,产品市场价格等于厂商生产成本。(9)自由贸易,没有贸易壁垒存在,如关税、配额等,也不存在运输成本。

在上述9个假设中,前4个是沿用之前古典贸易理论模型假设,后5个则区别于之前的理论,是H-O模型最新提出的假设。需要特别指出的是,对于两国技术相同的假设并不意味着赫克歇尔和俄林认为两国的技术的确不存在差别,而是为了简化分析,排除其他影响贸易因素的干扰,将研究的专注点转向两国要素禀赋的差异。

如前文所述,生产活动不仅需要投入劳动这一生产要素,还需要投入资本等要素。因此,比较优势不仅受到各国的技术差异影响,还由各国的要素禀赋水平及投入比例决定。正如我们所知,"劳动充裕型"国家生产"劳动密集型"产品的成本低,相对于其他国家而言,具有比较优势。同样,"资本充裕型"国家生产"资本密集型"产品的成本低,相对于其他国家而言,在生产此类产品时就具有了比较优势。总而言之,H-O模型集中分析的是由要素禀赋差异与投入比例差异带来的国际贸易活动。

2. 生产与贸易模式

在正式讨论生产与贸易模式之前,我们假设外国资本充裕,本国劳动充裕,同时假设两国资本要素的数量相同,劳动力要素的数量不同,且在国内各部门可以自由流动,国际间不可流动。本次讨论的产品为数字音乐和搜索引擎服务,数字音乐为劳动密集型产品,搜索引擎服务为资本密集型产品。

在国家贸易开放之前,由于本国劳动充裕,所以本国劳动这一要素价格比外国低,"劳动密集型"产品,即数字音乐价格较低,相比较而言,搜索引擎服务价格较高。同理,由于外国资本充裕,所以资本这一要素价格比外国低,"资本密集型"产品,即搜索引擎服务价格较低,相比较而言,数字音乐价格较高。

在贸易开放之后,两国面临相同的国际市场相对价格。本国的数字音乐相对价格低于国际市场相对价格,而搜索引擎服务的相对价格高于国际市场相对价格,因而本国将扩大数字音乐的生产而减少搜索引擎服务的生产;外国的情况与本国正好相反,外国将扩大搜索引擎服务的生产而减少数字音乐的生产。在国际市场中,本国将向外国出口数字音乐以换取搜索引擎服务,外国将向本国出口搜索引擎服务以换取数字音乐。以上就是赫克歇尔-俄林理论想要阐述的主要思想。

实际上,新古典贸易理论主要由下述四个定理构成。

(1)赫克歇尔-俄林定理:每个国家将出口密集使用其丰裕要素的商品。

(2)斯托尔帕-萨缪尔森定理:商品相对价格的上升将会提高该商品密集使用要素的实际报酬,而降低其他要素的实际报酬。

(3)雷布津斯基定理:一种要素禀赋的增加将会提高密集使用该要素的产业的产量,而减少其他产业的产量。

(4)要素价格均等化定理:假设两个国家进行自由贸易,它们拥有相同的技术水平和不同的要素禀赋。如果每个国家都生产两种商品而且不发生要素密集度逆转,那么,要素价格在国家之间可实现均等化。

2.5.3 数字贸易比较优势来源

数字贸易是信息通信技术(ICT)发展的产物,与供给侧因素有关;数字贸易的交易对象是数字产品,在使用上具有网络效应,体现了用户需求侧的重要性;互联网用户作为个人的大量参与,既使发挥网络效应有了客观载体,又对隐私保护提出了更高要求;数字贸易实现的重要前提和表现形式是数据的流动,跨境数据流动成本自然对数字丰裕度提升产生重要影响。本节将ICT产业发展水平、网络渗透率、跨境数据流动限制和隐私保护水平这四个因素,作为体现数字贸易重要特征的代表性因素,探讨提升数字丰裕度从而数字贸易比较优势的途径。

1. ICT产业发展水平

数字丰裕度的提升来自数据要素的不断集聚。数据要素集聚最直接的来源是数据密集型产业规模的不断扩大,而其根本则在于信息通信技术产业的发展。原因在于,信息通信技术的发展不仅促进了数据密集型产业的数字化转型进程,从而带来了产业的快速发展和数据要素绝对规模的大幅提升,同时还会使同等规模的数据在不同的数字技术水平下产生不同的价值,影响数据要素的相对规模,而这些都体现在ICT产业的综合实力上。

信息技术的变革,带来了服务的物化和商品的数字化两大趋势。服务的物化趋势(Commoditization),指某些类别的服务随技术的提升而成为数字化或代码化的产品的趋势,如人工翻译服务转化为翻译软件。商品的数字化(Digitization),是将图像、声音、文档等模拟信号转换成计算机可读的数据的过程,如将纸质书籍变成数字化内容,从而使得很多传统意义上因生产与消费在时间上不可分离而导致"不可交易"的服务变得可交易。21世纪以来的数据刻录和存储技术的发展已经使诸如电影、音乐和教育等服务的生产变为简单的复制。通信技术的变革,又使数字内容和服务通过数字化方式传输的成本大大降低。随着ICT技术的不断发展,服务物化和商品数字化的趋势将进一步加速,数字贸易和数据要素的规模将在相互促进中不断增大,从而构成了一国提升数字贸易比较优势的物质基础。

2. 网络渗透率

ICT产业的发展,更多是从技术层面为数字丰裕度的提升创设了前提,而提升的速度和规模则依赖于规模经济效应的发挥。其中,利用互联网平台所带来的网络外部性和移动网络渗透率所体现的交易用户数在其中扮演重要角色。全球互联网平台也因此成为主要的数据收集者,在数据价值链的各个阶段发挥着越来越重要的作用。

据全球企业中心(The Center for Global Enterprise)2016年的一份调查研究报告显示,在可识别的176个重要平台公司中,亚洲拥有的数量最多,达82个,而北美洲和欧洲分别只有64个和27个。但就这些平台公司的估值而言,北美洲的份额则占据了72%的绝对优势,亚洲占22%,而欧洲只有区区4%。从具体国家来说,中国拥有64个大型平台企业,是数量最多的;美国拥有63个,位居第二;然后是英国和印度,分别拥有9个和8个大型平台企业;日本和德国各拥有5个;其他的平台企业主要都集中在了欧洲国家,包括俄罗斯拥有3个。从各国拥有的大型互联网平台的数量和市场份额的对比,已经很能诠释当前美国、欧盟和中国在数字贸易领域的发展现状。

互联网平台只是基础设施,其所拥有的收集大规模数据的特权地位及由此带来的竞争优势,从根本上还依赖于一国拥有大量的可接入互联网的用户,因为互联网用户是数据要素的根本来源。

3. 跨境数据流动限制

相对于其他因素,跨境数据流动限制是对本国从国际市场获取数据要素从而提升数字丰裕度产生最直接影响的因素。

20世纪90年代以来,技术的进步使跨境数据流动,这引起了政策制定者的关注。互联网、万维网和光纤电缆极大地改变了全球商业、贸易和国际生产力的布局。从当前形势来看,对跨境数据流动进行限制已成为当前各国政府立法实践最活跃的领域之一。从统计数据来看,自20世纪80年代末开始,随着互联网开始真正成为影响社会经济发展的重要工具,各国对跨境数据流动的限制措施就出现了快速攀升之势。

各国对跨境数据流动限制的要求不同,但基本分为四种:(1)严格禁止数据流出境外,这主要是针对个人信息等敏感数据;(2)数据本地化要求,包括本地化存储或本地化处理;(3)最低年限的本地存储要求;(4)有限约束下的跨境数据流动。为了平衡隐私保护与数字贸易发展的关系,各国通常都规定了一些有限约束下的跨境数据流动政策。其中最为重要和典型的是欧盟《通用数据保护条例》（GDPR）的规定，只有在满足一定条件时，才允许数据自由地流出。

以上这些针对跨境数据流动的限制性措施，尽管并非针对数字贸易，却极大地限制了数字贸易的发展活力和潜力。对许多公司来说，数据的使用已成为其生产流程的一个基本特征。企业依靠电子数据和互联网来改善整体的生产力，如设计更高效的生产或交付流程、改进市场营销以及建立新的组织和管理方法。政府对数据的监管会抑制数据密集型部门的企业生产效率。跨境数据流动限制对生产效率或技术水平的影响，最终都会反映在数据及数字产品的生成规模上，从而对一国数字丰裕度的提升产生不利影响。

4. 隐私保护水平

隐私保护政策通常会对企业或组织搜集、转移、使用个人数据的行为加以约束，但这种约束对企业和消费者所带来的影响是不同的。从企业的角度看，隐私保护增加了其搜集和使用数据的成本，从而对数字丰裕度的提升产生不利影响；但从消费者的角度看，提高隐私保护水平，有助于营造可信赖的互联网环境，对于吸引更多的用户参与数字经济活动从而提升数字丰裕度至关重要。由于数字丰裕度取决于生产和消费两个方面的共同作用，所以隐私保护对数字丰裕度的影响不是一成不变的，在不同的阶段可能有不同的效果。

数字经济发展活力依赖于适当的隐私保护。20世纪90年代以来，尤其是2008年金融危机后，全球经济数字化转型的速度进一步加快，数据的大规模收集、存储、跨境流动和使用已成为国际经济交往的重要内容和主要形式，与个人数据泄露有关的隐私安全问题愈发突出，越来越多的国家意识到了对个人数据进行更严格监管的必要性。数据要素创造和数据价值增值所需要的隐私保护水平是有限度的，并非越严越好，因为隐私保护会对企业搜集和处理数据的行为产生约束，而企业则依赖于这些数据行为获得发展的动力。这种自由与安全之间的矛盾正是隐私保护当前面临的最大困境，而平衡两者权重的选择依赖于各国经济、安全、文化等多方面的考虑，同时也造就了各国数字经济和数字贸易不同的发展境况。

隐私保护与跨境数据流动限制两者并无天然的交集，但却因数据问题而越发绑定在一起。一方面，数据大规模跨境流动是实施隐私保护的重要原因；另一方面，隐私保护水平的差异又导致了跨境数据流动限制的发生。当前仍有不少国家缺少隐私立法；而对于那些已经有隐私立法的国家来说，由于历史和文化的不同，对隐私的需求、关注点和监管办法也不同。这就产生了对不同管辖区的个人数据跨国界流动进行限制的必要，以防止更具保护性的制度和法律被规避、个人的隐私权被侵蚀。当前，全球有约140个国家或地区进行了专门的隐私立法，这些立法很难说是以保护隐私为首要目标，但可以肯定的是，超出必要的限度，隐私立法会成为提升数字丰裕度和数字贸易发展活力的重要障碍。

2.6 数字经济交易成本

2.6.1 交易成本理论

交易成本理论是科斯在对新古典经济学进行反思的基础上提出的，用以研究组织制度的理论。交易成本理论的主要观点是：市场交易存在成本，我们必须对不同交易的特征进行分析,区分不同特征的交易应该选择怎样的组织机制进行协调,从而达到节约交易成本的目的。

科斯作为交易成本理论的提出者,将交易成本解释为"利用价格机制的成本"。他的交易成本理论是解释组织边界决策的主要理论框架,主要包括两个主要贡献:一是发现了市场交易成本;二是认为市场和层次结构是互为替代的治理方式。科斯在对于企业为什么存在的问题进行探索的过程中发现了在交易过程中一直存在的且反复出现的"交易成本"。通过将多种资源进行整合,形成一种无时间限制的、稳定的层级关系,如企业等形式的组织,就可以降低资源流转或者交易的成本。又如,供应商与企业的关系。当企业实现纵向资源整合时,就可以节省寻找适合、可靠的供应商的成本;供应商可以省去在市场上发布信息、广告的成本以及避免生产过剩的风险,从而实现交易双方在完成交易的过程中节约交易成本的目的。此外,科斯还认为交易成本包括企业获取准确有用的市场信息、谈判获取交易契约所需要的外延成本。

威廉姆森为科斯的交易成本理论提供了可度量的维度和标准,使得交易成本理论在各项研究中获得更广泛的应用。威廉姆森对交易成本理论的发展是通过资产专用性、交易频率和不确定性三个维度来分析组织进行垂直治理的原因。威廉姆森认为资产专用性包括不确定性和交易频率,不确定性又分为数量不确定性、技术不确定性、行为不确定性。此后,许多学者对这三个维度进行了更细致的研究。

2.6.2 数字经济环境下交易过程与费用变化

1. 直接交易的过程和费用

在直接交易中,买卖双方的商品和资金交付同时完成,也就是"一手交钱,一手交货"。在交易顺利进行时,资金由买方流向卖方,商品由卖方流向买方。直接交易包括物物交换和钱物交换,以物易物是最原始的交易方式。随着进入交换的商品数量增多,物物交换的不足显现出来:成功的交换需要需求的双重匹配,可能要经过多次交换才能实现交换目的。因此,物物交换只能存在于偶然的、小范围的交换中。货币的出现促进了交易的实现和发展。货币的出现使得交易中除信息和商品之外又出现了资金的流动。直接交易中商品、信息和资金三种市场流动同时在买卖双方之间进行,此时如图 2-11 所示,商品由卖方流向买方,资金由买方流向卖方,买卖双方需要就商品质量和支付能力等信息进行沟通。

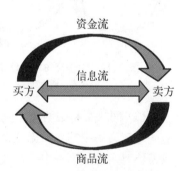

图 2-11 直接交易中的信息、商品、资金流动

虽然货币的出现降低了买卖双方的搜寻成本,缓解了商品匹配的困难,但是也带来了新的问题,如伪造、遗失、盗抢等。此外,在直接交易中,买方和卖方需要面对面完成交易,双方的地理位置和交通运输的时效性也会直接影响交易能否完成。因此,一手交钱、一手交货的直接交易仍然在甄别、担保、交付等环节存在较高的交易费用,其交易方式需要进一步改进。

2. 间接交易的过程和费用

间接交易是指借助第三方来完成的交易,作为第三方的中介可能是商品中介、信息中介、资金中介,或兼而有之。在间接交易中,因为中介的存在,使得信息流、商品流、资金流实现了分离,由第三方承担了某一种或几种市场流动。

信息中介可以帮助识别商品质量信息,保障真实有效的信息传递;经销商、中间商等中介以先买后卖解决了直接交易中的跨时间供需错配、远距离交易和匹配性不足的问题;资金中介具有结算、担保、借贷的功能,能够提供票据、信用卡等支付工具,这些工具使得交易不依赖于货币的大额转移,安全性和便捷性都获得大幅度提升。中介的出现实现了商品流、信息流和资金流的分离,大大地降低了交易活动中因信息、商品和资金流动带来的成本,但是也出现了一些新的问题。随着中介企业自身的市场势力不断扩大,对于一些只有微薄利润空间的可能交易,中介不愿意花费时间和精力撮合,同时中介也可能凭借自己在商品、信息或资金方面的垄断地位操纵市场价格,甚至捏造信息进行欺诈赚取高额价差,有增加交易风险的可能。

(1) 间接交易中的信息流动过程及费用。

间接交易中,人们通常借助信息中介来进行信息的传递。交易中最重要的信息是商品质量,还包括买卖双方的信誉、支付能力等。信息搜寻一般都要支付时间和资源上的成本,很多因素会影响搜寻成本的高低,如市场体制的完善程度、信息传递机制是否健全以及厂商的数量等。信息搜寻能力的不同导致了信息不对称的产生,在交易中占有更多信息的人往往会获得优势,可能会导致交易双方的利益失衡,影响市场配置资源的效率。在信息搜寻和获取成本较高的商品市场中很容易产生欺诈和违约行为,为了减少信息不对称带来的风险,人们在交易时往往求助于拥有信息优势的第三方,也就是信息中介。这些信息中介拥有关于商品信息的丰富知识,通过整理和加工收集到的信息来帮助识别或担保买卖双方的信用以及经济实力,以此来提高交易中的信息质量,撮合交易达成(如图 2-12)。

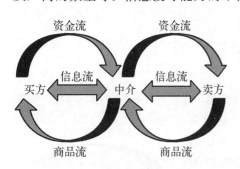

图 2-12　间接交易中的信息、商品、资金流动

(2) 间接交易中的商品流动过程及费用。

间接交易中的商品流动也基本由第三方物流承担,商品由卖家处发出后,经过一系列的运输环节送达买家手中。现代物流的运输方式主要有整车和零担两种。整车运输需要很大的订单量,因此有时多家公司会选择拼车运货,也就是零担运输。但是频繁地装卸车会增加货损,送货时效也不能得到保证。集装箱的出现解决了频繁的货物装卸带来的货损和货差,使全球运输业发生了革命性的变化:世界各地的货运量都空前增加,实现了货物的"门到门"运送。1988 年,美国物流管理委员会提出了"第三方物流服务提供者"一词,此后第三方物流开始被广泛接受并迅速信息化、系统化、专有化。企业将核心业务以外的货物运输、储存业务外包给第三方专业化物流服务企业。第三方物流将众多分散的货物集中起来,统筹安排优化配送路线,从而有效降低车辆空载率。但是,在第三方物流发展的初期,物流企业仍然主要面向订单量较大、周期较长的合同物流,基本还是 B2B 的模式,普通消费者的小额需求仍然不能得到很好的满足。

(3) 间接交易中的资金流动过程及费用。

为了降低交易中因资金的直接流动带来的甄别和担保等问题,银行等货币中介开始介入支付活动,提供了金融票据等新的支付方式,很好地管理和转移了风险。但是,票据业务同时也潜藏着一定的风险,例如,支票的出现大大地方便了跨地区和跨国的远程交易,但是支票到达银行和兑现都需要一定时间,存在空头支票和伪造票据的可能。而且,当银行只提供线下服务时,消费者办理相关业务时要前往相关网点,需要排队等待,交易的时间和地点都会受到限制。传统的金融机构一直以二八定律为基础,这种经营策略使得银行资源不断向中心城市集中,无法满足大众客户的需求。线下的银行卡支付和网上银行实现了随时随地支付,极大地提升了支付的效率,免去了交易双方因为持有大额资金而可能面临的风险。但是,以银行卡和网上银行为主的电子支付方式提供的仍然是标准化的银行业务,在跨行电子转账支付上需要一定的手续费,如果相应的支付终端没有对接,交易也无法完成。

2.6.3 平台经济环境下交易过程与费用变化

平台交易是指交易双方依托某一物理平台来进行的商业活动。这些物理的平台既包括线下的购物中心、百货商场等,也包括依托互联网技术搭建的在线平台。线下购物平台先于线上平台出现,有着商业"航母"之称的大型购物中心就是一种新的复合型零售业态,它的发展适应了现代社会高效率、快节奏的要求,满足了人们一次性购物的需要。购物中心的经营者不再同供应商以联营方式构成卖方,它本身是作为纯粹的平台提供者,吸引商家和消费者聚集并交易。

购物中心的利润来源主要是租金,入驻商户的质量会直接关系购物中心能否吸引到更多的消费者前来购物,而客流量是购物中心与入驻商户之间的谈判筹码,因此购物中心会注意入驻商户和消费者的双方利益,从而提高自身的盈利水平。虽然购物中心有效地提升了交易各方的经济效益,但是搭建成本仍然较高,同时对于空间、地段的要求都很高,辐射范围也比较有限。

我们主要关注的是数字经济时代最重要的交易方式——网络平台交易。网络平台交易主要有两种模式:B2C(商家-顾客)模式和C2C(顾客-顾客)模式。B2C模式从本质上说仍然是间接交易,在线平台作为经销商,赚取的是采购商品的成本与顾客购买价格的差价。在C2C模式中,商家缴纳低额租金后即可进入市场,买家则免费进入,买卖双方直接进行交易,平台承担一定的准入和监管功能。此时,卖家有义务如实披露商品信息,并及时更新物流运输状况,第三方支付平台担保资金的收付,信息流、商品流、资金流在交易进行的过程中实现了汇聚,形成了三流合一,为平台交易带来了巨大的优势(见图2-13)。

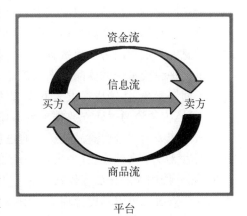

图2-13 平台交易中的信息、商品、资金流动

1. 平台交易中的信息流动费用

在网络平台交易中,卖家与买家之间的信息沟通突破了地域的限制。互联网带来了庞大的信息池和便捷、即时的沟通方式,这大大地降低了信息传播的成本。

卖家能够以一个较低的进入价格入驻各类在线交易平台,不需要支付实体店铺的租金和装修成本,不用考虑门店所在的商业地段,也可以不持有大量流动资金和存货。在交易平台中,卖家能够在平台网页上详细地展示商品信息,如产品的质量、价格、产地等,同时可以利用平台提供的在线沟通工具(如阿里旺旺等)与买家进行实时的互动,借此补充网页展示中可能遗漏的商品信息并提供售后服务。

买家与买家之间的信息交流在平台交易中也更顺畅,平台提供了各类评价机制和互动社区,声誉机制是其中最重要的手段。平台类比于传统线下的"口口相传"的声誉累积机制建立了用户打分评级机制,买家可以评价卖家的商品或服务质量,卖家也可以评价买家的消费行为或做出相应解释。这些评价和建议有效地降低了信息不对称,在保护消费者权益的同时也实现了平台的自我监管。

在卖家向买家传递信息的同时,平台通过提供搜索引擎和信息分类功能降低了消费者搜寻信息的成本,通过平台现有的分类,消费者可以很快地找到目标商品。随着大数据等技术的发展,消费者的偏好能被更准确地识别,平台会根据消费和浏览记录推送特定商品。平台还充当了商品质量的"认证者"这一角色,致力于建立长久信誉并以此获利。平台会努力将消费者与相关的高质量商品和服务匹配起来,提高用户的信赖度。随着用户的增加,平台的内容管理会更偏向于由社区驱动的自动化管理,平台通过提供信用系统鼓励诚信交易,并借助数据工具建立了一系列的反馈机制,产品差评太多就会被淘汰。平台在信息传递中扮演了担保人的角色,提高了买卖双方之间直接流动的信息质量。

2. 平台交易中的商品流动过程及费用

在平台交易中,买家下单后卖家发货,商品在经过一系列的运输环节后送达买方手中。目前的电商物流市场基本可以分为自营模式与外包模式,自营模式通过自有物流平台解决物流配送问题,如京东;外包模式下,物流配送全部交由第三方物流企业提供服务,如淘宝、亚马逊等。在第三方物流参与配送时,平台本身不再负责商品运输,只负责在交易过程中将物流信息完整展示出来供消费者查看并提供信用担保,保证交易的顺利进行。

虽然平台交易中的商品运输仍然主要依赖于第三方物流,但是这一时期的第三方物流相比于间接交易,运输成本大大下降,提供的服务也更多样和人性化。为了更好地整合配送资源,第三方物流通过建立数据平台汇集了海量信息,能够让商家了解实时的物流状况,选择合适的物流公司进行商品配送。通过搭建物流平台,物流供应链条上的不同服务商、商家和消费者实现了高效连接,大大地降低了物流成本。平台还可以聚合运输业务的实时市场信息,能够使用高效算法来匹配供需、协调车辆运行,提高物流资源的使用率,降低物流成本。仓储资源也可得到更合理的利用,众多物流平台不仅仅提供仓储资源信息,同时还为客户提供仓储运营服务,如货物监管、流通加工等,能够实现仓储资源的网上发布、网上交易、网上调度、实时跟踪与监控。

3. 平台交易中的资金流动过程及费用

随着支付需求的增加以及多样化,现金支付和银行卡支付在实际使用过程中都会面临地域、距离、网点、时间的诸多限制,还会带来一定的风险。为了解决银行支付服务中的终端对接以及信用担保等问题,一些第三方平台(如支付宝、财付通、快钱、微信支付等)开始提供支付服务。这些具备一定实力和信誉保障的独立机构,通过与各银行签约实现了支付平台和银行支付结算系统接口的对接。平台交易中,买家一般使用第三方支付工具来实现资金向卖家的流动。买家使用第三方平台提供的账户支付货款并要求卖家发货,确认收货后再由第三方平台将货款转给卖家。

第三方支付一方面解决了买卖双方由于银行卡所属行不同导致的转账不便和手续费等问题,另一方面也降低了由信息不对称带来的网上交易的欺骗风险,并且与以往的 SSL、SET 等支付协议相比操作更加简单,易于接受。第三方支付工具使得交易的成功概率得到极大的提升,支付成本大大下降。在充当信用担保和资金托管方之外,主流的第三方支付工具(如支付宝等)还推出个性化的交易服务系统,拓展服务门类,节省缴费时间,优化消费者的用户体验。从安全性来说,第三方支付工具降低了泄露买卖双方账户信息的风险,支付方式从不记名的货币到凭密码支取,安全加密技术、硬件加密技术、移动支付技术等不断成熟,指纹扫描、人脸识别等生物认证技术也逐渐发展起来,支付工具的安全指数越来越高。这些技术上的进步也在一定程度上节约了支付成本,减少了支付的风险。

4. 平台经济与交易成本的下降

相比于直接交易和间接交易,平台经济中的交易成本进一步地下降,具体表现在信息、商品和资金的流动成本都在下降。卖家可以用网页向消费者展示详尽的商品信息,并进行实时互动,平台提供的评价机制和互动社区很好地发挥了声誉机制的作用,搜索引擎和信息分类降低了消费者的信息搜寻成本;第三方物流满足了"最后一公里"的配送需求,随着行业技术的进步和物流平台的搭建,运力资源进一步优化整合,运输成本下降,配送效率提高;第三方支付平台解决了交易中的终端对接问题,降低了网络交易中的信用风险,支付成本下降,支付安全也可以得到保证。

在平台交易中,信息、商品和资金的流动全程汇聚在平台上,这为平台交易带来了巨大的优势。买家和卖家可以随时随地进行交易,平台能够保证信息传递的质量和速度,商品的收寄由第三方物流负责,资金的安全由第三方支付工具担保。平台不仅是买卖双方沟通联系的物理场所,还监督着整个交易过程的进行,并为买卖双方提供必要的技术支持和服务,防止网络欺骗的产生。买方不会担心收到货物与卖家描述不符而上当受骗,卖家也不必担心买家收到货物不付款的情况出现,减少了买卖双方之间的机会主义行为。

2.7 数据价值链

2.7.1 数据价值链的内涵

1. 数据价值链的内涵

数据价值链是沿着企业生产链条数据流动与价值创造相伴而动的过程。随着生产过程从研发到生产、从销售到服务和使用的环环递进,数据不断流动,经济价值也被创造出来。如图 2-14 所示,沿着从研发设计到最终产品回收处理的整个生产过程,价值不断增值,同时也伴随着数据的流动。价值创造的每一个环节都涉及数据的生产、传输、收集、储存、分析和利用。值得关注的问题是：数据如何在沿着生产链条流动的过程中创造价值？由于数据在价值创造中的作用不断加强，在数字经济时代，将数据链和价值链有机结合起来，才能更全面地分析价值创造的机制。

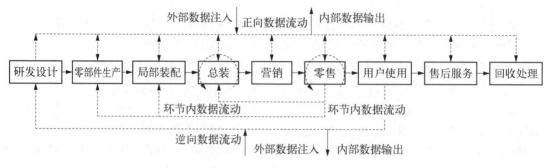

图 2-14　数据价值链全过程

2. 数据价值链的特征

数据价值链与传统价值链同样关注沿着企业生产过程的价值创造，但在数字经济时代，企业的价值创造与工业时代或商品时代不同，因而数据价值链与传统价值链呈现不同的特征。

第一，从关注的重点来看。传统价值链关注各种基本生产活动，这些生产活动以有形的形态存在，一环紧扣一环地向最终交付产品和服务、实现产品和服务的价值演进。数据价值链则强调数据沿着生产过程及各生产经营部门的流动，在各个生产环节通过与生产工具、生产要素相结合创造出价值。

第二，从流动方向来看。传统价值链中的物质产品或服务沿着生产过程单向流动，有限的信息同样也是沿着生产过程单向流动。在数据价值链中，数据呈现多向流动的特点，并形成流动的闭环。第一种是正向数据流动。这类似于传统价值链中，沿着生产过程各环节的数据伴随着产品或服务进入到下一个环节。例如，研发设计环节的数据会作为具体的生产参数分别进入零部件生产、局部装配、总装等生产环节。第二种是逆向数据流动。数据不像实体产品的传输需要耗费时间和金钱，可以快捷且以接近零成本地从生产的下游环节反向传输到生产的上游环节，由此形成数据流动的闭环，生产过程后续环节能够对前序环节产生影响。例如，当某件商品热销时，销售环节就会对供应链和生产环节发出指令，组织物流采购和生产排产。第三种是环节内数据流动。在同一生产环节内部，前一时段形成的数据可以成为下一时段生产活动的投入要素，形成数据在同一生产环节内部的流动。第四种是外部数据注入。企业生产过程之外的政府部门、中介组织、供应链伙伴乃至其他企业拥有的数据，都可能作为该企业的生产要素注入某一个生产环节，帮助企业创造更大的价值、获取更大的利润。第五种是内部数据输出。企业生产经营活动中产生的数据可以作为其他企业的生产要素并创造价值。

第三，从资源配置范围来看。价值链理论着重于企业内部资源的配置，而数据价值链突破了企业组织边界的限制，不仅供应商、用户的数据能够通过与企业内部数据的连接交互来创造价值，而且政府、互联网平台乃至其他企业的数据也能够与企业研发、生产、用户服务等生产活动产生关联，成为创造额外价值的投入要素。例如，电商平台聚集了海量的用户搜索、交易、评价数据,通过对这些数据的分析挖掘,可以发现消费热点、潜在趋势,这些数据如果和生产企业、网店对接,就可以为企业开发新产品、采购畅销商品提供参考,从而增加销售收入和利润。

第四,从推动因素来看。传统价值链的价值创造主要依赖于行业特定的知识和技术,如利用行业知识构造生产线、优化工艺参数。而数据价值链则是行业特定技术与作为通用目的技术的新一代信息技术高度融合来创造价值,信息技术起到为传统行业赋能,发挥行业特定技术价值创造的放大器、加速器的作用。传统价值链中也会产生大量的信息,但是由于信息技术发展水平低,对这些数据的采集、传输、处理的难度大、成本高,因此企业不得不进行权衡,在技术和成本的约束下,采用汇总或抽样的数据资料用于生产经营决策,大量的信息被放弃,数据的颗粒度大,大量的细节被丢失。新一代信息技术的发展则为数据的采集、传输、存储、处理提供了连接、算法、算力等方面的支持,极大地提高了生产各环节数据生产、采集、传输、存储、处理和利用的能力和效率。例如,物联网、移动互联网将人、物、场景等连接起来,打破了连接的时间和空间限制,人、物、场景中产生的数据可以被泛在网络实时采集和传输;数据中心、云计算中心等新型数字基础设施,降低了数据存储、分析的技术门槛和成本支出;大数据和人工智能技术则贯穿数据价值链的始终,实现对大数据的自动化、智能化的分析和处理。可以说,新一代信息技术和数字基础设施成为数据价值链运转和数据价值创造的基础。

2.7.2 数据价值链的价值创造机制

在企业生产活动的每一个环节,数据都有可能与其他生产要素发生作用,创造出新的经济价值。企业的生产活动包括多个环环相继的阶段。在数据价值链中,数据既有沿着生产方向的正向流动,同时也存在生产的后续环节向前向环节的反馈,形成全流程的数据闭环。本节重点考察研发、制造、营销、服务四个主要生产环节中数据创造价值的机制。

1. 研发环节

创新能够帮助企业形成先行者优势和差异化,为企业带来高额利润,因此,市场竞争机制推动企业纷纷加大研发投入。企业的创新活动主要不是以科学发现为目标的探索性活动,而是有着明确的利润导向的创新活动,只有那些能够为企业带来市场和利润的创新才是企业的主要投入方向。然而,企业的研发活动投入大、失败率高,面临着巨大的风险。数据在研发环节的价值创造作用表现在两个方面。一是提高研发效率,降低研发成本。研发投入大的原因在于新产品开发的设备、人才、耗材投入大且周期长,需要繁琐的试验过程和反复的试错才能得到理想的结果。但实际上,许多企业的研发环节积累了大量能够解决研发效率低、投入高问题的数据,却没有得到有效应用。在人工智能技术支持下对研发数据进行分析,可以大幅缩减研发周期,降低研发成本。例如,新药的研发往往需要几十年时间,同时耗资巨大,基于人工智能技术的虚拟测试和药物筛选可以快速发现疾病的药物靶点,从大量化合物中发现先导化合物,大幅降低新药开发的成本。二是提高研发针对性,降低研发风险。企业研发活动面临的高失败率,除了由于技术(特别是前沿技术)本身就存在着高度不确定性之外,企业缺乏对用户需求特征和市场趋势的准确研判也是非常重要的原因,而这又受制于对数据的占有和分析能力。通过对用户购买、搜索、使用、评价等各方面海量数据的收集和分析，企业能够更准确地把握市场形势、了解用户喜好、预测需求变化，从而提升市场化导向的研发活动的精准度，将来自市场信息不对称的影响降到最低。

2. 制造环节

制造环节涉及生产线设计、工艺参数设定、物流供应、人与机器协同等诸多业务活动，是一个非常复杂的系统，某一个局部或几个局部的衔接状况都会影响制造系统的产量与成本。数据在制造环节的价值增值作用可以通过多种途径实现。一是提高生产线局部的效率。通过对积累的产业知识的软件化或者通过机器学习掌握生产过程中的规律，可以用人工智能系统替代过去机械化或人工从事的工作，大幅提高设备运行效率。例如，图像识别是人工智能相对成熟的细分领域，通过对制造过程中的产品（如钢水、液晶面板等）图像与其质量关系的历史数据进行分析，可以生成一套用于该工序的人工智能算法，通过图像识别就可以判断产品的质量。二是通过整个制造过程的数字化、智能化，将工厂改造为无人工厂、黑灯工厂，实现数据和算法驱动下的智能制造。三是通过对生产过程中各种设备、各个环节产生的数据进行分析，进行参数优化，提高产品的良品率，降低物料损耗。例如，美国通用电气公司（GE）在《工业互联网：打破智慧与机器的边界》中提出"1%的威力"（the power of 1 percent）概念，即通过数据优化为制造企业带来各种收益。阿里云通过帮助保利协鑫苏州多晶硅切片工厂优化工艺参数，使该切片工厂的良品率提高1个百分点，实现每年节约成本1亿元。四是通过销售、库存等供应链各环节数据的追踪和实时分析，合理安排物流采购和生产排产，实现产销精确对接，尽可能地做到用户采购时不缺货、商品下市时没有尾货库存。

3. 营销环节

营销的任务是向用户创造、推广、传递商品和服务，其中关键一点是如何将商品信息传递给用户并使用户产生购买意愿。在传统的广告宣传中难以准确地将商品信息传递给潜在目标用户，产生这一问题的重要原因在于对用户进行画像的数据过少，只有少数指标可以采用，如根据年龄、性别、学历、居住地等粗线条的指标将用户划分为不同群体并进行广告投放。数字经济的发展及大数据的普遍采用使得用户特别是个人消费者在互联网上的活动产生大量可以被记录的踪迹。例如，消费者在访问网站和使用App时会留下注册信息、搜寻、购买、评论等各种记录。通过对这些大数据的分析，企业就可以更精确地对用户进行多维度画像，在此基础上对用户进行细分，甚至可以细分到单个消费者。企业对用户进行画像的数据既可以是来自企业自身用户的数据，也可以来自外部互联网平台。前者如电商平台基于其所拥有的海量用户数据及先进的数据挖掘技术，为用户提供个性化内容推荐，增加用户购买、使用的可能性；后者如互联网平台根据广告客户所要推广的商品特点，通过消费者使用该平台的海量数据进行多维度画像，有针对性地选择具有特定特征的消费者进行广告推送。

4. 服务环节

用户所需要的并不是产品本身，而是产品所提供的使用价值或带给用户的效用。因此，为了满足用户需求同时获得销售收入，企业既可以向用户销售产品，也可以提供基于该产品的服务。随着产品复杂度的提高，用户越来越难以掌握使用、维护产品所需要的专业知识和技能。同时，用户个性化需求也随着收入水平的提高不断增长。从企业的角度看，产品的同质化加剧了企业间的市场竞争,要求企业在产品之外寻找差异化途径,服务化转型成为企业应对挑战和变化的方向。数据价值链为生产企业更好地优化增值服务提供了条件。通过对产品运行状况的实时分析,企业可以提供远程监控、预防性维护等服务,避免产品突发故障造成重大损失。通过对用户使用状态的监控,结合企业的专业知识积累,可以为用户提供更加贴心、个性化的使用建议,从而改善用户体验、提高用户满意度。通过对用户需求的实时响应,使产品基于软硬件结合为用户提供个性化的功能。在柔性化制造系统的支持下,企业还可以让用户直接参与产品设计过程,以接近规模化生产的成本为用户提供个性化定制生产的产品,实现"千人千面"的差异化。

2.7.3 数字经济对全球价值链的影响

20世纪90年代以来,信息通信技术的飞速发展使得各国企业可借助电子邮件、移动电话、移动互联网、物联网等远程传达生产指令与数据信息,协调生产进度,并形成开放式创新环境下的跨国研发合作,进而使跨越国境的研发、生产分工、销售服务成为可能。在开放型经济体的开放型贸易政策背景下,贸易壁垒的下降进一步加速了国际分工的深化,全球跨区域范围、跨时空范围的资源配置已经成为现实。在数字经济时代,数字智能技术改变了全球价值链内各环节的生产与交易形式,对传统的全球价值链产生了重塑效应。具体而言,数字经济对全球价值链的影响过程与影响机制主要表现在三个方面。

第一,数字经济对全球价值链的成本节约机制。在数字经济时代,数字技术能够影响增加值分配以及增加值出口,提高商品与服务的标准化与信息化水平。主要表现在全球价值链的各个环节中,数字智能技术高度渗透于组织研发、设计、生产与销售以及品牌运营等各个分工环节,能够节省各个环节的交易成本以及实现诸如生产制造环节的智能化,降低劳动力成本以及增加服务端的增加值。具体而言,在数字智能技术影响下,在生产环节,生产设备与控制过程的全流程数字智能化实现标准化与个性化生产并存,范围经济效应与规模经济效应得以放大,依托于信息智能技术能够实现人力、物力与财力等各类资源的优化配置,最终带来企业参与全球价值链各个环节的成本降低效应。同时,在全球价值链为基础的国际贸易中,由于地理距离、语言文化以及制度距离等多种障碍因素的存在,传统价值链传递过程中的交易与沟通成本较高,贸易规模受限。而数字经济时代的数字信息技术尤其是互联网平台导致传统贸易成本大幅降低,产业组织的多样化包络于数字贸易平台之中,扩大了贸易的规模、降低了国别之间的贸易成本。

第二,数字经济对产业链的赋能与深度融合效应。数字经济时代不仅仅在微观企业层面体现为对企业生产与服务成本的降低以及贸易过程的成本降低,更体现在中观层面对产业链整体性的赋能与融合效应,通过重塑产业链内的分工逻辑以及运作模式实现产业间的功能互补与跨界协同,实现基于产业链的全球价值链的增值效应。具体来看,数字经济时代最突出的数字智能技术便是高度的融合特征催生出制造业服务化,数字产业与制造业的融合发展激活了产业内的分工效率以及技术创新效率,产业链各节点之间的高度协同以及不同产业链的高度协同导致产业附加值不断增加。尤其是制造业与服务业的边界日益模糊,生产性服务业在数字经济时代得以突飞猛进。数字信息技术使得传统产业链内的分工范围经济与规模经济并存,传统高度模块化与集成化的产业链能够分解为多个产业链,且分解与扩张边界主要是延伸出全新的创新生态,最终基于产业链的价值链得以增值。

第三,数字经济时代对出口增加值的放大效应。数字技术通过数据传输以及信息系统的标准化运作,大大提高了商品与服务过程中的标准化程度,并提高了全球贸易与全球产业分工过程中价值链的灵活性。例如,传统基于国际贸易的过程需要经过海关各类程序的审查,国际贸易的通关时间限制了整个价值链活动的传递效率,甚至在一定程度上会产生较大的人为交易成本。在数字互联网技术下,贸易过程能够实现线上与线下协同,各类审查能够通过数字平台被纳入统一的框架之下,实现审查的条块分割转向标准化与统一化。在贸易的终端环节支付过程层面,数字技术能够实现贸易时间缩短、贸易过程效率改善以及弱化地理空间距离带来的不确定性,进而增强了增加值出口。总体来看,数字经济时代下的全球价值链相较于传统价值链在各个环节以及衍生的附加值效应都呈现出全方位的变化(见表2-1)。

表2-1 数字经济时代下全球价值链与传统价值链的差异

价值链环节	传统的全球价值链	数字经济时代的全球价值链
研发设计	封闭式研发 设计师主导 企业家新要素组合	用户参与研发设计(用户驱动的创新) 开放式创新下的研发设计 大中小企业融通创新 平台开源设计与创新
生产制造	库存管理 原材料采购 机器设备 流水线生产 组装包装 大批量大规模定制	工业互联网 智慧与智能生产 生产设备自动化 灯塔工厂 供需匹配 小规模个性化与大规模定制并存 柔性化
营销环节	传统媒介 广告 赞助代言	数字化营销 线上线下协同 精准推送 数字品牌生态
售后服务	线下点对点、分区域式服务网点	线上线下协同 共享消费 数字化交付
产品与服务生命周期	一次性与短周期	循环经济下的全生命周期
附加值效应	产品利润	共享效应 网络效应

本章小结

数字经济是继农业经济、工业经济之后的一种更高级的新型经济形态,极大地增强了社会经济体的资源配置能力,也使得全要素生产率有了很大的提升,目前已经成为新的经济增长动力源泉,是推进产业结构调整和实现可持续发展的重要力量。数字经济和数字贸易都强调将数据作为一种新的关键生产要素投入生产与交易的过程中,虽然给传统的经济与贸易理论构成了新的冲击,但也在实践过程中为传统经贸理论带来了新的思考和新的应用形态。本章从传统经济与贸易理论出发,从政治经济学理论基础、市场供求、比较优势、交易成本、价值链理论等理论视角,为数字经济与数字贸易进行了理论解释,具有重要的理论意义和现实意义。

思考题

1. 现代贸易理论以规模经济为特征,数字贸易时代更多地体现为范围经济,如何改进现代贸易理论使之能够解释范围经济?
2. 数字经济中的市场主体包括哪些?主体之间存在怎样的关系?
3. 请描绘出数字产品市场的供求曲线,并说明数字产品市场是如何实现均衡的。
4. 联系我国数字贸易发展现状,谈一谈不同地区发展数字贸易的比较优势,以及在数字贸易发展过程中应当如何充分发挥当地的比较优势。

参考文献

1. 曹萍,张剑.数字产品定价中传统经济学方法失灵原因及定价策略[J].经济与管理,2008(10):68-72.
2. 陈红玲,张祥建,刘潇.平台经济前沿研究综述与未来展望[J].云南财经大学学报,2019(05):3-11.
3. 陈红娜.数字贸易比较优势来源研究[D].北京:中国社会科学院研究生院,2021.
4. 陈宏民,胥莉.双边市场:企业竞争环境的新视角[M].上海:上海人民出版社,2007.
5. 陈晓红,李杨扬,宋丽洁,汪阳洁.数字经济理论体系与研究展望[J].社会科学文摘,2022(06):4-6.
6. 冯科.数字经济时代数据生产要素化的经济分析[J].北京工商大学学报(社会科学版),2022(01):1-12.
7. 龚雪,荆林波.平台经济研究述评与展望[J].北京社会科学,2022(11):83-92.
8. 韩文龙,刘璐.数字劳动过程及其四种表现形式[J].财经科学,2020(01):67-79.
9. 韩耀,刘宁,庄尚文.网络经济背景下的市场均衡[J].产业经济研究,2007(04):53-56.
10. 李川川,刘刚.数字经济创新范式研究[J].经济学家,2022(07):34-42.
11. 陆岷峰.平台经济与实体经济:融合优势、运行机理与赋能路径[J].新疆社会科学,2024(01):56-70.
12. 孙毅.数字经济学[M].北京:机械工业出版社,2021.
13. 王小茜.交易成本理论研究述评[J].现代营销,2021(04):112-113.
14. 王勇,辛凯璇,余瀚.论交易方式的演进——基于交易费用理论的新框架[J].经济学家,2019(04):49-58.

15. 谢芳芳,燕连福."数字劳动"内涵探析——基于与受众劳动、非物质劳动、物质劳动的关系[J].教学与研究,2017(12):84-92.

16. 阳镇,陈劲,李纪珍.数字经济时代下的全球价值链:趋势、风险与应对[J].经济学家,2022(02):64-73.

17. 易宪容,陈颖颖,位玉双.数字经济中的几个重大理论问题的研究——基于现代经济学的一般性分析[J].社会科学文摘,2019(09):41-43.

18. 尹振涛,陈媛先,徐建军.平台经济的典型特征、垄断分析与反垄断监管[J].南开管理评论,2022(03):213-226.

19. 袁红,陈伟哲.数字产品成本结构的特殊性及其应用[J].情报杂志,2007(10):123-125.

20. Evans D. S. Some Empirical Aspects of Multi-sided Platform Industries[J]. Review of Network Economics,2003(3):191-209.

21. Jones C. I., Tonetti C. Nonrivalry and the Economics of Data[J]. American Economic Review,2020,110(9):2819-2858.

22. Katz M. L., Shapiro C. Network Externalities, Competition, and Compatibility[J]. American Economic Review, 1985, 75(3):424-440.

23. Katz M. L., Shapiro C. Product Introduction with Network Externalities[J]. Journal of Industrial Economics, 1992, 40(1):55-83.

24. Rochet J., Tirole J. Platform Competition in Two-Sided Markets [J]. Journal of the European Economic Association, 2003(4):990-1029.

25. Reisinger M., Ressner L., Schmidtke R. Two-Sided Markets with Pecuniary and Participation Externalities[J]. Journal of Industrial Economics,2009(1):32-57.

第 3 章
数字经济与贸易的测度与统计

3.1 数字经济量化测度

国内外都十分重视数字经济的发展,数字经济统计测度是当前亟待解决的重要的基础性问题。数字经济增加值是反映数字经济发展规模及其对整体经济贡献程度的重要统计指标,数字经济增加值测算是当前数字经济统计测度的重要方法。国际组织、各国官方统计机构、研究机构、学者均对数字经济增加值测算展开了较为丰富的探索。

3.1.1 测算视角下数字经济的概念和范围

本部分系统梳理国际组织、国内外官方统计部门、研究机构和学者对数字经济的概念和范围的界定。概念和范围是数字经济增加值测算中的重要基础问题,经历了信息经济、互联网经济到数字经济的演变历程,数字经济的概念和内涵不断丰富,各国根据数字经济的实际发展情况,对数字经济的概念和范围界定的侧重点有所不同。目前,国际上对数字经济的概念和范围界定,大体可以分为窄口径和宽口径两大类。

1. 窄口径数字经济概念和范围

窄口径数字经济概念也有不同范围,大体可分为两类。

第一类窄口径数字经济概念。2020 年,OECD 为 G20 数字经济工作组撰写的《测度数字经济的通用框架出版物》[即 OECD(2020),简称"OECD 框架"],提出核心数字经济概念,认为其主要包括 ICT 货物和数字服务生产的相关经济活动。OECD 框架认为,核心数字经济的测度范围主要包括:ICT 货物和服务以及数字内容的生产活动。根据联合国《全部经济活动的国际标准产业分类》(ISIC/rev.4),ICT 产业(经济活动)是其主要产品(货物和服务)旨在通过电子方式满足或实现信息加工和通信功能,涵盖传输和播放的产业集合,包括 ICT 制造业、ICT 服务业和 ICT 贸易业。

联合国统计司在 2019 年指出,数字经济的核心和基础部分包括基础创新(半导体、处理器);核心技术(计算机、电信设备);基础设施(互联网、电信网络),即 ICT 产业。OECD(2011)将信息产业定义为 ICT 产业和内容与媒体产业的集合。总的来说,第一类窄口径数字经济概念范围类似于信息经济或信息产业的概念,ICT 产业是基础,内容与媒体产业也是其中的一部分,ISIC/rev.4 对 ICT 产业和内容与媒体产业均做出明确划分,所以此类数字经济产业划分和增加值测算范围比较明确,官方统计部门可以通过现有统计数据核算得出。

第二类窄口径数字经济概念。21 世纪初,伴随着数字技术的快速跃迁及其与国民经济各行业的融合,依赖于数字技术、数字基础设施、数字服务和数据的新产品、新业态、新商业模式逐步涌现，平台经济、共享经济等新型商业模式应运而生，以 Amazon、淘宝和京东等为代表的电子商务平台，以 Google、百度等为代表的网络搜索引擎，以 Facebook、Skype、微信和微博等为代表的在线通信软件，逐步丰富了数字经济业态。

国际货币基金组织（IMF）认为，虽然数字经济已经渗透国民经济各个环节，似乎整个经济都应该被纳入数字经济的范畴中，但在测度层面，建议以数字化为核心的重点领域进行测度(IMF，2018)。IMF 强调应把数字部门与数字经济区分开来。数字部门是指某些具体领域，数字经济则是日益数字化的社会经济，它渗透到国民经济各个行业。IMF 重点讨论了一个由数字核心活动生产者构成的数字部门，包括数字平台、依托数字平台的经济活动、ICT 产业。数字平台通常依赖数字信息和技术促进生产者和消费者之间的交易活动，这类企业本身并不是 ICT 货物和服务的生产者，但其生产活动依赖于数字技术。美国经济分析局（BEA）界定的数字经济范畴，包括计算机网络存在和运行需要的数字赋权基础设施、数字化交易和数字媒体三方面。法国数字经济监测中心认为，数字经济是依赖于 ICT 的行业，具体包括电信行业、视听行业、互联网行业、软件行业以及需要利用上述行业来支持自身运行的行业的集合。许宪春和张美慧（2020）提出，数字经济代表着以数字技术为基础、以数字化平台为主要媒介、以数字化赋权基础设施为重要支撑的一系列经济活动，数字经济的形成要素包括数字化赋权基础设施、数字化媒体、数字化交易和数字经济交易产品四个方面。

综上所述，窄口径数字经济概念大体分为两类，第一类主要包括 ICT 产业和内容与媒体产业，联合国《全部经济活动的国际标准产业分类》对上述产业有明确的划分标准。关于第二类窄口径数字经济概念，IMF 和 BEA 基于不同侧重点给出了不同的范围，两者的相同点在于其数字经济范畴均包括数字经济的基础部分 ICT 产业；不同点是，IMF 的数字部门界定侧重在数字平台（如 Google、淘宝、Facebook）和依赖数字平台的经济活动（包括 Airbnb、Uber 等共享经济活动），而 BEA 的数字经济概念范围内容更加聚焦，除 ICT 产业和数字媒体外，包括电子商务。值得提出的是，IMF 和 BEA 的概念和范围共同组成 OECD 提出的主要数字经济产业：ICT 产业、数字平台产业、基于数字平台的经济活动、数字内容产业、电子零售商产业。

总的来说，窄口径数字经济包括 ICT 产业、内容与媒体产业和依赖于数字技术、数字基础设施、数字服务和数据等数字投入的经济活动，其概念界定的决定性因素是货物或服务的生产是否依赖于数字投入，并不侧重于最终产出的产品类型或产品交易方法。窄口径数字经济范围相对明确，基于现有的《全部经济活动的国际标准产业分类》和各国统计分类标准，易于进行数字经济增加值测算。

2. 宽口径数字经济概念和范围

数字技术和数据要素对人类生活方式、企业生产经营方式和政府治理方式产生了深刻的影响，显著提升了人民生活福利水平、企业经营效益和政府治理效率。OECD（2020）提出全面的数字经济概念，指出数字经济包括所有依赖数字技术、数字基础设施、数字服务和数据等数字投入或通过使用数字投入获得显著增强的经济活动。OECD 指出，数字经济对社会产生了深远的影响，其范围超出了之前经济统计核算的活动范围，因此提出相对宽口径的数字经济概念和范围，可对其进一步分层处理，以满足实际测算和可比性的需要以及对目前尚未纳入统计核算范围的新型数字经济活动予以反映。

2016年G20杭州峰会通过的《G20数字经济发展与合作倡议》提出,数字经济是指以使用数字化的知识和信息作为关键生产要素、以现代信息网络作为重要载体、以信息通信技术的有效使用作为效率提升和经济结构优化的重要推动力的一系列经济活动。

中国国家统计局在2021年对数字经济概念作了界定:数字经济是指以数据资源作为关键生产要素、以现代信息网络作为重要载体、以信息通信技术的有效使用作为效率提升和经济结构优化的重要推动力的一系列经济活动。国家统计局提出的数字经济概念与《G20数字经济发展与合作倡议》提出的数字经济概念比较接近,均强调了数字经济的关键生产要素、重要载体和重要推动力,不同的是《G20数字经济发展与合作倡议》将数字化的知识和信息作为关键生产要素,国家统计局将数据资源作为关键生产要素。

中国信息通信研究院(以下简称"中国信通院")自2017年起发布《中国数字经济发展白皮书》,认为对数字经济的范围界定可划分为以下几个阶段:注重数字产业化和产业数字化的"两化"阶段;包含数字产业化、产业数字化和数字化治理的"三化"阶段;强调数据价值化、数字产业化、产业数字化和数字化治理的"四化"阶段。中国信通院提出了数字经济"四化"框架,在具体测算层面,主要测算"数字产业化"和"产业数字化"两部分。

宽口径数字经济概念和范围较广,包括窄口径数字经济和通过数字技术、数字基础设施、数字服务和数据等数字投入得到显著增强的经济活动,其范围涉及国民经济各行各业。《G20数字经济发展与合作倡议》、OECD、国家统计局和中国信通院给出的数字经济概念和范围均属于宽口径,它们均包含通过数字投入得到显著增强的经济活动。不过,在实际测算层面,宽口径数字经济增加值测算存在诸多挑战,需要进一步拆分为窄口径数字经济分步进行测算(见图3-1)。

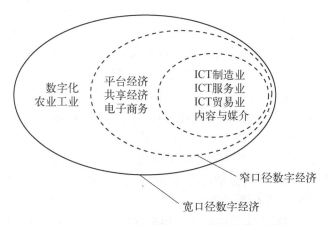

图3-1 窄口径数字经济与宽口径数字经济范畴

3.1.2 数字经济分类统计情况

1. OECD数字经济产业分类

2017—2020年,OECD发布了一系列关于数字经济概念框架和数字经济卫星账户编制框架的研究报告,对数字经济产业分类进行了研究。OECD建议将数字经济产业划分为六类:(1)数字驱动行业;(2)数字中介平台;(3)电子零售商;(4)其他数字业务行业;(5)依赖中介平台的行业;(6)其他行业。

（1）数字驱动行业类似于国际标准产业分类中的ICT产业，该产业所生产的产品旨在通过传输和显示等电子方式实现信息处理和通信的功能，具体包括ICT制造业、ICT服务业和ICT贸易业。

（2）数字中介平台是指提供促成两个或多个用户（企业或个人）之间交易的收费数字中介服务的产业，可通过中介的服务性质来识别（如住宿数字中介平台、交通数字中介平台）。数字中介平台可以进一步区分为收费数字中介平台和数据、广告驱动型数字平台。数据、广告驱动型数字平台，通常指提供"免费"数字服务，主要通过收集数据或销售在线广告空间盈利的产业。

（3）电子零售商是指通过网络等信息通信技术手段直接向消费者销售产品的企业集合。电子零售商产业包括电子零售商和电子批发商，从事购买和转售货物和服务的活动，通常大部分订单是通过数字方式获得的。

（4）其他数字业务行业包括基于网络的搜索引擎、社交网络和协作平台（如YouTube、维基百科等），以及提供订阅基础内容的数字业务（如Spotify、Netflix等）。

（5）依赖中介平台的行业包括那些在很大程度上依赖于中介平台开展活动的企业。通常指基于一个或多个独立的数字中介平台向消费者提供产品来盈利的产业，可进一步区分为法人企业和非法人企业。

（6）其他行业包括前五个类别中未涵盖的所有其他数字经济相关企业，以保证数字经济测度的完整性。

OECD依据基层单位从事数字经济特征活动的类型可划分数字经济产业类别，没有包含数字经济与其他行业的融合带来的效率提升。

2. 美国经济分析局数字经济产业分类

美国经济分析局（BEA）把数字经济产业划分为三个大类：数字化赋能基础设施、数字媒体和电子商务。其中，数字化赋能基础设施是指支撑计算机网络与数字经济的基础物理材料和组织构架，具体包括计算机硬件、计算机软件、通信设备和服务、建筑物、物联网、支持服务6个小类，主要指ICT行业。数字媒体是指人们在数字设备上观看、创造、获取或储存的内容，区别于消费者购买租赁的书籍、报纸、音乐、视频等传统物理产品，数字媒体属于在线访问的数字产品，具体包括直接销售的数字媒体、免费数字媒体、大数据等。电子商务指基于计算机网络进行的买卖交易活动，包括企业与企业之间的电子商务（B2B）、企业与消费者之间的电子商务（B2C）、消费者与消费者之间的电子商务（P2P）等。由于住户生产、数据资产等新型数字经济活动缺乏有效的理论和数据支持，BEA未将其纳入当前的数字经济分类。对于建筑物、物联网、P2P、大数据等虽纳入了分类，由于缺乏数据基础，未进行测算。

3. 国家统计局制定的数字经济核心产业分类

中国国家统计局发布的《数字经济及其核心产业统计分类（2021）》将数字经济产业划分为数字产品制造业、数字产品服务业、数字技术应用业、数字要素驱动业、数字化效率提升业五个大类，并指出数字经济核心产业是指为产业数字化发展提供数字技术、产品、服务、基础设施和解决方案，以及完全依赖于数字技术、数据要素的各类经济活动。该分类中的前四大类为数字经济核心产业，即数字产业化部分，主要包括计算机通信和其他电子设备制造业、电信广播电视和卫星传输服务、互联网和相关服务、软件和信息技术服务业等,是数字经济发展的基础;第五大类为产业数字化部分,指应用数字技术和数据资源为传统产业带来的产出增加和效率提升,是数字技术与实体经济的融合。

《数字经济及其核心产业统计分类(2021)》中的前四类属于窄口径数字经济范围,第五类属于宽口径数字经济范围,该分类整体紧扣国家统计局提出的数字经济概念,比较全面地反映了当前数字经济的发展全貌。

3.1.3 数字经济增加值测算方法

1. GDP 核算中的生产法

运用 GDP 核算中的生产法测算数字经济增加值。现有的研究大部分遵循"先界定数字经济范围,再核算增加值"的思路,即在划分数字经济产业分类的基础上,对数字经济各产业增加值进行测算和加总,测算出的数字经济增加值为国内生产总值(GDP)的一部分。这类测算方法在国内外均具有较广泛的应用。

在国际上,BEA 自 2018 年开始发布《定义和测度数字经济》(*Defining and Measuring the Digital Economy*)系列工作论文,产生了较为广泛的影响。BEA 根据对数字经济概念和范围的界定,基于北美产业分类体系,筛选数字经济产业,利用供给使用表数据,对数字经济增加值进行测算,测算过程中假设各行业数字经济中间消耗占数字经济总产出的比重与相应产业中间消耗占总产出的比重相同。澳大利亚统计局(ABS)在 2019 年借鉴 BEA 对数字经济的范围划分和测算方法对本国数字经济增加值进行了测算。2018 年,IMF 发布题为《测度数字经济》(*Measuring the Digital Economy*)的研究报告,指出采用生产法测算数字部门增加值,并利用回归结果补充遗漏部分,测算表明绝大多数国家数字部门增加值低于 10%。

在中国,向书坚和吴文君(2019)对 2012—2017 年中国数字经济主要产业部门的增加值进行了初步测算。许宪春和张美慧(2020)界定了数字经济的范围,借助《统计用产品分类目录》和《国民经济行业分类(2017)》,结合经济普查和投入产出表等数据,对 2007—2017 年中国数字经济增加值和数字经济总产出进行了测算。韩兆安等(2021)借鉴该方法对中国省级层面数字经济增加值及其占 GDP 比重进行了测算。

2. 基于增长核算框架的测算方法

研究机构和学者对基于增长核算框架的数字经济增加值测算方法开展了一系列探索,比较有代表性的是中国信通院、蔡跃洲等的研究。

中国信通院从数字产业化和产业数字化两个方面对数字经济增加值进行测算。中国信通院(2021)指出,数字产业化部分主要包括电子信息设备制造、电子信息设备销售和租赁、电子信息传输服务、计算机服务和软件业、其他信息相关服务,以及由数字技术广泛融合渗透带来的新兴行业,如云计算、物联网、大数据、互联网金融等。对上述行业增加值加总得到数字产业增加值。产业数字化部分对应国民经济非数字产业部门使用数字技术和数字产品带来的产出增加和效率提升,尝试运用增长核算框架将传统产业产出中数字技术的贡献部分剥离开来。具体测算步骤如下:首先,界定 ICT 投资的范围,包括计算机硬件、软件和通信设备方面的投资;其次,确定 ICT 投资额的计算方法以及计算机硬件、软件和通信设备的使用年限和折旧率;再次,计算 ICT 投资价格指数;最后,计算 ICT 实际投资额和 ICT 资本存量。这种测算方法就数字技术对传统产业的广泛渗透带来的产出增加和效率提升作用进行了单独测算,是对宽口径数字经济增加值测算方法的有益探索。

蔡跃洲(2018)提出数字技术的替代性、渗透性和协同性使得数字经济增加值分为两个部分:一部分是与数字技术直接相关的细分产业部门增加值;另一部分是由渗透性和协同性带来的传统产业效率提升所对应的增加值。针对第二部分增加值测算,该文提出先基于增长核算框架测算 GDP 增长贡献度,再测算数字经济增加值规模的研究思路。具体步骤如下:首先,通过增长核算框架将 GDP 增长分解为资本要素增长、劳动要素增长和全要素生产率(TFP)增长三部分,计算 TFP 增长对 GDP 增长的贡献度;其次,利用计量方法,计算 TFP 增长与数字技术渗透率之间的关系,进而测算出数字经济渗透效应对 GDP 增长的贡献率;最后,基于计算出的特定时间段的"数字经济渗透效应对 GDP 增长的贡献率",假设特定时间段的起点是数字经济渗透率几乎可以忽略不计的年份,终点是目标测算年份,那么该时间段 GDP 增量乘以渗透效应贡献率,可以大致得到目标测算年份"数字经济效率提升所对应的增加值规模"。该文提出的"由数字经济渗透性和协同性带来的传统产业效率提升所对应的增加值测算框架"与中国信通院提出的"产业数字化测算框架"有所差异,也是对宽口径数字经济增加值测算方法的有益探索。

借助增长核算框架对数字经济增加值进行测算的学者还有彭刚和赵乐新(2020),他们将数字经济划分为"基础层"和"融合应用层",将融合应用层的增加值定义为非 ICT 行业(或部门)中因使用 ICT 资本而创造的增加值规模,包括 ICT 资本对 GDP 增长的贡献和对 TFP 的作用两部分,借鉴蔡跃洲(2018)构建的基于增长核算的理论框架,按照"先贡献度、后增量、再总量"的思路间接测算得出。朱发仓等(2021)将数字经济分为数字技术生产和数字技术应用两个部门,将数字技术视为资本投入要素,在增长核算框架中估算数字技术对经济增长的贡献,并对浙江省的数字经济增加值进行了测算。

通过梳理中国信通院和相关学者的研究可知,在计算产业数字化规模、数字技术对传统产业的渗透作用或融合作用的过程中,需从 GDP 增长中剥离出数字技术贡献的部分,增长核算框架是现有研究较为常用的选择。不过,该方法需要依赖一定的经济学假定,现有研究也还未形成一致的基于增长核算框架的产业数字化规模测算方法。

3. 计量经济学方法

腾讯研究院利用面板数据,借助计量经济学的方法进行测算,先估算"互联网+数字经济指数"与 GDP 之间的回归系数,再利用合成的"互联网+数字经济指数"推算数字经济增加值。不过,腾讯研究院的测算方法尚存在较多需要商榷之处,例如,外推的前提是其他条件保持不变,但没有具体说明包括哪些其他自变量,因此很难判断其他条件(变量)能否保持不变(蔡跃洲,2018)。

中国社会科学院数量经济与技术经济研究所(以下简称"社科院数经所")将数字经济分为两部分:一是与数字技术直接相关的特定产业部门,即"数字产业化"部分;二是融入数字元素后的新经济、新模式、新业态,即信息通信技术渗透效应带来的"产业数字化"部分。"数字产业化"部分增加值通过传统的生产法进行核算,将"产业数字化"部分增加值分为 ICT 替代效应和 ICT 协同效应两部分,按照"先增量后总量,先贡献度后规模"的原则,将数字部门以外的传统产业划分为17个细分行业,将增长核算、计量分析等定量工具相结合,进行分行业测算。

计量经济学方法有助于测算数字技术渗透率与经济增长之间的关系。当前,国际上运用计量经济方法进行数字经济增加值测算的国际组织、官方统计部门还很少,这类测算方法对学者有一定的启发意义。

总的来说,国内外倾向于提出宽口径的数字经济概念,但是在数字经济增加值测算层面,窄口径数字经济增加值的测算方法更加成熟,OECD、IMF、BEA、ABS等国际组织和官方统计部门目前均倾向于对窄口径数字经济增加值进行测算,测算方法主要采用GDP核算中的生产法,窄口径数字经济增加值测算结果具有较强的国际可比较性。现有研究基于增长核算框架和计量经济学方法对"产业数字化规模""数字技术渗透作用带来的产出增加和效率提升"进行测算探索,但目前还未形成比较统一的宽口径数字经济增加值测算方法,这类方法仍有待进一步深入研究。

3.1.4 数字经济增加值测算结果

近年来,涌现出大量测算美国数字经济增加值的文献,现有研究大部分遵循了"先界定数字经济范围,再进行增加值核算"的思路。目前,国际上关于美国和中国数字经济增加值测算的结果,国外比较有代表性的是BEA和IMF等对美国数字经济增加值的测算结果,国内比较有影响力的是中国信通院、社科院数经所、许宪春和张美慧(2020)等对中国数字经济增加值的测算结果。国内外还有部分企业研究院和咨询公司对中国数字经济增加值展开过测算,包括腾讯研究院(2018)、埃森哲(Knickrehm et al.,2016)、波士顿咨询(Dean et al.,2016)等。

1. 美国数字经济增加值的测算结果

2018年,BEA发布了《定义和测度数字经济》研究报告,界定数字经济的范围包括数字基础设施、电子商务和数字媒体三部分,并对2006—2016年美国数字经济增加值进行测算,测算结果显示,2016年美国数字经济增加值占GDP的6.5%(Barefoot et al.,2018)。2020年BEA更新了数字经济增加值测算报告,拓展了电子商务的范围,包含用于批发零售电子商务的一些类目,并提出了云服务的测度方法。据此,2018年美国的数字经济增加值为18 493亿美元,占美国GDP的9.0%。IMF(2018)区分了"数字部门"与"数字经济"的范围,建议就以数字化为核心的一系列经济活动(数字部门)来开展数字经济增加值测算,并指出,近年来大部分国家的数字部门增加值占GDP的比重低于10%。

根据中国信通院的测算,美国数字经济增加值在全球领先,2016年达10.8万亿美元,占GDP比重达到58.3%。由于对数字经济概念和范围的界定不同,测算方法不同,导致现有的关于美国数字经济增加值占GDP比重的测算结果存在很大差异,可比性较低。

2. 中国数字经济增加值的测算结果

"十四五"规划纲要在经济社会发展主要指标中新增加了数字经济核心产业增加值占GDP比重指标,要求从2020年的7.8%提高到2025年的10%。许宪春和张美慧(2020)基于国际比较的视角,筛选出数字经济产品和数字经济产业,对中国数字经济增加值进行测算,并将测算结果与BEA和澳大利亚统计局测算结果进行比较。结果显示,2016年,中国数字经济增加值占GDP比重低于美国0.77个百分点,略高于澳大利亚0.03个百分点。上述研究基本上采用窄口径数字经济范围,运用 GDP 核算生产法对数字经济增加值及其占 GDP 比重进行测算,测算结果具有较强的国际可比性(见表 3-1)。

表 3-1 美国数字经济增加值占 GDP 的比重测算结果对比

	2016 年	2017 年	2018 年	2019 年
美国经济分析局	6.5%	6.9%	9.0%	9.6%
中国信通院	58.3%	59.3%	60.2%	61.0%
波士顿咨询		5.4%		
埃森哲咨询(2015 年)	33.0%			

根据中国信通院发布的《中国数字经济发展白皮书(2021 年)》,2020 年中国数字经济增加值达 39.2 万亿元,占 GDP 比重为 38.6%。2020 年,社科院数经所发布的《中国数字经济规模测算与"十四五"展望研究报告》显示,2019 年中国数字经济增加值为 17.0 万亿元,占 GDP 比重为 17.2%。两家的测算结果有明显差异(见表 3-2):一是占比不同,2019 年中国数字经济增加值占 GDP 的比重,社科院数经所测算的结果是 17.2%,而中国信通院测算的结果是 36.2%;二是结构不同,中国数字产业化和产业数字化的增加值之比,社科院数经所测算的结果约为 1∶1,而信通院的测算结果则约为 1∶4。

表 3-2 中国数字经济增加值占 GDP 的比重测算结果对比

	2016 年	2017 年	2018 年	2019 年	2020 年
"十四五"规划纲要					7.8%
中国信通院	30.3%	32.7%	34.0%	36.2%	38.6%
社科院数经所	15.5%	16.0%	16.4%	17.2%	18.8%
清华大学中国经济社会数据研究中心	5.49%	5.76%	6.08%	6.47%	
腾讯研究院	30.6%	32.3%			
波士顿咨询	6.9%				
埃森哲咨询(2015 年)	10.5%				

3.1.5 数字经济增加值测算面临的挑战

1. 数字经济增加值测算范围需要准确界定

数字经济的发展经历了信息经济、互联网经济、数字经济的发展历程,OECD 出版的《互联网经济展望》系列出版物中对互联网经济的测度方法展开了系统性、前瞻性的研究。OECD

(2012)指出,互联网经济的测度可以分为三类,一是将互联网经济的规模视为 GDP 或商务部门增加值的一部分;二是侧重互联网对所有产业的动态影响,测度互联网对 GDP 增长和生产率增加的影响;三是测度互联网经济对消费者盈余和社会福利的间接影响。

数字经济测度与互联网经济测度存在较多共同之处,第一类互联网经济测度的范围相当于窄口径的数字经济规模测度;第二类相当于宽口径数字经济规模测度;第三类对应的是数字经济对消费者盈余和社会福利影响的测度。可见,界定数字经济的范围是非常重要的基础性工作,区分不同层面的数字经济范围,是决定测算结果的科学性和可比性的前提。

目前,国际上虽然还未形成统一的数字经济概念,但根据前文的梳理和归纳,现有的关于数字经济的概念可以分为窄口径和宽口径两种类别。窄口径数字经济增加值主要包括 ICT 产业和依赖数字投入的产业增加值,宽口径数字经济增加值在此基础上还包括数字技术对传统产业带来的增加值提升。所以,在测度方面,应特别注意窄口径数字经济和宽口径数字经济范围,区分窄口径数字经济增加值与宽口径数字经济增加值的差异。

国内外关于窄口径数字经济范围进行了较成熟的探索,而界定宽口径数字经济范围在实际测算中还存在一定挑战。如何对 OECD 数字经济概念界定中"显著"一词进行准确理解和识别存在挑战。由于在经济社会实践中,数字活动与非数字活动之间通常没有明确的界限,在一些国家,某特定行业可能纳入"依赖数字投入或通过使用数字投入显著增强"的范围,但并非所有国家都如此。例如,在许多国家,数字投入大大提高了农业和采矿业增加值,但是,这些行业是否应被纳入"数字经济"的范围存在挑战。因为对于农业和采矿业在国民经济中占较大比例的国家,如果其对数字化的利用有限,将农业和采矿业界定在数字经济范围内将导致该国的数字经济规模被严重高估。

所以,测度宽口径数字经济增加值需要科学界定数字经济范围。根据研究目标,合理选择、划分数字经济的范围,是数字经济增加值测算面临的挑战。

2. 数字经济增加值测算方法有待深入探索

窄口径数字经济增加值的测算方法相对成熟,主要运用 GDP 核算生产法,根据数字经济相关产业分类,利用现有的宏观经济统计等数据,将属于数字经济相关产业统计分类的产业增加值进行加总得出,详细测算方法可参考 Barefoot et al.(2018)、许宪春和张美慧(2020)等相关研究。

宽口径数字经济增加值既包括窄口径数字经济增加值,也包括通过数字投入被显著增强的经济活动增加值,后者的测算面临较大挑战。现有研究运用增长核算框架方法和计量经济方法,如中国信息通信研究院(2021)、蔡跃洲(2018),都对其进行了测算,提供了有益的参考,官方统计部门通常基于现有的官方统计资料,采用生产方采用增加值率法、相关指标推算法等方法进行测算。

运用 GDP 核算生产法对宽口径数字经济增加值进行测算需要将国民经济各行业增加值中与数字经济相关的部分剥离出来,涉及相关剥离系数的测算,要获得国民经济各行业的数字经济总产出和数字经济中间投入,需要各行业与数字经济生产、使用和交易有关的详尽数据。现有的统计资料还较难实现对国民经济各行业数字经济剥离系数的测算。所以,数字经济增加值测算方法有待进一步探索,尤其是宽口径数字经济增加值测算方法需要进行深入研究。

3. 数字经济增加值测算结果可比性有待提升

根据前文梳理的不同机构和学者的测算结果可知,这些数字经济增加值测算结果的可比较性较低。关于 2016 年美国数字经济增加值占 GDP 比重测算结果的最大差异高达 52.9%(Barefoot et al.,2018;Dean et al.,2016;Knickrehm et al.,2016;中国信息通信研究院,2018)。关于 2016 年中国数字经济增加值占 GDP 比重的测算结果的最大差异也高达 23.7%(Dean et al.,2016;中国信息通信研究院,2018;腾讯研究院,2018)。

IMF(2018)在研究报告中引用腾讯研究院对 2016 年中国数字经济增加值占 GDP 比重为 30%的测算结果,然而,IMF 按照 ICT 行业测度,2012 年中国数字行业增加值占 GDP 的比重仅为 5%,两者差异悬殊。

可见,由于数字经济范围界定和增加值测算方法的不同,不同国际组织、官方统计机构、研究机构和学者之间关于数字经济增加值的测算结果存在较大差异,缺乏国际可比性。这不利于准确观测国家间数字经济发展差异,无法发挥数字经济增加值作为数字经济发展规模统计指标的重要作用,对决策部门制定数字经济发展战略的参考性有限。所以,数字经济增加值测算结果的可比性亟待提升,也是当前数字经济统计领域面临的重要挑战。

3.2 数字贸易量化测度

伴随着信息通信技术(ICT 技术)与国际贸易的深度融合,全球数字贸易迅猛发展。数字贸易统计测度是数字贸易研究的重点问题之一,对相关理论研究和政策设计具有重要意义。2017 年德国 G20 汉堡峰会发布的《G20 数字贸易优先事项》将数字贸易测度列为首项工作,指出数字贸易测度正面临概念界定、贸易分类、框架建立和数据收集等挑战,支持各国统计机构和国际组织进一步推动数字贸易统计与监测工作,以及鼓励国际贸易统计机构间工作(TFITS)更积极地与所有国家统计机构和产业界接触。

3.2.1 旨在统计测度的概念框架

对数字贸易进行准确定义非常困难,因为 ICT 技术和数字化转型给国际贸易带来了两个不同维度的影响:一是强调贸易开展方式的数字化转型;二是强调贸易标的中出现的可以通过网络交付的数字化产品和服务。这导致研究人员无论从哪一个维度对数字贸易进行定义都难免为人所诟病。例如,2013 年,美国国际贸易委员会(USITC)最早将数字贸易定义为通过有线/无线数字网络交付的产品和服务贸易,其向公众征求意见得到的反馈是"建议委员会使用更广泛的定义,将数字方式促进的货物贸易等也纳入其中"。

随着研究不断深入,国际上对数字贸易概念已经形成初步共识,主要是指 ICT 技术应用促成的各类贸易。美国是最早提出数字贸易的国家,USITC 和美国贸易代表办公室(USTR)的多份报告对数字贸易的概念进行了论述。其中,USTR 在《数字贸易的主要障碍》中指出,数字贸易是一个广泛的概念,不仅涵盖了互联网上消费品的销售和在线服务的供应,而且还涵盖了使全球价值链得以实现的数据流、使智能制造得以实现的服务以及无数其他平台和应用。我国商务部研究院发布的《中国数字贸易发展报告 2020》认为,数字贸易是依托信息网络和数字技术,在跨境研发、生产、交易和消费活动中产生的,能够以数字订购或数字交互方式实现的货物贸易、服务贸易和跨境数据流动贸易的总和。

OECD、WTO 和 IMF 于 2020 年发布的《数字贸易测度手册(第一版)》(以下简称"手册"),基于统计测度的目的,将数字贸易定义为所有以数字方式订购和/或以数字方式交付的贸易,并提出了包含贸易范围、贸易方式、贸易产品和贸易主体四个维度的数字贸易概念框架(见图 3-2)。

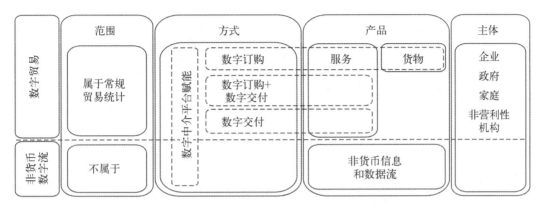

图 3-2 旨在统计测度的数字贸易概念框架

资料来源:OECD. A Roadmap Toward a Common Framework for Measuring The Digital Economy[M]. OECD Publishing, 2020.

"数字贸易范围"维度,是为了区分可以通过货币反映的数字贸易和无法通过货币反映的跨境信息和数据流。在数字贸易中,出口方向进口方提供商品或服务并获得货币收益;在非货币数字流中,"进口方"无须支付任何费用即获得了某些数据、信息或服务。例如,美国谷歌为澳大利亚居民提供的免费搜索引擎服务属于非货币数字流,为澳大利亚商家提供的付费在线广告服务则属于数字贸易。

"数字贸易方式"维度,是基于 ICT 技术对国际贸易的影响,将数字贸易分为三类:一是数字订购贸易(Digitally Ordered Trade),即通过专门用于收发订单的计算机网络所完成的商品或服务的国际贸易活动;二是数字交付贸易(Digitally Delivered Trade),即通过专门设计的计算机网络完成的远程交付的电子格式服务的国际贸易,排除了通过电话、邮件和传真提供的服务;三是数字中介平台赋能贸易(Digital Intermediation Platform Enabled Trade)。大多数通过平台促成的国际贸易可以归为数字订购贸易,平台为非本国居民提供的中介服务则属于数字交付贸易。

"数字贸易产品"维度,包含了传统的货物贸易、服务贸易,以及非货币信息和数据流三类:一是货物,由于货物无法通过网络传输交付,货物贸易只可能出现在数字订购贸易中,即通过数字订购方式开展的货物贸易;二是服务,可以是通过数字订购方式开展的服务贸易,如酒店预订、网约车等服务,也可以是通过数字交付方式开展的服务贸易,即线上 ICT 服务和因为 ICT 技术应用而线上传输交付的其他服务,如云计算、人工智能、在线教育等服务;三是除货物和服务外的非货币信息和数据流,如用户数据、开源软件、免费服务。

"数字贸易主体"维度,参考了国民经济核算体系(SNA),将贸易主体分为家庭、企业(包括金融和非金融)、政府和服务于家庭的非营利性机构(NPISHs)。虽然分组标准与现有统计体系基本一致,但是数字贸易降低了国际市场进入门槛,许多中小企业和个体消费者有机会参与国际贸易,也将给统计工作带来一定挑战。

基于概念框架,手册进一步提出了数字贸易的数据报告模板(见表3-3),包含了框架中贸易方式、贸易产品、贸易主体三个维度,并区分了进出口。根据模板中的计算公式,数字贸易总额=数字订购贸易+数字交付贸易-同为数字订购和数字交付服务贸易。由于数字订购贸易和数字交付贸易统计数据获取方式存在一定差异,因此获取准确的数字订购和交付服务贸易可能存在一定困难。

表3-3 基于概念框架的数字贸易统计数据报告模板

项 目	出 口			进 口		
	企业	政府	家庭/非营利性机构	企业	政府	家庭/非营利性机构
数字订购						
货物	ES	AR	HS/CC	ES/ITSS	AR	HS/CC
服务,非数字交付	ES/ITSS			ES/ITSS		
数字交付						
数字订购	ES/ITSS/ITRS	AR	HS/CC	ES/ITSS/ITRS/VAT	AR	HS/CC/MOSS
非数字订购						
数字贸易总计						
通过DIP交易						
数字订购						
货物	ES+DIP		HS/CC+DIP	ES/ITSS+DIP		HS/CC+DIP
服务						
数字交付	ES/ITSS/ITRS+DIP		HS/CC+DIP	ES/ITSS/ITRS/VAT+DIP		HS/CC/MOSS+DIP
非数字交付						

注:ES=企业调查,HS=家庭调查,CC=信用卡数据,ITSS=国际服务贸易统计调查,DIP=直接从数字中介平台收集的数据,ITRS=国际交易报告体系,MOSS=迷你一站式服务商店数据,AR=行政记录,VAT=增值税征管记录。
资料来源:OECD. A Roadmap Toward a Common Framework for Measuring The Digital Economy[M]. OECD Publishing,2020.

3.2.2 数字订购贸易统计测度方法与挑战

1. 企业调查

企业调查制度是获取一国数字订购贸易数据的重要渠道,通过在统计调查中加入相关的问题,可以掌握企业通过数字订购开展的货物和服务贸易情况。目前,许多国家和国际组织已经开展或尝试开展企业信息化统计调查,发展较快的电子商务无疑是调查的重点。

通过企业调查获取数字订购贸易数据可能存在四个方面的问题。一是调查表缺少对国内和国际的区分。现有企业电子商务统计调查,主要关注整个经济中的电子商务交易规模,收集数据包括企业是否开展电子商务交易活动、企业电子商务销售和采购金额等。然而,许多调查中没有进一步拓展至国际层面,缺乏对国内电子商务和跨境电子商务的区分。二是调查表缺少对货物和服务的区分。许多电子商务统计调查没有对货物和服务进行区分,并且缺乏更细化的产品分类。需要强调的是,数字订购贸易和数字交付贸易中有一些重叠部分,如果能通过统计调查获取同为数字订购和数字交付贸易的部分,将有助于计算手册所提出的总体数字贸易规模数据。三是中间商与数字订购贸易认定。中间商的出现,使得"出口商-进口商"模式转变为"出口商-中间商-进口商"模式,进而产生中间商是属于出口国还是进口国、中间商是否取得产品所有权两个问题。如表3-4所示,根据不同答案可能导致三种不同情况,因此统计调查中需要特别注意中间商带来的重复计算风险。四是中间商、企业认知和数据填报。中间商的出现,还使得企业很难区分交易是属于国内电子商务还是跨境电子商务。销售/采购企业可能难以分辨取得产品所有权的中间商的归属地(如外国中间商建立了本地中介平台),以及没有取得产品所有权的中间商背后采购/销售企业的归属地,导致填报时将国内电子商务和跨境电子商务混淆。

表3-4 中间商属性与数字订购贸易认定

取得所有权	中间商属地	说　　明
是	出口国	仅中间商向进口商出口部分为数字订购贸易
是	进口国	仅出口商向中间商出口部分为数字订购贸易
否	出口国	仅出口商向进口商出口部分为数字订购贸易
否	进口国	仅出口商向进口商出口部分为数字订购贸易

2017年,中国国家统计局建立了《互联网经济统计报表制度》,其中的信息化和电子商务应用情况表要求规模以上工业企业、规模以上服务业企业等填报详细的电子商务使用信息。报表设计考虑了大部分可能出现的问题,区分了商品和服务、B2B和B2C、销售和采购,以及境外部分的金额,此外还对企业是否拥有电子商务平台进行了调查。如果能保证企业填报数据的准确性和一致性,通过该报表制度可以获取非常准确的数字贸易订购数据。《2023中国电商市场数据报告》显示,2023年中国电子商务市场规模达50.57万亿元,较2022年的47.57万亿元同比增长6.31%。

2. 海关统计

海关是各国货物贸易统计的数据来源之一,详细记录了进出口货物贸易中的企业信息、商品编码和进出口国等信息。通过改进海关统计机制获取的数字订购货物贸易,可能比企业调查数据更准确,并且更符合一些国家货物、服务贸易统计相分离的传统。通过海关和其他物流数据分析数字订购货物贸易的方法已引起国际研究机构重视,世界海关组织(WCO)在 2017 年和 2018 年提出,要与 WTO、OECD、UNCTAD 和 UPU 等国际机构紧密合作,建立一套有利于准确测度和分析跨境电子商务的通用数据和可靠机制,强化数据分析(包括大数据分析)对政策和决策的支撑,建立数据收集等的法律机制。UPU 正与 WTO、UNCTAD 和 OECD 合作,通过实时国际邮政信息追踪系统收集的交易和业务数据对 B2B 和 B2C 跨境电子商务进行分析。

通过海关获取数字订购货物贸易数据可能存在两个问题。一是可能遗漏小额的 B2C 数字订购货物贸易。为了推动数字订购贸易的发展,许多国家采取了高低不等的海关豁免限额,低于限额的商品可以免于征收关税,脱离海关统计监测范围。虽然联合国货物贸易统计中没有计入限额以下贸易,但随着海淘类业务的发展,出现了数量众多的小额数字订购贸易,其数据对 B2C 跨境电子商务乃至数字贸易的分析具有一定价值。二是可能遗漏大额的 B2B 数字订购货物贸易。海关对数字订购货物贸易的认定,很大程度上依赖于其是否通过数字中介平台。在小额或者是 B2C 跨境电子商务中,数字中介平台参与程度非常高,海关识别出所需数据的难度较小,但在大额 B2B 跨境电子商务中,企业可能通过自有网站或采销系统进行贸易,海关识别出分散的个体企业数据的难度则较大。此时,可能需要配合企业调查数据才能比较准确地掌握数字订购货物贸易开展情况。

中国海关的跨境电子商务统计启动较早,并依托于跨境电子商务综合试验区(截至 2022 年底全国累计设立 165 个)快速发展,处于世界领先水平。为了顺应外贸发展趋势和规范海关管理,中国海关建立了针对跨境电子商务的通关系统(CBEIS)和海关代码(9610、1210、1239、9710、9810)。其中,9710 和 9810 为 2020 年增列的针对 B2B 跨境电子商务的代码,解决了 B2B 跨境电子商务直接出口、跨境电子商务出口海外仓的监管问题,实现跨境电子商务监管从 B2C 向 B2B 拓展。中国海关对外贸企业和跨境电子商务平台提供的订单、物流和支付等信息进行交叉验证,实现进出口快速通关,并对跨境电子商务进行统计监测。根据海关总署公布的数据,2020 年我国跨境电商进出口达 1.69 万亿元,其中出口 1.12 万亿元,进口 0.57 万亿元。

中国在数字订购交易的统计调查和研究方面做了大量工作,包括统计机构针对企业电子商务使用情况的调查,海关针对跨境电子商务的调查,商务部对平台上跨境电商交易的调查等,已经具备统计核算数字订购贸易规模的良好基础,但还需要关注由于概念界定不统一导致的数据冲突。《互联网经济统计报表制度》中将电子商务销售/采购金额定义为"报告期内企业(单位)借助网络订单而销售/采购的商品和服务总额","将借助网络订单"定义为"通过网络接受订单,付款和配送可以不借助于网络",跨境电子商务则可以推断为跨越国境的电子商务活动,与手册定义基本一致。海关和商务部对跨境电子商务的统计则更强调平台在其中的作用,主要统计对象为通过平台开展的跨境电子商务。

3.2.3　数字交付贸易统计测度方法与挑战

数字交付贸易属于服务贸易范畴,可将现有服务贸易统计体系作为数据获取的基础。目前,UNCTAD 提出的"ICT 赋能服务贸易"概念影响最广,其统计框架被许多国家的官方机构所采用。

2014 年,在 WTO 举行的联合国国际贸易统计机构间工作组会议上,UNCTAD 的衡量 ICT

技术服务和 ICT 技术赋能服务工作组提交了关于衡量 ICT 赋能服务贸易的报告。UNCTAD 将 ICT 赋能服务贸易定义为"通过 ICT 网络（语音和数据网络）完成的远程交付服务贸易"，并限定为通过跨境交付方式提供。在 UNCTAD 工作基础上，《国际服务贸易统计手册》（MSITS）将定义中的 ICT 网络替换为计算机网络，排除了通过电话、传真和手输邮件提供的服务。该调整是为了与数字订购贸易的定义保持一致，但是对 ICT 赋能服务贸易的筛选和核算没有产生影响，因为几乎无法区分线上开展的服务是通过电话、网络还是其他方式进行的。在实际核算中，UNCTAD 进一步引入了潜在 ICT 赋能服务（Potentially ICT-Enabled Services）的概念，也称为可数字化服务贸易，即计算所有可以通过数字交付的服务贸易，以便最大化利用现有服务贸易统计体系和数据。具体而言，UNCTAD 基于联合国主要产品分类（CPC）将服务贸易分为可以通过数字交付的和不可以通过数字交付的两类（见表 3-5），并提供了详细的 CPC 代码、扩大的国际收支服务分类（EBOPS）代码和国际标准产业分类（ISIC）代码对照关系。在此基础上，可以从现有服务贸易统计数据中计算出可数字化交付贸易部分的规模。目前，UNCTAD 已经在其网站上公布了各国 ICT 服务贸易和 ICT 赋能服务贸易的进出口额。

表 3-5　ICT 赋能服务贸易和非 ICT 赋能服务贸易

ICT 赋能服务贸易	非 ICT 赋能服务贸易
1.1　ICT 服务——通信服务	2.1　运输业服务
1.2　ICT 服务——计算机服务（包括计算机软件）	2.2　货运服务
1.3　销售和营销服务（不包括贸易和租赁服务）	2.3　客运服务
1.4　信息服务	3.1　贸易和租赁服务
1.5　保险和金融服务	3.2　公用事业和基础设施相关服务
1.6　管理、行政和后台服务	3.3　农业、林业、渔业和采矿服务
1.7　许可服务	3.4　建筑服务
1.8　工程、相关技术服务和研发	3.5　健康和社会服务
1.9　教育和培训服务	3.6　面对面和娱乐服务
	3.7　维护和维修服务
	3.8　制造服务
	3.9　公共和会员组织服务

采用 UNCTAD 方法统计数字交付贸易可能存在以下四个方面的问题：(1) 将 ICT 赋能服务贸易限定在跨境交付可能不合理。《国际服务贸易统计手册》（MSITS）中，服务贸易总协定（GATS）确定了跨境交付、境外消费、商业存在和自然人移动四种供应模式。除了跨境交付外，其他模式也有可能出现通过计算机网络交付的服务贸易。例如，本国居民在其他国

家境内获取的电信服务,国外数字服务企业在本国建立的分支机构为本国居民提供数字服务等。当然,充分考虑这些问题,将导致统计和分析变得更复杂。(2) 没有办法核算 ICT 赋能服务贸易中真正通过数字化交付的部分。UNCTAD 的 ICT 赋能服务贸易包括了实际正在通过数字交付的服务贸易和潜在可以通过数字交付的服务贸易。针对这一问题,UNCTAD 对哥斯达黎加、印度和泰国的提供 ICT 赋能服务的企业进行了一项调查,结果显示,大部分 ICT 赋能服务贸易实际上是通过数字交付完成的,哥斯达黎加的 97% 的 ICT 赋能服务贸易是通过数字交付的,印度的数字交付方式达到 81%,泰国的电信部门几乎都是通过数字交付方式出口(UNCTAD, 2018)。因此,UNCTAD 的 ICT 赋能服务贸易数据虽然不完美,但还是很大程度上反映了数字交付贸易发展水平。(3) 忽略了无法通过货币反映的跨境数字流。跨境非货币数字流和数字交付贸易之间仅一线之隔。例如,在消费者数据问题上,随着数据确权、估值、交易和使用规则的完善,数据将变得真正有价和可以贸易。这时非货币数字流将转变为货币数字流,即成为数字交付贸易的一部分。因此,非货币数字流的价值实现和有效衡量应作为数字交付贸易的重点进行考虑。(4) 数字中介平台的非显性中介服务费。出于不同目的,有的研究者可能关注平台促成的贸易规模,有的则关注平台中介服务费。平台中介费服务统计的难点在于中介服务费可能隐藏在商品价格之中,类似于关税,消费者可能在不知情的情况下承受了一部分费用,导致很难准确统计核算属于数字交付贸易的平台中介服务费。

1. 中国数字交付贸易核算

2020 年,商务部国际贸易经济合作研究院发布的《中国数字贸易发展报告 2020》,对中国数字服务贸易(即数字交付贸易)发展情况进行了说明。报告内容分两个方面:一是介绍了服务外包、云服务、数字游戏、社交媒体、卫星导航定位与位置服务,以及数字支付等数字服务产业的产值、销售额和出口等情况;二是介绍了金融、保险、电信计算机和信息服务等可数字交付服务贸易(商务部将其称为"可数字化服务贸易")发展情况。《数字贸易发展与合作报告 2024》显示,2023 年中国数字服务进出口总额达 3 666 亿美元,同比增长 3.5%。

2. 平台企业调查

国家统计局建立的《互联网经济统计报表制度》也对数字中介平台进行了调查,包括电子商务平台、重点互联网出行平台、重点互联网医疗平台、重点互联网教育平台、合约类电子交易平台、全国粮食统一竞价交易平台和烟草电子商务交易平台等。根据平台所面向行业的不同,调查表设计了不同的问题。其中,最重要的电子商务交易平台情况表对自营销售额、自营采购额、非自营交易额、交易服务费和广告收入等信息进行了统计。

中国官方已经明确了数字服务贸易的概念内涵,根据商务部、网信办和工信部发布的《关于组织申报国家数字服务出口基地的通知》,数字服务贸易是指"采用数字化技术进行研发、设计和生产,并通过互联网和现代信息技术手段为用户交付的产品和服务"。基于该定义,中国商务部门对数字服务贸易的统计做了积极的尝试和创新:一是参考 UNCTAD 方法计算了可数字化服务贸易的进出口额,并且提供了更详细的分类数据;二是对社交媒体、搜索引擎和云计算等典型数字服务产业发展情况进行了分析。两方面的统计核算工作均有进一步提升的空间,前者需要明确可数字化服务贸易中实际通过网络交付部分的占比,可参考

UNCTAD的方法对分行业企业进行一次有针对性的抽样调查；后者除了软件业外大多数均没有提供对外贸易的数据，且忽略了许多重要的数字服务产业，如数字中介服务和大数据服务等，有待进一步完善。

本章小结

西方国家在传统的经济与贸易发展中起着主导的地位，传统的西方经济学和国际贸易理论多由西方学者提出，经济与贸易测度方法很多由西方国家和国际组织制定，中国主要是参与者的角色。在当今数字经济全球化的发展大潮中，中国无疑是重要的参与者之一，在国际社会中拥有很大的话语权。数字贸易的"中国特色"体现在从宽口径理解数字经济与数字贸易，将通过数字化平台实现的实体货物贸易纳入数字贸易标的中。这一概念更符合我国电子商务领先发展、数字服务贸易能力略显不足的客观事实，更有利于我国参与全球数字贸易规则构建博弈和制造业智能化转型的国际竞争。

思考题

1. 阐述数字经济核算与传统经济核算的主要区别。
2. 列举数字经济增加值测算的主要方法。
3. 按照你的理解，数字订购贸易统计测度和数字交付贸易统计测度两种数字贸易的测度方法有什么区别？

参考文献

1. 蔡跃洲.数字经济的增加值及贡献度测算：历史沿革、理论基础与方法框架[J].求是学刊，2018(05)：65-71.
2. 韩兆安，赵景峰，吴海珍.中国省际数字经济规模测算、非均衡性与地区差异研究[J].数量经济技术经济研究，2021(08)：164-181.
3. 彭刚，赵乐新.中国数字经济总量测算问题研究——兼论数字经济与我国经济增长动能转换[J].统计学报，2020(03)：1-13.
4. 腾讯研究院.中国"互联网+"指数报告(2018)[EB/OL].https://new.qq.com/omn/20190101/20190101A08HD5.html.
5. 向书坚，吴文君.OECD数字经济核算研究最新动态及其启示[J].统计研究，2018(12)：3-15.
6. 向书坚，吴文君.中国数字经济卫星账户框架设计研究[J].统计研究，2019(10)：3-16.
7. 许宪春，张美慧.数字经济增加值测算问题研究综述[J].计量经济学报，2022(01)：19-31.

8. 许宪春,张美慧.中国数字经济规模测算研究——基于国际比较的视角[J].中国工业经济,2020(05):23-41.

9. 岳云嵩,张春飞.数字贸易统计测度分析[J].国际贸易,2021(08):70-77.

10. 中国互联网协会,蚂蚁金服研究院."互联网+"社会服务指数分析报告(下)[J].互联网天地,2017(03):29-34.

11. 中国信息通信研究院.中国数字经济发展与就业白皮书(2018)[R/OL].http://www.caict.ac.cn/kxyj/qwfb/bps/201904/P020190417344468720243.pdf.

12. 中国信息通信研究院.中国数字经济发展白皮书(2021)[R/OL].https://www.100ec.cn/detail--6591053.html.

13. 朱发仓,乐冠岚,李倩倩.数字经济增加值规模测度[J].调研世界,2021(02):56-64.

14. ABS. Measuring Digital Activities in the Australian Economy(2019)[EB/OL]. https://www.abs.gov.au/websitedbs/D3310114.nsf/home.

15. Barefoot K., Curtis D., Jolliff W., Nicholson J. R., Omohundro R. Defining and Measuring the Digital Economy[R]. BEA Working Paper, 2018.

16. Dean D., Digrande S., Field D., Lundmark A., O'Day J., et al. The Internet Economy in G20: The 4.2 Trillion Growth Opportunity[R]. The Boston Consulting Group, 2016.

17. IMF. Measuring the Digital Economy(2018)[EB/OL]. http://www.imf.org/external/pp/ppindex.aspx.

18. Knickrehm M., Berthon B., Daugherty P. Digital Disruption: The Growth Multiplier[M]. Accenture Strategy, 2016.

19. OECD.OECD Guide to Measuring the Information Society 2011[M]. OECD Publishing, 2011.

20. OECD.OECD Internet Economy Outlook 2012[M]. OECD Publishing, 2012.

21. OECD. Measuring the Digital Economy: A New Perspective[M]. OECD Publishing, 2014.

22. OECD. A Proposed Framework for Digital Supply-Use Tables[M]. OECD Publishing, 2018.

23. OECD. A Roadmap toward a Common Framework for Measuring the Digital Economy[M]. OECD Publishing, 2020.

24. UNCTAD. Digital Economy Report(2019)[R/OL]. https://unctad.org/publication/digital-economy-report-2019.

25. USITC. Digital Trade in The U.S. and Global Economies, Part 1(2013)[R/OL]. https://www.usitc.gov/publications/332/pub4415.pdf.

26. USITC. Digital Trade in The U.S. and Global Economies, Part 2(2014)[R/OL]. https://www.usitc.gov/publications/332/pub4485.pdf.

27. USITC. Global Digital Trade 1: Market Opportunities and Key Foreign Trade Restrictions(2017)[R/OL].https://www.usitc.gov/publications/332/pub4716_0.pdf.

第 4 章
全球数字经济与贸易发展概况

4.1 全球数字经济发展概况

随着互联网技术发展,全球数字经济蓬勃发展,越来越多地影响到经济社会生活的方方面面,也在不断改善人类的思维方式,促进社会生活的高水平发展。就全球数字经济发展现状来看,数字经济已成为各国应对疫情冲击、加快经济社会转型的重要选择,各国加速数字经济发展战略政策的出台与落地实施,进一步推动数字经济发展。

4.1.1 数字经济成为经济发展重要动能

随着全球数字化时代的到来,数字经济不仅成为推动经济发展的重要引擎,也是各国新一轮科技革命的重要战略基础。各国高度重视数字经济发展,加快数字经济战略的出台,推动区域数字经济合作,新时代背景下全球数字经济发展格局逐步形成。

(1) 带动全要素生产率提升。随着劳动力等传统要素供给对经济增长的贡献率逐渐降低,数字经济成为提高全要素生产率的重要途径。数字经济对全要素生产率的作用机制包括宏观和微观两个层面:宏观层面上,经济数字化转型能够提升资本和劳动生产率,降低交易成本,促进国家融入全球市场体系;微观层面上,数字技术的深度应用能够提升企业竞争力,提高企业绩效。

(2) 推动优化资源配置效率。互联网技术与实体经济的深度融合,为实体经济数字化提供支撑,推动以数据化形式呈现现实世界的网络空间逐渐构建。数字经济通过快速的传播速度将经济活动中的各市场主体高度连通,使经济系统中的资源渗透、融合、协同能力得到极大提高,从而降低市场交易和资源配置成本。

(3) 扮演角色地位愈加重要。当前,作为推动经济增长的重要引擎,数字经济在全球经济发展中扮演的角色愈发重要。

4.1.2 各国纷纷制定数字经济发展战略

全球绝大多数国家和地区都致力于发展数字经济,并出台鼓励数字技术研发和数字产业发展的政策,完善数字经济顶层设计、统筹数字经济发展成为各国激发经济增长活力的重要手段。2010 年,美国提出建立"数字国家";2015 年,美国商务部发布《数字经济议程》,把发展数字经济作为实现繁荣和保持竞争力的关键;2018 年,美国在数字经济领域发布了《数据科学战略计划》《美国国家网络战略》等文件,进一步明确了促进数字经济发展的相关内容,要大力进行网络基础设施建设,创新数字信息技术,解决好促进技术创新的长期政策问题。日本在 21 世纪初就制定"IT 立国"战略,通过《e-Japan 战略》《u-Japan》《i-Japan》等政策指引,促使日本数字经济逐步向信息化、网络化与智能化方向发展,并在 2013 年提出建设最尖端IT国家与"超智能社会"。欧盟在数字经济领域相继发布了《欧盟人工智能战略》《通用数据保护条例》《非个人数据在欧盟境内自由流动框架条例》《促进人工智能在欧洲发展和应用的协调行动计划》《可信赖的人工智能道德准则草案》等一系列推动政策。英国发布的《英国数字战略》,聚焦完善数字基础设施、发展创意和知识产权、提升数字技能与培养人才、畅通融资渠道、改善经济与社会服务能力、提升国际地位六大领域,推动英国数字经济发展更具包容性、竞争力和创新性。韩国在2018年发布了《人工智能研发战略》,提出重点发展大数据、人工智能、智慧城市等领域的相关政策,加强数字基础设施建设。发展中经济体的数字经济战略布局起步较晚,但近年来也纷纷出台了相关政策。例如,印度在2015年推出"数字印度"计划,普及宽带上网、建立全国数据中心与促进电子政务;巴西在2016年颁布《国家科技创新战略(2016—2019年)》,将数字经济与数字社会列为其优先发展的11个领域之一;俄罗斯在2017年将数字经济列入《俄联邦2018—2025年主要战略发展方向目录》,并将其编制成为《俄联邦数字经济规划》。

4.1.3 发达国家主导数字产业格局

发达国家凭借其在数字技术以及创意内容方面所具备的领先优势,依然引领着全球数字产业的发展。在瑞士洛桑国际管理发展学院(IMD)2019年发布的全球数字竞争力排名中,美国、新加坡、瑞典、丹麦和瑞士排名前五。在数字创新能力方面,瑞典、芬兰、丹麦等居于前列;英国则在数字创意产业方面具备领先全球的发展优势,其产值在2017年超过1300亿英镑,占GDP的比重达到7.3%;日本得益于政府政策支持,数字产业特色突出,动漫制作主导全球市场格局。

4.1.4 数字贸易开辟全球贸易发展新空间

数字贸易是数字经济在国际贸易领域的重要体现。当前全球贸易出现疲软之势,2019年WTO发布的全球贸易景气指数(WTOI)为96.3,低于100的趋势水平,为2010年第二季度以来最低水平。但与此同时,在数字经济推动下,全球数字贸易异军突起,2015—2018年全球B2C跨境电商交易额由3040亿美元增加到6760亿美元,年均增速30%以上,这主要得益于数字贸易打破了传统的时间和空间限制,开辟了全球贸易发展新空间。一方面,基于信息通信技术的数字贸易改变了传统贸易交易周期长的缺陷,显著提高了贸易效率,降低了贸易过程中的时间风险;另一方面,数字贸易打破了传统贸易严格意义上的空间属性,大幅度弱化了地理距离对贸易的限制,降低了贸易成本。数字贸易的时空属性大幅度提升了全球贸易便利化程度,拓展了传统贸易的交易区域,扩大了消费群体的来源,进而开辟了传统贸易难以触及的发展空间。

4.1.5 数字经济出现国际合作趋势

数字经济发展的前提是互联网技术的普及,作为数字传输工具,互联网将各个国家主体连接起来,也为各国在数字经济合作奠定了基础。当前数字经济国际合作趋势已然出现。2016年,G20杭州峰会启动了国际数字经济政策讨论。之后,德国发起了首个G20数字经济部长级会议。2019年的大阪G20会议上,多国或地区签署了《大阪数字经济宣言》,致力于推进一个开放、公平,以市场为基础的数字经济,支持数据的自由流动,为所有国家和世界带来新的繁荣方面取得一定程度共识,开展相关合作。

4.2 全球数字贸易发展概况

全球化和数字化是数字贸易产生和发展的主要动因,拓展数字贸易发展空间已成为全球化和数字化发展的必然要求。随着创新数字技术的出现和互联网基础设施建设的逐步完善,新型数字技术在数字贸易中的广泛应用推动数字贸易发展边界向外延伸,将进一步拓展数字贸易发展市场。全球数字贸易发展呈现以下四个方面的特征。

4.2.1 全球数字贸易重要性日益凸显,信息通信服务贸易是数字服务贸易增长的重要动能

全球数字经济蓬勃发展,数字贸易也将继制成品贸易、中间品贸易后,成为国际贸易的主体。根据联合国贸易和发展会议报告相关数据,全球数字服务贸易的占比由2011年的48%增长至2020年的63.6%。预计到2030年,全球贸易年均增长将提高2个百分点,服务贸易出口占全球贸易比重将超过1/4。信息通信服务贸易在数字服务贸易中的增速最高,成为数字贸易服务增长的重要动能。2011—2020年,信息通信服务贸易平均增速为7.7%。新冠疫情背景下,信息通信服务贸易继续引领数字服务贸易发展。2020年,信息通信服务贸易在数字服务贸易中的占比为22.2%。

4.2.2 美国数字服务贸易规模第一,数字贸易集中度提升

2020年全球数字服务贸易规模排名前5位的国家分别是美国、爱尔兰、英国、德国和中国。美国拥有众多超大型跨国信息通信企业。众多大型互联网企业将欧洲总部设在爱尔兰。由于数字平台同时具备网络效应和规模效应,全球数字服务的出口呈现集中度上升的态势。2014—2020年,数字服务出口排名前10位国家的市场占有率由64.4%增加至66.1%,数字服务进口排名前10位国家的市场占有率由49.5%增加至51.8%。

4.2.3 数字贸易成为新一轮大国竞争的焦点

全球数字贸易是以欧美为主导地位来进行发展的。由于欧美的技术发展较为先进和成熟,发展起步阶段比较早,因此在进行全球数字贸易时具有很强的优势,一直占据了全球数字贸易的第一梯队。数字贸易规则取决于经济体自身数字经济产业的发展态势、政治优先事项的考虑等。当前,全球主要经济体正通过区域贸易协定、国际多边框架积极推动数字贸易规则新体系的制定和完善,如表4-1。

表4-1 主要经济体关于数字贸易发展的政策文件与国际协定

国 家	发 展 态 势	政 策 重 点	政 策	参与国际协定
美国	数字贸易发展较为成熟,更加注重于开拓海外市场	强调信息和数据的自由化	《促进数字贸易的基本要素》	《美墨加协定》
			《数字十二条》	《美日数字贸易协定》

续表

国家	发展态势	政策重点	政策	参与国际协定
欧盟	在计算机、信息、保险、文化娱乐等子项中占据发展优势,试图打造数字单一市场	强调数据有效保护和数字服务提供商有效监管下的数字贸易自由化	《通用数据保护协定》	《欧盟-日本经济伙伴关系协定》
			《非个人数据自由流动条例》	《欧盟-英国贸易与合作协定》
			《开放数据指令》	《欧盟-墨西哥贸易协定》
日本	强调数字技术创新和数字基础设施建设,其数字技术和数字贸易发展成熟度不及美国	注重数字知识产权保护和数据隐私保护,营造公平开放的数字贸易环境	《官民数据活用推进基本计划》	《日美数字贸易协定》
			《数字手续法》	《全面与进步跨太平洋伙伴关系协定》
			《数字政府实行计划》	《区域全面经济伙伴关系协定》
			《数字社会形成基本法案》	《日本-英国全面经济伙伴关系协定》
新加坡	自由贸易港,东南亚跨境电商平台的总部中心	在数据流动、数字贸易领域践行自由开放的政策,推动建立灵活高效的自贸协定磋商机制	《电商促进计划》	《数字经济伙伴关系协定》
			《数字经济行动框架》	《新加坡-澳大利亚数字经济协定》
			《智慧国家2025》	《全面与进步跨太平洋伙伴关系协定》
			《支付服务法案》	《区域全面经济伙伴关系协定》
中国	尽管起步较晚,但数字贸易发展势头非常快	强调数字主权的治理模式	《全面深化服务贸易创新发展试点总体方案》	《区域全面经济伙伴关系协定》
			《"十四五"服务贸易发展规划》	申请加入《数字经济伙伴关系协定》

资料来源:https://mp.weixin.qq.com/s/gBkT3zxOyFWZT9CqBVf0Dg.

4.3 欧美数字经济与贸易发展概况

4.3.1 美国数字经济发展概况

由于美国资本主义经济与科技革命结合得较早,数字经济发展及其治理是美国国家战略与国际战略的重要组成部分,是美国继房地产和租赁业、政府、制造业之后的第四大行业。早在20世纪90年代,美国就开始关注数字经济的发展,还发布了相应的制度文件对刚刚萌芽的经济网络化进行分析与预测。美国数字经济主要包括三部分:基础设施(硬件和软件);电商(B2B和B2C);数字服务(云服务、电信服务、互联网及数据服务和其他)。同时,兼顾硬科技和软科技。(1) 基础设施的占比约36%(2019年)。其中,硬件涵盖显示器、硬盘、半导体和视听设备等;软件涵盖商业软件以及内部开发的软件。(2) 电商的占比约22%(2019年),包括B2B批发和B2C零售,为了与传统批发和零售相分割,此处以"毛利"计入统计。(3) 数字服务的占比约42%(2019年)。其中,云服务包括存储、计算和安全服务;电信服务包括电话、有线电视相关服务;互联网及数据服务包括搜索、信息和流媒体内容等服务。据不完全统计,2021年美国数字经济规模达15.3万亿美元,在全球处于绝对领先地位。

1. 美国数字经济发展的阶段

美国数字经济发展大体可以分为四个阶段。

(1) 野蛮增长阶段。自克林顿政府开始,美国政府便将数字经济作为国家重点支持的产业,并于1993年9月发布了《国家信息基础设施行动计划》,支持发展数字信息产业,大力推动互联网,为美国后来数字经济的发展打造了坚实的基础。随后一系列互联网公司在硅谷诞生并且飞速发展,开启了以互联网公司为基础的互联网经济新时代,成为推动美国经济增长的强劲动力。

(2) 巩固推进阶段。2000年以来,小布什政府对数字经济的支持力度相比克林顿政府略有减弱,同时受科技股泡沫破灭的影响,数字经济飞速发展的阶段已经过去,转而进入稳步推进阶段。在此期间,美国出台了多项法案,主要针对企业税收和科技研发,进一步稳固了数字经济发展的基础。科技股泡沫破灭后,又诞生了Facebook等一批优秀的互联网企业,谷歌等公司也在这一时期实现了快速发展。

(3) 快速发展阶段。奥巴马上台之后,重新确立了数字经济在美国国家经济发展中的重要作用。奥巴马在任内连续颁布《网络空间国际战略》等政策文件,明确了数字经济的政治立场是维持自由的网络贸易环境、鼓励创新研究和保护知识产权,突出技术研发在知识产权保护中的重要地位。在这一时期,苹果、亚马逊、谷歌和脸书等数字经济类企业发展迅速。2016年全球市值前十的上市公司中,美国数字经济类上市企业就占据5家。

(4) 重点谋划阶段。2018年之后,美国政府颁布了《政府信息开放和可机读的总统行政命令》《开放政府命令》《开放政府合作伙伴》等文件,明确规定政府机构需要在网站公开发布内部的电子数据集。同时,高度重视网络安全,提出了"国际网络空间战略",将网络与数据视为与国家海陆空及外太空权同等重要的国家级基础设施,将网络的空间安全上升至与军事安全和经济安全同等重要的位置。

2. 美国数字经济快速发展的原因

美国数字经济之所以发展如此迅速,可以从五个方面进行分析。

(1) 官方研究报告指导数字经济快速健康发展。自1998年以来,美国政府就数字经济和数字国家发布了13份重磅报告,深入探讨了数字经济发展的前沿和热点问题。美国商务部是各国政府中数字经济的最早倡导者之一。1998—2003年,除2001年外,美国商务部均发布了年度数字经济报告,这对早期数字经济理念的普及起到了重要推动作用。2010年,美国商务部提出"数字国家"(Digital Nation)概念。在接下来的5年时间内,国家电信和信息管理局(NTIA)联合经济和统计管理局(ESA)连续发布6份《数字国家》报告,主要围绕基础设施、互联网、移动互联网等方面进行统计和分析。随着数字技术与经济社会的深度融合,数字经济的内涵日益丰富,其规模衡量也成为世界关注的重点。2018年3月,美国商务部经济分析局(BEA)发布工作文件《数字经济的定义和衡量》,对新时代背景下认识和度量数字经济起到了重要的促进作用。

(2) 成立专门指导数字经济发展的机构。在2015年"数字经济议程"发布会上,美国时任商务部部长佩妮·普里茨克宣布成立数字经济咨询委员会(DEBA),旨在"为数字时代的经济增长和机遇提出建议"。2016年3月,任命了17名该委员会的成员,成员主要来自协会、科技巨头、科研院校和金融机构,每位成员任期2年。自成立以来,数字经济咨询委员会组织了多场专题研讨活动,就数字经济规模测算、就业、数字平台等问题提出了一系列有针对性的政策建议。

(3) 建设数字政府推动开放数据。在各国政府中,美国最早开始采用"电子政务"这一术语。1993年9月,"电子政务"一词首次出现在美国政府文件《创造一个效率更高、成本更低的政府:从繁文缛节到结果导向》中。电子政务事业由克林顿政府开创,在布什政府得到进一步发展,随后奥巴马政府将建设重点转向开放政府和开放数据,以更好地服务民众。2009年1月,奥巴马在其首个白宫工作日即签署《透明与开放政府备忘录》。2009年5月,数据门户网站data.gov正式上线。此后,美国白宫分别于2011年、2012年、2014年和2016年发布了4份《开放政府计划》。2013年,美国将电子政务的工作重点由开放政府转向开放数据。2013年5月,奥巴马总统签署执行令——《把开放和可机读作为政府信息新的默认状态》,将"默认开放"作为开放数据工作的核心原则。2013年6月,奥巴马总统和其他七国集团(G7)领导人签署了开放数据宪章,提出默认开放数据、注重质量和数量。2014年5月,美国政府发布《美国开放数据行动计划》,提出"应主动承诺开放,并逐步开放数据资源"的原则,要求发布的数据应做到方便公众使用和查找,根据公众反馈不断完善开放的数据,使其更容易被使用和理解。同时,对未发布的数据应开放数据列表,供公众申请开放,由专家机构及相关领域代表确定发布的优先级别。

(4) 重视研发资金投入和人才培养。美国十分重视对研发资金的投入和相关数字型人才的培养,为确保美国在全球数字经济创新领域的领先水平,美国将人工智能列入财政的优先支出事项,注重对科技研发和基础研究的投入。2021年,美国财年预算重点支持人工智能、量子信息科学、5G、先进制造等新兴颠覆性技术领域,研发资金成倍增加,以支持新兴技术的研发和科技人才的培养。

(5) 奉行技术领先策略。美国高度关注技术变革,将推动新技术发展作为数字经济战略重点。为此,美国将计算机与互联网建设作为国家突出战略摆在重要位置,并明确科学与技术的创新和发展对促进国家经济繁荣发展、科学快速进步的重要意义,以确保美国在高新技术产业始终保持世界领先。

4.3.2 美国数字贸易发展概况

1. 美国关于数字贸易概念的界定

2013年7月,美国国际贸易委员会在《美国与全球经济中的数字贸易 I》中正式界定"数字贸易"的概念(曹宗平和黄海阳,2022),即通过互联网传输产品和服务的国内商务及国际贸易活动,并限制为以下四个方面的内容:数字化交付内容(如音乐、游戏),社交媒体(如社交网络、用户评价网站),搜索引擎,其他数字化产品和服务(如软件服务、在云端交付的数据服务)。2014年8月,美国国际贸易委员会对"数字贸易"的概念进行修订,将"数字贸易"定义为,互联网和互联网技术起关键作用的商业贸易活动,即只要在其订购、生产以及递送等一个或多个环节中互联网或互联网技术起到关键性的作用,即可将其视为数字贸易。2017年,美国贸易代表办公室对"数字贸易"的概念做了进一步扩展,指出数字贸易不仅包括个人消费品在互联网上的销售和在线服务的提供,而且还包括实现全球价值链的数据流、实现智能制造的服务以及其他的相关平台和应用。这一界定主要是基于经济社会中数字技术和传统产业融合发展的客观现实,即企业普遍地运用数字技术参与国际竞争与合作,更多的商业活动采取数字化的形式(蓝庆新和窦凯,2019)。

2. 美国数字贸易发展概况

美国数字贸易及相关基础设施产品和服务全球领先,对其服务贸易出口和就业贡献巨大。全球最大的互联网公司和数字服务提供商均为美国企业,美国宽松的监管环境促使科技公司超速发展。根据SIA统计,2019年美国ICT商品货物出口占美国出口总额的8.7%,其中半导体出口位居第一。2020年美国半导体行业销售额在全球市场占比高达47%。数字贸易对美国服务业拉动作用显著,2020年美国ICT服务和ICT赋能服务出口合计占同期服务贸易出口总额的78%,增速超过ICT货物贸易出口,其中ICT赋能服务贸易出口金额是ICT服务贸易的6倍以上。美国数字经济行业支持了770万个就业岗位,占2019年美国就业总额的5%,其中软件行业创造了330万个工作岗位(张雪春和曾园园,2022)。

3. 美国数字贸易快速发展的原因

美国作为全球数字贸易最为发达的国家,美国发展数字贸易的做法和经验可以归纳为以下三个方面。

(1) 强化数字贸易基础理论研究,引领全球数字贸易发展。美国将数字贸易作为其数字经济发展的优先方向和关键支撑,率先开展数字贸易专题研究,发布全球首部数字贸易研究报告——《美国和全球经济中的数字贸易》。在对数字贸易相关理论的研究方面,美国属于先行者,通过不断的演进和探索,引领着全球数字贸易不断向纵深发展。制定《域名权保护法案》《全球全国商务电子签名法案》等法律法规,为数字贸易发展奠定坚实基础;率先启动《数字贸易法案》的立法工作,明确数字贸易已成为美国和全球经济的重要组成部分,确保全球数字贸易开放、自由成为美国政策制定者和贸易谈判者先行的关键优先事项，进一步保护和授权全球数字经济。

(2) 推动美版数字贸易规则谈判，强化全球话语权。作为目前数字经济最发达的国家，美国拥有不少数字公司巨头，从国外回到美国的跨境数据流规模巨大，并从数字贸易中获益颇多。这使得美国在数字经济领域具备了超强实力，也使美国在数字规则的制定与推广上获得了单方优势。作为世界数字贸易发展领导者的美国，为了巩固和扩大自身在数字贸易领域的竞争优势和地位，强化数字贸易作为经济增长极的作用，开拓数字贸易新市场，引领世界数字贸易的发展，一直在推动和主导数字贸易规则谈判。

(3) 制定"服务先行"的出口促进策略。美国历年的《国家出口战略》报告的所有战略、策略、政策和具体措施都完全适用于数字贸易出口，更重要的是，根据《国家出口战略》的"商业优先次序"等原则，从一开始"服务先行策略"就成为《国家出口战略》的最重要内容。美国出口促进"服务先行策略"的主要内容是：

① 加强对外谈判，扩大市场准入。早在十几年前，美国的多数服务产品和数字产品就在全球拥有竞争优势，但这种优势因世界上许多国家在服务贸易准入上设置的"壁垒"而未能达到其应有的程度。因此，为了促进美国服务贸易和数字贸易出口，十多年来，美国在国际多、双边贸易谈判中不断加强对外谈判，促使外国开放服务市场，为其服务出口提供动力和保障。

② 巩固传统市场，打开新兴市场。美国的传统市场主要是指欧洲和日本，而新兴市场主要是指已确定重点开发的墨西哥、阿根廷、巴西、中国、印度、印度尼西亚、韩国、波兰、土耳其、南非十大市场。美国促进数字贸易出口发展的市场战略方针是：数字服务出口要巩固传统市场，打开新兴市场，"两个市场"兼顾。对传统市场的策略主要是：一方面，利用其高新技术产业的优势，不断扩大其计算机信息服务、软件程序编制和数据库开发等优势数字服务业的出口；另一方面，根据服务贸易总协定的成果，要求相关国家开放新的数字贸易领域，在美国相关服务产业和相关公司的配合下与这些国家展开具体谈判。对新兴市场主要是通过谈判和具体的贸易促进措施逐步打开市场。由于新兴市场的政治、经济、社会情况复杂多样，对数字贸易的准入政策差异很大，因此，美国十几年来在数字贸易出口方面对新兴市场做了大量针对性调查，根据不同地区的不同情况采取不同的策略，并通过美国贸易代表办公室的谈判为数字服务出口公司提供更好的市场准入机会。

③ 与企业密切合作，注重务实性、技术性促进措施。美国商务部等主要贸易促进机构特别注重与企业间的密切合作，更多地应用深受数字服务出口企业欢迎的务实性、技术性出口促进措施。在促进方式上，通过派出政府与企业联合商务团组，包括利用类似于召开美中商贸联委会等双边贸易协商方式开展游说与促进工作，以及举办各种商务对接、商务会议、展览等商务促进活动，帮助企业寻找商机。针对数字服务出口不同于商品出口的特点，举办大量技术性、务实性很强的专业培训活动，分析出口国家的市场和投资做法、消费趋势及习惯等，以帮助中小数字服务企业提高数字服务出口技能。

④ 确定重点行业，实施重点支持。十多年来，美国数字服务出口重点产业虽然根据市场情况和美国产业竞争力情况有所调整，但基本上将促进重点放在其具有强大竞争优势的商务与专业技术服务（包括环保、能源等工业服务）、金融保险、教育服务、影视娱乐、电信服务等领域。对其中的重点行业，由美国商务部分别与美国能源部、环境保护署、卫生部、教育

部等相关机构以及行业协会的官员与专家组成,采取针对性的促进措施。对金融服务和商务服务,美国商务部国际贸易管理局内部则有专门的办公室专司促进。

4.3.3 欧盟数字经济与贸易发展概况

1. 欧盟数字经济发展概况

从全球范围看,欧盟在数字经济领域的表现并不算亮眼,尤其是在社交媒体、在线购物和智能手机等消费市场领域,仍落后于美国和亚洲国家。据世界银行的统计,2019年欧洲数字企业占全球数字企业总市值不到4%,低于同期欧盟经济总量在世界经济总量的占比(15.77%)。欧盟的数字化发展仍面临诸多挑战:欧盟内部数字化发展不平衡,单一数字市场建设困难重重;欧盟光纤网络、5G网络建设仍较滞后,通信基础设施落后阻碍欧洲数字化转型进程;民众数字技能有待提升,仍有42%的欧洲人缺乏基本的数字技能;在数字化转型上,中小企业处于明显劣势,只有17%和12%的中小企业依靠云服务、使用大数据分析;过于严格的监管反过来制约着新兴数字产业的发展等。总之,数字欧盟建设仍然任重道远。

2. 欧盟数字贸易发展概况

数字贸易和数字经济在明显推动欧洲经济快速发展的同时,也促使欧洲生产率的快速增长。近年来,欧盟委员会(European Commission)为加强数字经济建设,致力于消除数据本地化壁垒,并从发展战略角度出发,把数字贸易作为欧盟经济发展的重要战略任务之一。一是数字经济引领下的数字贸易带动欧盟经济快速发展。欧盟国家数字经济在其国内生产总值(GDP)中的占比很高,数字贸易额显著增加,欧盟已成为欧洲数字贸易市场上的绝对领导者。另外,近年来欧盟的数字产品和服务出口额在不断增加,从2014年的6 670亿欧元到2017年8 000亿美元,增幅达到3.4%,这有力地推动了欧洲贸易和经济的快速发展。二是欧盟将发展数字贸易提升到了战略高度。数字贸易发展潜力很大,其所产生的正向经济效益已被数字贸易发展的典型事实所证明,发展数字贸易已成为欧盟各国普遍的共识。互联网基础设施建设较为完善、数字技术比较先进的国家早已将数字贸易提升到国家发展的战略高度,欧盟各国也不例外。欧盟高度重视并加强数字经济和数字贸易建设,致力于消除数据本地化壁垒,建立单一的数字市场,分别于2015年和2017年出台了《数字单一市场》和《数字贸易战略》,其中《数字贸易战略》推动了相关政策的尽快出台来确保跨境数据和信息的自由流动。

4.4 日韩数字经济与贸易发展概况

4.4.1 日本数字经济与贸易发展概况

1. 日本数字经济发展概况

由于对数字经济发展和数字化转型的全局性和战略性认识不足,日本数字经济处于战略劣势,虽然2020年日本数字经济规模达2.48万亿美元,仅次于美国、中国、德国三国,列全球第四位,但仍未能将日本在第二次互联网革命建立起的 ICT 传统竞争优势转化为数字经济发展的新型竞争优势。根据欧洲数字竞争力中心的《数字崛起者报告》评估,日本的数字竞争力在 7 国集团和 20 国(G20)集团中表现垫底。日本总务省"2018 年通信利用动向调查"显示,仅有 16.6% 的日本制造业企业尝试引入物联网和人工智能中的一项或两项。

日本致力于发展数字经济的动因归纳为以下两点,即日本经济发展的迫切需要、新冠肺炎疫情冲击暴露日本数字化短板。第一,日本具有发展数字经济的内在动力。对于经济长期停滞的日本而言,发展数字经济是其迫切需求。泡沫经济崩溃后,日本经济陷入长期低迷之中,人口老龄化问题日益。发展数字经济有助于提升经济体的全要素生产率,从而帮助日本克服人口老龄化危机,减少对于劳动人口的需求。但是,日本当前数字经济发展水平差强人意。一方面,人工智能等新兴技术在日本产业中的使用情况落后于中国与美国;另一方面,中美两国均发展出世界领先的数字化平台企业,但日本始终没有发展出类似企业,导致日本企业具有成为平台企业附属加工者的危险。第二,新冠肺炎疫情冲击暴露日本在数字经济上的短板。其一,在疫情应对方面,由于政府数字化水平不高,导致日本无法正确统计感染者的人数,从而无法有效应对疫情的发展与变化。其二,日本数字经济发展由多个部门主导,条块分割现象严重,不利于数据的集中统一利用、共抗疫情。其三,新冠疫情凸显了日本企业数字化转型的不足,日本在远程学习、远程办公、在线诊疗等领域落后于其他国家。在疫情期间,美国、中国、英国、韩国等国家在线上娱乐、远程办公、在线教育、远程医疗等领域的使用率出现超过 10% 的显著增长,而日本在上述领域的使用率增长均不到 10%。

2. 日本数字贸易发展概况

日本数字贸易发展非常迅速,在亚洲乃至全球跨境电子商务市场上占有一定的比重,数字贸易在日本产生了可观的经济效益。日本拥有支撑其数字贸易发展的数字经济。在此基础上,数字贸易市场潜力不断提升。2018 年,日本经济产业省汇总的《通商白皮书》中估算,2014—2018 年日本跨境网络交易用户从 3 亿人次增至逾 9 亿人次,数字贸易市场规模从 2 360 亿美元增至 9 940 亿美元。该报告同时指出,日本数字贸易市场发展如此迅速的最大动力来自中国,交易骤增的主要原因在于数字贸易领域本身的不断扩大以及交易平台业务范围的拓展。近年来,日本政府已把发展数字贸易纳入国家发展战略中。2009 年,日本提出《I-Japan 战略 2015》,旨在发展电子商务、促进产业升级和加强数字网络基础设施建设等,并以实现打破数字壁垒、建立安全的数字化社会为目标。同年,为应对全球金融危机冲击,抢占全球数字领域发展制高点,日本政府又推出了《ICT 鸠山计划》。2018 年 5 月,在日本《通商白皮书》中指出,数字贸易时代已经来临,并强调这将是日本企业发展的良机。

4.4.2 韩国数字经济与贸易发展概况

1. 韩国数字经济发展概况

韩国高度重视数字经济发展,从第四次工业革命开始对数字基础设施建设持续发力,在 5G 发展上取得战略主动权,为数字经济发展打下良好基础。在数字经济政策制定上,韩国政府一直积极主导,政府投资带动大批社会投资进入数字经济领域。在此背景下,近年来,韩国数字经济发展成绩不俗。

2020 年新冠疫情背景下,韩国发展"非接触经济",社会资本也持续发力推动数字经济的发展。当年,韩国在全球数字经济发展指数中排在第四,仅次于美国、中国和英国。由于韩国政府重视发展数据要素,超前布局 6G,并为 AI 提供世界一流的政策支持,为韩国数字经济发展创造了优越环境。在 5G 领域,韩国提出从全球首创迈向全球最佳的状态,在三年内达到 650 万亿美元的规模。在 AI 领域,韩国 2020 年实现了 40% 左右的年增速,大量 AI 应用在金融、医疗落地,且韩国官方预测 AI 未来五年会继续保持非常良好的增长态势。

为克服新冠疫情、应对后疫情时代,2020 年 7 月,时任韩国总统文在寅提出以数字和绿色为两大政策主轴的韩国版新政,促进韩国经济和社会结构的根本性升级。韩国政府为此编列 114 万亿韩元的 5 年预算,加上地方政府和企业投资,总投入将达到 160 万亿韩元。新政中明晰了十大重点发展的领域,包括 5G 网络建设、人工智能人才培养、数据大坝、人工智能政府、智能医疗基础设施、节能型建筑、电动汽车、智能城市、可持续能源和低碳工业园区。

2. 韩国数字贸易发展概况

在新兴经济体中,韩国的数字贸易发展程度比较高,数据监管方面政策比较严格。例如,韩国于 2015 年颁布《云计算发展与用户保护法案》和《云服务保护指导条例》,要求所有为公共机构提供服务的云服务商都必须在韩国国内建立公共数据中心,且必须与服务公众的网络在物理上进行分离。韩国实行了《个人信息保护法》,同时要求公司在导出个人数据之前必须征得数据当事人的同意。同时,韩国对网络中介也提出了较多的监管要求,涉及内容、信息管理等,对网络中介平台提出了较多的责任制度。2015 年 3 月,韩国国会通过了《云计算发展与用户保护法案》,对云服务提供商(CSP)规定了包括向其客户和部长报告信息泄露、不得向第三方提供客户信息和不得将其用于指定用途以外的其他目的等义务。数字产品和服务贸易政策方面,韩国的管制相对比较严格。韩国数字产品零关税覆盖率较低,仅为 43.21%,对外国供应商的电子产品单独设立了 10% 的增值税。此外,韩国技术标准较高,要求必须对政府采购品进行额外的安全验证,电脑、电气和无线电设备需添加韩国 EK 认证标记。数字企业的本地进入政策方面,韩国没有建立投资筛选机制。在有明确证据表明外国投资对经济体安全或公共利益构成威胁的情况下,政府有权拒绝外国投资。韩国不允许外国卫星服务企业进入韩国境内,并禁止这类企业直接向最终用户出售服务(余振,2020)。

4.5 中国数字经济与贸易发展概况

4.5.1 中国数字经济发展概况

我国数字经济从消费互联网开始发展,利用庞大的网民基础,以及数字经济的效率优势,在应用技术、商业模式等方面不断创新,在提升经济效率、推动社会及治理数字化等方面正在发挥巨大的作用(李勇坚,2021)。"十三五"时期,我国深入实施数字经济发展战略,不断完善数字基础设施,加快培育新业态新模式,推进数字产业化和产业数字化。到 2020 年,我国数字经济增加值占 GDP 的比重达到 38.6%,其增长速度达到 GDP 的 3 倍以上。2020 年,在疫情冲击和全球经济下行影响下,我国数字经济依然保持 9.7% 的高位增长,是同期

GDP 名义增速的 3.2 倍多,经济核心产业增加值占国内生产总值(GDP)比重达到 7.8%,为经济社会持续健康发展提供了强大动力(樊慧霞和张艺川,2021)。《"十四五"数字经济发展规划》总结了在"十三五"时期我国数字经济取得的成绩。

1. 信息基础设施全球领先

在数字经济发展过程中,我国高度重视基础设施建设。我国已建成全球规模最大的光纤和第四代移动通信(4G)网络,第五代移动通信(5G)网络建设和应用加速推进。到 2021 年 9 月,我国 5G 基站数量超过 100 万个,占全球总数的 70% 以上。宽带用户普及率明显提高,光纤用户占比超过 94%,移动宽带用户普及率达到 108%,互联网协议第六版(IPv6)活跃用户数达到 4.6 亿。数字经济总量的增长,带动了数字经济技术创新能力的提升。云计算既是数字经济发展的新基础设施,也是社会信息化建设的算力基础。近年来,我国云计算快速发展,云计算市场迅速扩张,公有云市场规模由 2016 年的 170.1 亿元上升至 2020 年的 900.6 亿元;私有云市场规模由 2016 年的 344.8 亿元上升至 2020 年的 791.2 亿元(张鹏飞和李勇坚,2021)。公有云市场发展尤其迅速,2016 年公有云市场规模还只有私有云市场的一半,2019 年公有云市场规模已经超越私有云市场。

2. 产业数字化转型稳步推进

农业数字化全面推进,服务业数字化水平显著提高,工业数字化转型加速,工业企业生产设备数字化水平持续提升,更多企业迈上"云端"。根据《中国数字经济发展白皮书(2021年)》,"十三五"期间我国农业数字化转型稳步推进,制造业数字化转型持续深化,服务业数字化发展进入快车道。2020 年,我国规模以上工业企业生产设备数字化率达 49.4%,新增上云企业超过 47 万家,网上零售额达 11.76 万亿元,连续 8 年居世界第一。

3. 新业态新模式竞相发展

数字技术与各行业加速融合,电子商务蓬勃发展,移动支付得到广泛普及,在线学习、远程会议、网络购物、视频直播等生产生活新方式得到加速推广,互联网平台日益壮大。根据 CNNIC 发布的第 54 次《中国互联网络发展状况统计报告》,我国网民规模近 11 亿,各种消费互联网应用的用户数量快速增长。网络购物用户规模达 8.12 亿,渗透率达到 80.3%(李勇坚,2021)。依托庞大的用户规模,我国消费互联网快速增长,新业态新模式竞相发展。2023 年,全国网上零售额 15.4 万亿元,比 2022 年增长 11.0%,增速加快 7.0 个百分点,其中,实物商品网上零售额增长 8.4%,增速高于社会消费品零售总额 1.2 个百分点;电子商务市场规模再创新高,全国电子商务平台交易额 46.8 万亿元,按可比口径比 2022 年增长 9.4%;跨境电商进出口总额 2.38 万亿元,增长 15.6%,其中,出口 1.83 万亿元,增长 19.6%。而且,我国消费互联网的商业模式创新也快速演进,为数字经济发展提供了新动力。

4. 数字政府建设成效显著

一体化政务服务和监管效能大幅度提升,"一网通办""最多跑一次""一网统管""一网协同"等服务管理新模式广泛普及,数字营商环境持续优化,在线政务服务水平跃居全球领先行列。

5. 数字经济国际合作不断深化

《二十国集团数字经济发展与合作倡议》等在全球赢得广泛共识,信息基础设施互联互通取得明显成效,"丝路电商"合作成果丰硕,我国数字经济领域平台企业加速出海,影响力和竞争力不断提升。

4.5.2 中国数字贸易发展概况

伴随着国内电子商务和数字经济共同发展,中国数字贸易发展势头非常快。尤其近年来,顺应全球经贸形势发展的需要,中国的对外开放进程持续不断推进,对数字贸易的重视程度也在不断增加。

2023年我国数字贸易净出口额达到474亿美元,同比增长11.1%。这一增长不仅体现了我国数字贸易的稳步增长,也反映了我国在全球数字贸易领域的影响力不断提升。具体到数字贸易的发展特点,可以归纳为以下几点:

第一,规模保持较快增长。2023年以来,中国的数字贸易规模保持较快增长,可数字化交付的服务进出口规模达到了1.42万亿元,同比增长3.7%,创历史新高。跨境电商进出口额达到1.22万亿元,增长10.5%,对贸易高质量发展的支撑作用不断增强。

第二,产业基础不断夯实。数字经济保持稳健增长,中国数字经济核心产业增加值占GDP比重达到了10%。同时,中国网民规模和互联网普及率分别达到了10.92亿和77.5%。云计算市场规模达到了6 165亿元,增长了35.5%。数据要素市场日趋活跃,为数字贸易改革创新发展奠定了坚实的基础。

第三,竞争实力显著提升。随着"云端经济"生态的形成,服务外包新业态、新模式不断涌现。离岸服务外包执行额达到1 513.6亿美元,自主研发游戏海外销售收入达到166.7亿美元,多款头部游戏在海外广受认可。网络文学生态出海格局初步形成,海外访问用户约为2.3亿人。

第四,国际市场占有率提升。2023年我国数字服务出口总值占全球4.9%,相比2019年上升了1.6个百分点。这一提升反映了我国在全球数字服务贸易中的重要角色和贡献。

第五,跨境电商重回正增长。跨境电商进出口规模达到了2.38万亿元,同比增长15.6%,占全国货物贸易进出口总值的5.7%。这一数据体现了跨境电商在推动数字贸易发展中的重要作用。

本章小结

全球数字经济蓬勃发展,越来越影响经济社会生活的方方面面。数字经济与贸易已经成为主要国家加快经社会转型的重要选择,各国社会都在加快推动数字经贸的发展。

美国数字经济规模在全球处于绝对领先地位。美国数字贸易及相关基础设施产品和服务同样全球领先,对其服务贸易、出口和就业做出了巨大的贡献。相比来看,欧盟在数字经济领域的表现并不算亮眼,欧盟数字化转型仍然面临一系列阻碍和困难;在发展数字贸易方面,欧盟委员会致力于消除数据本地化壁垒,把数字贸易作为欧盟经济发展的重要战略任务之一。日本的数字贸易发展也非常迅速,在亚洲乃至全球跨境电子商务市场上占有一定的比重,数字贸易也在日本产生了可观的经济效益。韩国高度重视数字经济发展,从第四次工业革命开始,对数字基础设施建设持续发力,为数字经济发展打下良好的基础;在新兴经济体中,韩国的数字贸易发展程度比较高,数据监管方面的政策也比较严格。

我国数字经济从消费互联网开始发展,利用庞大的网民基础以及数字经济的效率优势,在应用技术、商业模式等方面不断创新,在提升经济效率、推动社会及治理数字化等方面正在发挥巨大的作用;伴随着国内电子商务和数字经济共同发展,我国数字贸易发展势头非常快。顺应全球经贸形势发展的需要,中国的对外开放进程持续不断推进,对数字贸易的重视程度也在不断增加。

思考题

1. 概述全球数字经济发展呈现的特点。
2. 简述美国数字经济发展经历的几个阶段。
3. 试分析欧盟数字化进程所面临的挑战。
4. 简述日本致力于发展数字经济的动因。
5. 简述"十三五"时期我国数字经济发展取得的成绩。

参考文献

1. 曹宗平,黄海阳.中国数字贸易发展的协同关系与路径探索[J].华南师范大学学报(社会科学版),2022(01):130-140+207.
2. 褚晓.美国数字经济发展历程及对我国数字经济发展的启示[J].新经济导刊,2022(03):69-75.
3. 鼎韬产业研究院.美国推动数字贸易发展的成功启示[EB/OL].[2022-08-18].https://mp.weixin.qq.com/s/Jr2Zu5SuycBqx9fRXXkTZA.
4. 樊慧霞,张艺川.数字经济时代居民消费模式跃迁与税收政策选择[J].地方财政研究,2021(12):41-48.
5. 国务院关于印发"十四五"数字经济发展规划的通知[N].中华人民共和国国务院公报,2022(03):5-18.
6. 蓝庆新,窦凯.美欧日数字贸易的内涵演变、发展趋势及中国策略[J].国际贸易,2019(06):48-54.
7. 蓝庆新.数字经济是推动世界经济发展的重要动力[J].人民论坛·学术前沿,2020(08):80-85.
8. 李勇坚.我国数字经济发展现状、趋势及政策建议[J].科技与金融,2021(11):24-33.
9. 孙毅.数字经济学[M].北京:机械工业出版社,2021.
10. 田正.日本数字经济发展动因与趋势分析[J].东北亚学刊,2022(02):26-35+146.
11. 谢谦,姚博,刘洪愧.数字贸易政策国际比较、发展趋势及启示[J].技术经济,2020

(07):10-17.

    12. 余振.全球数字贸易政策：国别特征、立场分野与发展趋势[J].国外社会科学,2020(04):33-44.

    13. 张鹏飞,李勇坚.我国数字经济现状及发展趋势[J].中国国情国力,2021(08):10-13.

    14. 张先锋等.数字贸易[M].合肥：合肥工业大学出版社,2021.

    15. 张雪春,曾园园.美国数字贸易现状与中美数字贸易关系展望[J].南方金融,2022(04):3-13.

第5章 数字贸易国际规则体系

5.1 多边框架下的数字贸易规则(WTO)

WTO是负责制订和维护国际贸易规则的最主要国际组织,在数字贸易国际规则制订中扮演了重要角色。WTO对数字贸易规则的讨论通常在电子商务框架下进行,并未严格区分"电子商务"和"数字贸易"的概念(岳云嵩和霍鹏,2021;王慧敏和牛国良,2021)。

5.1.1 谈判进展情况

截至2020年7月,新增7个参与谈判成员,共83个WTO成员(含欧盟27个成员国)加入电子商务谈判。参与谈判成员的经贸体量足以主导国际经济秩序,合计GDP在世界总量中的占比为90.1%,货物出口和进口占比分别为90.9%和89.5%,服务出口和进口占比分别为90.5%和88.9%。从结构上看,参与谈判的发达经济体和非发达经济体数量大体平衡,有38个发达经济体和45个非发达经济体。截至2020年7月,WTO已收到27个成员国的59份提案,其中,公开提案43份,非公开提案16份;涉及规则提案52份,礼节性来文7份。从提案来源看,发达经济体提交提案的比率更高,非发达经济体提交的数量更多,33个发达经济体提交了22份涉及具体规则提案,21个非发达经济体提交了34份涉及具体规则的提案。

5.1.2 谈判议题分析

WTO谈判涵盖议题可归结为数据流动与管理、数字贸易相关税收、知识产权保护、市场开放与公平竞争、数字治理与网络安全、配套制度、发展合作七个方面的数十个议题,见表5-1。

表5-1 WTO中有关数字贸易规则的议题

	分 类	议 题	意 义
1	数据流动与管理	跨境数据流动、数据存储本地化限制、个人隐私保护、政府数据开放	数字贸易开展重要基地
2	数字贸易相关税收	国际:电子传输免税、微量允许 国内:数字服务税	平衡与协调数字贸易
3	知识产权保护	版权和专利保护、商业秘密保护、源代码和专有算法非强制披露	保护贸易主体的产权

续　表

	分　类	议　题	意　义
4	市场开放与公平竞争	市场准入、互联网开放、网络中立原则、技术标准壁垒、政策透明度	扩大数字贸易开放、竞争
5	数字治理与网络安全	消费者权益保护、非应邀电子信息、互联网中介责任、平台垄断、网络安全、监管合作等	化解数字贸易的负面影响
6	配套制度	简化边境措施、无纸化贸易、电子签名和认证、电子发票、改善数字基础设施、可互操作性	提供必要政策协调和支持
7	发展合作	弥合数字鸿沟、资金和技术援助、政策灵活性	帮助落后国家发展数字贸易

资料来源：岳云嵩和霍鹏(2021)。

5.1.3　WTO 电子商务谈判博弈焦点

1. 数据要素之争

数据要素之争的关键问题是"数据是否可以跨境流动""数据是否可以在境外存储、处理""出境数据使用应该受到哪些限制"等，即境外企业是否有权获取、加工和使用本国数据。根据各方规则主张差异，可以将谈判成员分为三个阵营。一是美国，单方面强调跨境数据流动，无视他国数据监管治理诉求。美国指出，鉴于跨境数据流动推动各个产业增长和带来巨大的经济收益，在国际贸易中的重要性日益显现，美国认为成员国不应该禁止、限制、歧视性地管理个人和企业跨境数据传输，同时没有提出明确的个人隐私保护主张。二是欧盟、日本等发达经济体和部分高收入发展中经济体，同时强调跨境数据自由流动和个人隐私保护问题，力图寻找两者间的平衡。欧盟提案反映了其高自由和严治理的双重特点，主张成员国应确保跨境数据流动，不应对数据的存储、处理设备和所在地施加本地化限制，但是协定内容不能限制成员国采取适当措施保护本国公民的个人资料和隐私。日本、加拿大、新加坡、巴西等国对跨境数据自由流动和存储本地化限制方面的主张与欧盟基本一致，不过均加入了监管要求。三是中国、乌克兰、阿根廷等发展中经济体，没有提及跨境数据流动，或仅强调相关个人隐私保护。中国提案肯定了跨境数据流动对贸易发展的重要意义，但是认为数据问题过于敏感和复杂，需要进行更多的探索性讨论，以使各成员国能充分理解问题的内涵与影响。

2. 市场空间之争

市场开放谈判的目的是解决"开放什么产业""什么时候开放""如何开放"，开放的核心议题主要涉及市场准入以及相关的网络开放、技术和标准对接等非关税壁垒。从提交的提案来看，不论是发达经济体还是发展中经济体都不同程度地提到了准入和开放问题，但是规则偏向有一定差异。发达经济体和高收入经济体更关注电信和计算机服务的开放承诺。美国、欧盟和日本的提案均指出，各国应将旧的分类和承诺扩展至新的技术领域，从而构建一个可预测、有利于数字贸易发展的商业环境。非发达经济体更关注开放政策的灵活性和包容性。例如,阿根廷、哥伦比亚和哥斯达黎加的联合提案指出,谈判不是为了全面讨论市场准入问题,而是通过聚焦部分具体问题的讨论,扩大与电子商务直接相关的货物和服务贸易规模;巴西的提案指出,市场准入应具有充分的灵活性,如开放部分领域和设定开放时间表等,确保发展中国家和最不发达国家能更好地参与谈判进程;科特迪瓦的提案指出,全面开放将使得发展中国家新兴产业难以发展,适当的保护必不可少,应允许发展中国家自由选择市场开放程度,或以时间表的方式逐步开放。

3. 监管治理之争

数字贸易发展给传统外贸监管带来前所未有的挑战。从监管对象看,通过网络跨境交付的无形数字化要素和商品正成为新的监管重点(岳云嵩和霍鹏,2021)。在服务贸易领域,具有广域、匿名、即时、交互等特点的数字服务贸易对传统服务贸易监管带来新的挑战。从监管主体看,仅依靠海关监管已无法满足数字贸易发展需求,亟待引入新的监管机构,如跨境数据流动监管、跨境数字内容审核等问题的管理部门。从监管范围看,外贸监管可能从国境内扩展至其他国家。总之,监管对象、主体、范围的变化导致了复杂的国际间政策、法律、标准等的协调问题,各国均希望尽可能掌控更多的数字贸易监管权。

4. 技术发展之争

从规则角度看,技术发展之争很大程度源于知识产权保护制度设计中技术领先者产权保障与技术后发者创新权利的冲突,有两个议题被提出。一是源代码、专有算法和商业秘密的保护。在该项议题上,美国、欧盟、日本、加拿大、新加坡等国的提案指出,各国不应将分享或转让技术、源代码、专有算法、商业秘密作为市场准入的条件,否则可能导致企业关键技术流向竞争对手,加大数字贸易商业模式的风险。二是加密技术的选择。在该议题上,日本提案将"禁止使用包括加密技术等特定技术"作为知识产权议题的子项之一,认为企业使用限定的加密技术可能加剧安全风险;美国提案认为,加密技术关系数字安全问题,限制企业使用或强制执行特定国家的加密标准可能会严重阻碍数字贸易。

5. 收益分配之争

从贸易规则视角看,税收政策可以直接影响数字贸易的收益分配,以及间接地通过价值链分工分配关系产生影响。根据各经济体税收规则主张差异,可以将其分为三类。第一类主张免征电子传输关税和数字服务税。美国是这类主张的主要代表,中国可能也较倾向于该方案。美国在提案中指出,免征电子传输关税对于数字产品和服务贸易具有重要意义,有利于图书、音乐、游戏、视频和应用程序等数字产品克服贸易壁垒,主张建立永久免征电子传输关税的贸易规则。中国在税收规则方面的立场与美国较为相近,一方面表示各成员国应在下一届部长级会议之前继续暂停征收电子传输关税;另一方面未明确提及国内税或数字服务税,这与中国国内大型互联网企业的快速发展不无联系。第二类主张免征电子传输关税和征收数字服务税。代表性经济体包括欧盟、加拿大、新西兰、新加坡、巴西和乌克兰。以上经济体提案指出,将电子传输免征关税的暂停令永久化有利于为企业和消费者创造确定性和可预见的贸易环境,避免不必要的市场扭曲、贸易转移,促进全球电子商务开展;同时,其中多个经济体强调和希望明确免征电子传输关税不影响成员国征收国内税和相关费用的权利,即可以理解为征收数字服务税的权利。第三类主张征收电子传输关税和数字服务税。代表性经济体主要是印度、南非、印度尼西亚等发展中国家。在数字服务税议题上,2020年以来印度和印度尼西亚先后发布了本国数字服务税政策。

5.2 区域贸易协定下的数字贸易规则(RCEP)

RCEP中与数字贸易相关的章节包括:第8章附件1金融服务、附件2电信服务,第10章投资,第11章知识产权,第12章电子商务,第14章中小企业。数字贸易规则主要体现在第12章电子商务,其余章节涉及的数字贸易规则相对较少(见表5-2)。数字贸易相关内容主要包括:数字贸易便利化,如无纸化贸易、电子认证和电子签名、数字关税等;数据安全与网络安全,如计算设施的位置、数据跨境流动、个人隐私保护、网络安全等;促进中小企业和民众数字参与程度,如线上消费者保护、中小企业合作等。

表5-2 RCEP涉及数字贸易的章节

RCEP章节	条款
第12章 电子商务	12.1定义,12.2原则和目标,12.3范围,12.4合作,12.5无纸化贸易,12.6电子认证和电子签名,12.7线上消费者保护,12.8线上个人信息保护,12.9非应邀商业电子信息,12.10国内监管框架,12.11海关关税,12.12透明度,12.13网络安全,12.14计算设施的位置,12.15通过电子方式跨境传输信息,12.16电子商务对话,12.17争端解决
第8章附件1 金融服务	附件1.9信息转移与信息处理
第8章附件2 电信服务	附件2.4接入和使用,附件2.21技术选择的灵活性
第10章 投资	10.6禁止业绩要求
第11章 知识产权	11.15保护权利管理电子信息,11.55域名,11.75数字环境反侵权的有效行动
第14章 中小企业	14.3合作

资料来源:彭德雷和张子琳(2021)。

5.2.1 RCEP数字贸易规则旨在促进贸易便利化

1. 无纸化贸易、电子认证和电子签名

无纸化贸易是指基于电子通信进行的贸易,包括以电子形式交换与贸易有关的数据和文件。将纸质贸易文件数字化在一定程度上可以降低贸易成本和风险,减少文件的传输时间和海关清关时间,提高业务效率,促进中小企业更多地参与国际贸易。电子认证与电子签名具有法律效力,使得电子合同生效,提高了贸易的效率。

2. 数字关税

目前主要国家未在数字税征收的必要性方面达成共识。在实践中,各国独立确定是否征收数字税。例如,2020年8月,印度尼西亚要求其境内的外国电子商务平台缴纳企业所得税;2019年5月,马来西亚要求数字广告服务商缴纳相关税费。这可能会在一定程度上影响外商投资者的积极性。总之,RCEP关于禁止征收数字关税的规定在一定程度上促进了数字贸易的发展,而针对数字税的征收,目前世界主要国家并未达成共识。

3. 电子商务对话机制

RCEP在电子商务领域建立了一个利益相关方对话机制,把数字领域未达成的共识或较为重要的内容纳入其中,如数字产品待遇、源代码保护、金融服务数据跨境流动以及计算设施的位置等议题。

5.2.2 RCEP数字贸易规则注重数据安全与网络安全

1. 数据跨境流动

RCEP对数据跨境流动和金融服务数据跨境流动的规定类似,即必须是出于商业行为和日常营运的目的才能进行跨境传输,并且这两项条款考虑了各缔约方之间的监管差异,附加了监管机构可以出于基本安全利益或审慎原因对数据跨境流动加以监管等要求。可见,在数据跨境流动条款中,各缔约方仍然是以安全为首要原则。此外,可以跨境流动的数据类型也只是限定在日常商业数据。而金融服务所产生的数据,其敏感程度较高,往往涉及个人隐私、国家安全等,RCEP规定缔约方出于监管或审慎原因可要求金融服务提供者遵守数据管理等相关规定,且不得限制缔约方保护个人数据的权利。

2. 个人信息保护

个人信息保护是维持数字经济与贸易发展信任的关键。RCEP认识到法律是个人隐私保护的重要保障,要求各缔约方参考国际标准、准则等制定保护个人信息的法律框架。同时,该条款要求缔约方从个人和企业两个方面公布个人信息保护的相关信息,包括企业如何遵守法律要求的事前措施和个人如何寻求救济的事后措施。RCEP还规定企业应该公布其个人信息保护的政策和程序,向消费者表明该企业已经建立良好的数据管理规范。

3. 数据本地化

一些国家因重视数据安全等情况而采取数据本地化措施,这在一定程度上会增加贸易成本。RCEP充分考虑各国监管政策的差异,要求不得将数据存储本地化作为进入该国市场进行商业行为的条件,同时规定缔约方可以基于公共政策目标和安全利益强制数据存储本地化。

4. 网络安全

RCEP强调网络安全的重要性,建议加强各自国内的计算机安全主管部门能力建设和缔约方之间的合作。

5.3 中国在贸易协定中的数字贸易规则承诺

5.3.1 中国在 WTO 框架下的数字贸易规则承诺

中国主张在坚持多边主义、坚持发展导向、强调开放包容的原则上,推动构建新的全球性数字贸易规则。数字贸易规则的谈判以电子商务便利化、无纸贸易、电子认证为主要内容,以此提高政策透明度,推动建立规范便利、安全可信的电子商务交易和市场环境,从而解决数字鸿沟和促进中小企业融入全球价值链等问题。

2019 年 1 月 25 日,在瑞士达沃斯举行的电子商务非正式部长级会议上,中国和澳大利亚、日本、新加坡、美国、欧盟、俄罗斯、巴西、尼日利亚、缅甸等共 76 个世贸组织成员签署《关于电子商务的联合声明》(以下简称"声明"),确认将在世贸组织现有协定和框架的基础上,启动与贸易有关的电子商务议题谈判。声明强调谈判进程应是开放、透明、包容和非歧视的,将充分认识并考虑世贸组织成员在电子商务领域面临的独特机遇和挑战,鼓励所有成员参加谈判,从而为电子商务企业、消费者和全球经济带来更大利益。

2019 年 5 月 13 日,中国正式向世贸组织提交《中国关于世贸组织改革的建议文件》,提出世贸组织改革四个方面的重点行动领域:一是解决危及世贸组织生存的关键和紧迫性问题;二是增强世贸组织在全球经济治理中的相关性;三是提高世贸组织的运行效率;四是增强多边贸易体制的包容性。

5.3.2 中国在区域贸易协定中的数字贸易规则承诺

目前,中国与其他国家(地区)签订的自由贸易协定中,《中国-韩国自由贸易协定》《中国-澳大利亚自由贸易协定》包含了电子商务专章,主要内容如下。

1.《中国-韩国自由贸易协定》中的数字贸易规则

《中国-韩国自由贸易协定》自 2015 年 12 月 20 日正式生效,共 22 章,第 13 章为"电子商务"专章,包括 9 项条款。

第 1 条 总则

缔约双方认识到电子商务带来的经济增长和机会,促进电子商务应用和发展的重要性以及世界贸易组织(WTO)协定对影响电子商务的措施的适用性。

第 2 条 与其他章节的关系

若本章与其他章节有不一致之处,该处以其他章节为准。

第 3 条 海关关税

各缔约方将保持目前在世界贸易组织的做法,不对电子传输征收关税。

第 4 条 电子认证和电子签名

(a) 任何一方采纳或实施的电子签名法律,不得仅基于签名是电子形式而否认其法律效力。(b) 各缔约方实施的国内电子签名法律应允许:(i) 电子交易双方共同确定合适的电子签名和电子认证方法;(ii)电子交易中的电子认证机构有机会向司法或行政主管部门证明其对电子交易的电子认证符合法律对电子认证的要求。(c)各缔约方应努力使数字证书和电子签名互认。(d)各缔约方应鼓励数字证书在商业部门中的应用。

第5条 电子商务中的个人信息保护

各缔约方认识到在电子商务中保护个人信息的重要性,应采纳或实施措施以保证电子商务用户的个人信息得到保护,并就电子商务中的个人信息保护交流信息和经验(安娜,2020)。

第6条 无纸贸易

(a)各缔约方应努力将贸易管理文件以电子形式提供给公众。(b)各缔约方应探索接受以电子形式递交的贸易管理文件具有与纸质版文件同等法律效力的可能性。

第7条 电子商务合作

(a)缔约双方同意就电子商务相关问题交流信息和经验,包括法律与法规、规则与标准,及最佳实践等。(b)缔约双方应鼓励在研究和培训方面的合作,促进电子商务发展。(c)缔约双方应鼓励企业间的交流、合作活动和联合电子商务项目。(d)缔约双方应以合作的方式积极参与地区及多边论坛,以促进电子商务发展。

第8条 定义

(a)电子认证指在电子通信或交易中,为保障电子通信或交易的完整性和安全性,为电子签名相关各方提供真实性、可靠性验证的过程或行为。(b)电子签名指数据电文中以电子形式所含、所附于或与数据电文逻辑相关,可用于识别签名人与数据电文的关系并表示签名人认可其信息的数据。其中,数据电文指以电子、光学或者类似手段生成、发送、接受或者储存的信息。(c)贸易管理文件指在进出口货物贸易中,必须为进口商或出口商填报的由一缔约方签发或管理的表格。

第9条 争端解决不适用

对于本章下产生的任何事项,任何一缔约方不得诉诸本协定第二十章(争端解决)。

2.《中国-澳大利亚自由贸易协定》中的数字贸易规则

《中国-澳大利亚自由贸易协定》于2015年12月20日正式生效,共17章,第12章为"电子商务"专章,包括11项条款。

第1条 目的和目标

(a)双方认识到电子商务带来的经济增长和机遇、避免电子商务使用和发展壁垒的重要性以及相关世贸组织规则的适用性。(b)本章旨在推动双方之间的电子商务发展,包括通过鼓励电子商务合作的方式。(c)双方应努力确保通过电子商务进行的双边贸易所受的限制不超过其他形式的贸易。

第2条 定义

(a)"数字证书"是指为确定电子通信或交易相关方的身份而向其出具或与其关联的电子文档或文件。(b)"电子签名"是指采用电子形式、附着于或在逻辑上与数据电文相关的数据,该数据可用于鉴别和数据电文相关的签名人,表明签名人对数据电文所含信息的认可。(c)"文件的电子版本"是指一方规定的电子格式文件,包括通过传真传输的文件。(d)"个人信息"是指个人身份标识明显或可从中合理识别个人身份的信息。(e)"贸易管理文件"是指一方政府发布或管控的,必须为或由进出口商填写的与进出口货物有关的表格。(f)"贸易法委员会"是指联合国国际贸易法委员会。(g)"垃圾商业电子信息"是指未经接收者同意(包括接收者已明确拒绝或撤销同意)使用互联网传输服务或其他电信服务向电子地址发送的用于商业目的的电子信息(包括语音服务)。

第 3 条 关税

(a) 各方应以与世贸组织 2013 年 12 月 7 日部长决定《关于电子商务的工作计划》[WT/MIN(13)/32—WT/L/907]第 5 条相一致的方式,维持不对双方之间电子交易征收关税的做法。(b) 各方保留根据《关于电子商务的工作计划》的任何进一步的世贸组织部长决定,对本条第一款提及的做法进行调整的权利。

第 4 条 透明度

(a) 各方应立即公布,或者在公布难以操作的情况下立即让公众知晓所有关于或影响本章实施的普遍适用的相关措施。(b) 各方应对另一方提出的有关本条第一款意义下任何普遍适用措施的特定信息要求立即进行回应。

第 5 条 国内监管框架

(a) 各方应在《1996 年贸易法委员会电子商务示范法》的基础上维持电子交易监管的国内法律框架,并适当考虑其他相关国际标准。(b) 各方应:(i) 将电子商务的监管负担最小化;(ii) 确保监管框架支持产业主导的电子商务发展。

第 6 条 电子认证和数字证书

(a) 各方的电子签名法应允许:(i) 电子交易相关方共同决定符合其约定的电子签名和认证方式;(ii) 电子认证服务提供者,包括机构,向司法部门或行政机构证明其电子认证服务遵守法律中关于电子认证的规定。(b) 各方应致力于数字证书和电子签名的互认。(c) 各方应鼓励数字证书在商业领域的使用。

第 7 条 网络消费者保护

各方应尽可能以其认为合适的方式,为使用电子商务的消费者提供保护。这种保护至少与其法律、法规和政策下对其他商业形式的消费者提供的保护相当。

第 8 条 在线数据保护

(a) 各方仍应采取其认为合适和必要的措施,保护电子商务用户的个人信息。(b) 在制定数据保护标准方面,各方应在可能范围内考虑国际标准和相关国际组织的标准。

第 9 条 无纸贸易

(a) 各方应接受贸易管理文件的电子版本和纸质文件具有同等法律效力,除非:(i) 有相反的国内或国际的法律要求;(ii) 如此操作将降低贸易管理过程的有效性。(b) 双方应在双边和国际场合开展合作,以提升贸易管理文件电子版本的接受程度。(c) 在提出使用无纸贸易的倡议时,各方应尽力考虑国际组织已达成一致的方式。(d) 各方应努力使公众可获得所有贸易管理文件的电子版本。

第 10 条 电子商务合作

(a) 各方应鼓励开展研究和培训活动的合作,以推动电子商务发展,包括分享电子商务发展的最佳实践。(b) 各方应鼓励开展促进电子商务的合作活动,包括将提升电子商务有效性和效率的合作活动。(c) 本条第一和第二款中提及的合作可以包括但不限于:(i) 分享关于管理框架的信息;(ii) 分享关于网络消费者保护的信息,包括垃圾商业电子信息;(iii) 双方商定的更多领域。(d) 双方应努力采用基于现有国际合作倡议的非重复的合作形式。

第15章《争端解决》的规定不得适用于本章规定。

3. 丝路电商-电子商务合作备忘录

"丝路电商"是支撑"一带一路"倡议发展的优先方向,是助推"一带一路"建设全局化、深入化、规范化发展的重要举措。为推动贸易畅通,中国深入推动"丝路电商",与更多有意愿的国家签署电子商务合作备忘录,帮助相关国家发展电子商务与数字经济(张英和马如宇,2019)。

2017年11月10日,中国与柬埔寨签署《中华人民共和国商务部和柬埔寨商业部关于电子商务合作的谅解备忘录》。根据该备忘录,中柬双方将在业已建立的全面战略合作伙伴关系,特别是在"一带一路"倡议和柬埔寨政府"四角战略"框架下,加强政策沟通、企业合作、能力建设、人员培训和联合研究等电子商务领域的交流与合作。

2017年11月27日,中国与爱沙尼亚签署《关于电子商务合作的谅解备忘录》。双方将在中国-爱沙尼亚双边经贸混委会框架内建立电子商务合作机制,加强政策沟通,鼓励两国企业通过电子商务推广各自的优质特色产品,并积极支持专业人员培训、分享最佳实践和创新经验等方面的电子商务合作,提高中国与爱沙尼亚的经贸合作水平。

2018年4月9日,中国与奥地利签署了《关于电子商合作的谅解备忘录》。中奥双方将共同为电子商务创造良好的发展环境,定期开展政府层面对话,促进地方合作和公私对话,支持两国企业开展电子商务项目合作,特别是通过电子商务促进优质产品及服务的进出口贸易,鼓励双方研究机构、行业组织、企业等开展对接,通过电子商务开拓中奥经贸合作新途径和新领域,不断提高贸易便利化程度和合作水平,进一步推动双边经贸关系持续稳定发展。

2018年6月8日,中国与俄罗斯签署了《中华人民共和国商务部和俄罗斯联邦经济发展部关于电子商务合作的谅解备忘录》。中俄双方将建立电子商务合作机制,共同推进"丝路电商"合作。

2018年7月9日,中国与科威特签署了《中华人民共和国商务部和科威特国商工部关于电子商务合作的谅解备忘录》。中科双方将共同为电子商务创造良好的发展环境,定期开展政府层面对话,促进地方合作和公私对话,支持两国企业开展电子商务项目合作,特别是通过电子商务促进优质产品及服务的进出口贸易,通过电子商务开拓中科经贸合作新途径和新领域,不断提高贸易便利化程度和合作水平,进一步推动双边经贸关系持续稳定发展。

2018年7月20日,中国与阿联酋签署了《中华人民共和国商务部和阿拉伯联合酋长国经济部关于电子商务合作的谅解备忘录》。中阿双方将共同为电子商务创造良好的发展环境,利用电子商务开拓中阿经贸合作新途径和新领域。

2018年12月3日,中国与巴拿马签署了《中华人民共和国商务部与巴拿马共和国工商部关于电子商务合作的谅解备忘录》。双方将建立电子商务合作机制,在政策沟通、企业对接、能力建设等方面加强合作,通过电子商务提升物流和旅游服务水平,共同加强"丝路电商"合作,进一步推动双边经贸关系持续稳定发展。

2019年3月23日,中国与意大利签署了《中华人民共和国商务部和意大利共和国经济发展部关于电子商务合作的谅解备忘录》。双方将分享管理和政策制定的经验、推进地方合作和公私对话、开展联合研究和人员培训,鼓励企业开展电子商务交流和合作,共同提升旅游休闲业服务水平。

2019年7月31日,中国与哥伦比亚签署了《中华人民共和国商务部和哥伦比亚共和国贸易、工业和旅游部关于电子商务合作的谅解备忘录》。双方就分享管理和政策制定的经验、促进公私对话、开展联合研究和人员培训等方面达成共识,并鼓励企业开展电子商务交流和合作,通过电子商务推动各自国家的优质特色产品贸易发展。

本章小结

WTO是负责制定和维护国际贸易规则最主要的国际组织,在数字贸易国际规则制定中扮演的重要的角色。WTO谈判涵盖议题可归结为数据流动与管理、数字贸易、相关税收、知识产权保护、市场开发与公平竞争、数字治理与网络安全、配套制度发展合作七个方面的数十个议题。

RCEP中,数字贸易相关内容主要包括:数字贸易便利化,如无纸化贸易、电子认证和电子签名、数字关税等;数据安全与网络安全,如计算机设施的位置、数据跨境流动、个人隐私保护、网络安全等;促进中小企业和民众数字参与程度,如线上消费者保护、中小企业合作等。

中国在WTO框架下的数字贸易规则谈判议以电子商务便利化、无纸贸易、电子认证为主要内容,以此提高政策透明度,推动建立规范便利、安全可信的电子商务交易和市场环境,从而解决数字鸿沟和促进中小企业融入全球价值链等问题。中国与其他国家(地区)签订的自由贸易协定中,《中国-澳大利亚自由贸易协定》《中国-韩国自由贸易协定》包含了电子商务专章,对于电子商务合作、电子认证和数字证书等内容做出了规定。"丝路电商"是支撑"一带一路"倡议发展的优先方向,是助推"一带一路"建设全局化、深入化、规范化发展的重要举措。中国深入推动"丝路电商",与有意愿的国家签署电子商务合作备忘录,帮助相关国家发展电子商务与数字经济。

思考题

1. 简述WTO电子商务谈判博弈的焦点。
2. 概述中国在WTO框架下的数字贸易规则承诺。
3. 概述《中国-韩国自由贸易协定》数字贸易规则中有关电子认证和电子签名的内容。

参考文献

1. 安娜.区域贸易协定中的电子商务规则比较与中国的应对[D].广州:广东外语外贸大学,2020.
2. 彭德雷,张子琳.RCEP核心数字贸易规则及其影响[J].中国流通经济,2021(08):

18-29.

 3. 孙毅.数字经济学[M].北京:机械工业出版社,2021.

 4. 王慧敏,牛国良.WTO电子商务联合声明谈判:核心议题、分歧与对策[J].北方经贸,2021(11):17-19+23.

 5. 王亮.自由贸易协定中的电子商务条款研究[J].河南财政税务高等专科学校学报,2017(02):66-71.

 6. 岳云嵩,霍鹏.WTO电子商务谈判与数字贸易规则博弈[J].国际商务研究,2021(01):73-85.

 7. 张先锋等.数字贸易[M].合肥:合肥工业大学出版社,2021.

 8. 张英,马如宇.中国与"一带一路"沿线国家"丝路电商"建设的路径选择[J].对外经贸实务,2019(12):19-22.

第 6 章 数字经贸与跨国公司

6.1 全球投资概况

近年来,全球经济情势日益错综复杂且瞬息万变,不仅对于跨国公司的对外直接投资(Outward FDI, OFDI)行为及布局产生很大的影响,而且也影响各国吸引对外直接投资(Inward FDI, IFDI)的表现。同时,数字经济下,跨国公司不断寻求产品与技术的创新,其投资模式随数字技术的发展逐渐产生变化。

联合国贸易和发展会议(贸发会议)发布的《2023 世界投资报告》指出,在经历了 2020 年的急剧下降和 2021 年的强劲反弹之后,全球外国直接投资(FDI)在 2022 年下降了 12%,降至 1.3 万亿美元。放缓是由全球多重危机造成的:俄乌军事冲突、食品和能源价格高企以及债务压力。国际项目融资和跨境并购尤其受到融资条件收紧、利率上升和资本市场不确定性的影响。

2022 年外国直接投资流量的下降主要是由发达经济体跨国公司(MNEs)的融资交易造成的。这些国家的外国直接投资下降 37%,至 3 780 亿美元。实际绿地项目和项目融资数量增加了 5%。

在发展中国家,外国直接投资增加了 4%,达到 9 160 亿美元,占全球流量的 70% 以上。发展中国家绿地投资项目数量增加了 37%,国际项目融资交易增加了 5%。这对工业和基础设施投资前景而言是一个积极信号。

发展中国家的外国直接投资增长并不均衡,大部分增长集中于几个大型新兴经济体。

(1) 非洲的外国直接投资回落至 2019 年的 450 亿美元水平。绿地项目增加了 39%,国际项目融资交易增加了 15%。能源行业(包括采掘和发电)的增幅最大。

(2) 亚洲发展中国家的外国投资流入量持平,为 6 620 亿美元,仍占全球外资流入的一半以上。印度和东盟是最活跃的接收国,分别增长了 9% 和 5%,项目公告数量也出现了强劲增长。作为全球第二大外国投资接收国,中国的外国投资增长了 5%。

(3) 流入拉丁美洲和加勒比地区的外资增加了 51%,达到 2 080 亿美元,是有记录以来的最高水平。高企的大宗商品价格推高了外国子公司在采掘业的收益再投资。该地区外资项目温和增长,绿地项目数量增加 14%,国际项目融资交易有所减少。

(4) 流向结构薄弱和脆弱经济体的外国直接投资下降。尽管发展中国家的外国直接投资总体上有所增加,但对于 46 个最不发达国家的外国直接投资却下降了 16%,降至 220 亿美元,不到全球外国直接投资的 2%。最不发达国家的绿地项目总数在 2020—2021 年下降后有所回升,但仍远低于 10 年平均水平。内陆发展中国家和小岛屿发展中国家的外国直接投资略有增加。

6.2 数字跨国公司

6.2.1 数字经济下跨国公司国际投资特征

跨国公司全球价值链的数字化、智能化对跨国企业商业模式及国际投资路径产生了深刻影响。跨国公司的国际投资呈现六大新特征。

1. 轻(海外)资产化

理论上,跨国企业价值链的数字化以及在线市场的广泛使用都可以降低跨国企业海外投资强度。一方面,全球价值链不断数字化、服务化,并将全球价值链更多的非核心环节外包,减少了对外投资的需要;另一方面,随着在线市场的加速发展,数字化跨国公司可以直接在线上销售给消费者,而不用像传统跨国企业那样需要通过市场寻求型 FDI(如建立自己的海外销售网络)出售产品及服务。这些企业不需要大量大型的海外分支机构。特别是在规模较小的市场中,它们通常仅设立代表处即可满足业务需要,以减少资本支出、减轻税负、节省费用。也就是说,数字化企业能以更少的资产和海外员工进军国外市场,海外资产占比下降。在一定程度上,跨国企业全球价值链的数字化削弱了海外生产经营活动(销售额)与海外资产的联系。在联合国贸发组织评选出的全球跨国企业百强中,数字经济科技企业的海外资产与总资产、海外资产份额与海外销售份额的比率都大大低于传统跨国企业。其中,数字经济跨国企业海外资产份额与海外销售份额的比率为 1:1.8,而传统跨国企业该比率约为 1:1。

跨国企业的生产经营越依赖于互联网,就越能利用较少的海外资产获得较高的销售份额。这不仅适用于大型跨国企业,也普遍适用于中型甚至小型跨国企业。例如,在数字经济领域的跨国企业中,互联网平台企业数字化程度最高,其海外资产份额与海外销售份额的比率都不高于40%,大多数不超过20%,海外资产与海外销售的关系基本上被完全打破。在汽车业、飞机制造业以及其他数字化程度较高的高端制造业,上述比率也低于1:1,而且呈下降趋势。这些都表明,价值链的数字化导致跨国企业更多的资产集中于母国,总部协调功能在加强,海外投资强度在下降。

2. 轻就业、高技能化

数字化及智能化对就业的影响备受关注。一方面,数字化、智能化以及生产率的提高将导致劳动力减少;另一方面,数字经济的兴起也会创造更多的就业机会。实际情况往往比较复杂。联合国贸发组织的数据显示,在 2010—2015 年,电信企业与传统的跨国企业就业量保持平稳,总体上与资产及营业收入的增长保持一致。这表明数字化并未对上述两类企业的就业造成较大影响。数字经济科技企业的就业人数年均增长5%,与其营业收入增长基本同步,但显著低于资产的增长(年均11%)。

这表明,尽管科技企业创造了更多的就业机会,但就业的增长明显落后于资本的增长。同时,科技跨国企业的资本结构也在发生重要的变化,无形资产及流动资产占比明显高于传统跨国企业。在全球跨国企业百强中,大型科技企业的平均市值大约是其他跨国企业的3倍多。但这些企业的高市值很大程度上归因于企业巨大的无形资产价值,如品牌、先进技术与知识产权等。这些科技企业的无形资产与其资产账面价值不相上下,而其他跨国企业的无形资产平均仅占其资产账面价值的40%。科技跨国企业资产结构的另一个显著特征是现金与准现金的占比很高,平均为总资产账面价值的28%,是其他跨国企业现金占比的3倍多。可以看出,科技型跨国企业资产构成的重心越来越转向无形资产和流动资产,而这些资产创造的就业机会较少,且主要集中在高技能岗位。

数字经济领域FDI创造就业的强度相对下降,并不表明这些投资对东道国已经不那么重要。正好相反,数字经济领域的FDI(包括数字化、智能化、自动化方面的投资及相关技术)对传统产业的升级改造以及国际竞争力的提升至关重要,因此对带动、保有传统产业的就业起到不可或缺的作用。否则,在跨国企业全球价值链日益灵活的情况下,东道国的传统产业会失去竞争力或转移到其他国家或地区。

3. 区位决定因素变化

数字化跨国企业资产配置的上述转变——资产重心由固定、有形资产转向无形、流动资产,标志着企业价值来源发生了结构性转变。专利等知识产权及其他无形资产在新一轮产业革命中日益成为企业创造价值增值的重要来源,劳动力、土地(包括自然资源)等传统生产资料的重要性相对降低。

在此背景下,传统FDI的动因被削弱。在一些情况下,企业国际化带来的好处可能不足以补偿对外投资增加的成本(包括区位成本、协调治理成本等)。这主要影响效率寻求型FDI,如受劳动力成本或贸易成本降低而驱动的FDI,市场寻求型FDI也会受到一定影响,知识寻求型FDI以及金融与税收驱动的FDI则更加重要。

与传统类型的FDI相比,数字化跨国企业国际投资的路径发生了明显的变化。传统跨国企业的投资模式以高资本支出、高固定成本、高负债、低流动性为特征,而数字经济跨国企业的国际投资模式正好相反,其主要特征是低海外资本支出、高流动成本、低负债、高流动性。在数字化跨国企业对外投资中,构成数字经济底层基础构架的数字技术(信息、通信、互联网、物联网、人工智能等)、数据(数据资产、数据安全、数据产权等)以及相关战略性资产(人才、创新、研发能力)和基础设施的质量,对国际投资流动的方向发挥着日益重要的作用。在数字经济中,数据成为新的生产要素,数字技术及基础设施的重要性日益显著,土地、人力和资金等传统生产要素的投资区位决定作用相对下降。各国在全球价值链以及吸引外资方面的竞争力日益取决于其新兴技术的实力。

4. 服务业投资比重上升

与跨国企业价值链不断服务化相关联的一个趋势是,服务业在全球FDI中的比重不断上升。在全球跨国企业百强(未包括跨国银行)中,服务业企业的数量稳步增长,已近1/3;而制造业企业数量明显减少。此外,百强中服务业跨国企业的国际化指数(TNI)的提升也明显高于制造业及第一产业的跨国企业。服务业地位显著提升,虽有服务业放松管制的原因,但数字、信息和通信技术的兴起以及传统产业全球价值链不断服务化也是重要的因素。目前,服务业约占全球外国直接投资存量的2/3。随着全球价值链数字化加速,服务业在全球FDI

的比重将进一步上升。

值得注意的是,由于全球对外投资统计的产业分类是基于海外子公司的经济活动,而不是母公司所属行业,因此服务业对外投资的流量及存量数据可能被高估,即一些制造业跨国企业在服务领域的对外投资也被计入了服务业的对外投资。这从另一个侧面显示了制造业服务化趋势。

5. 非股权投资日益重要

数字化全球价值链日益服务化,还意味着跨国企业在生产经营活动中更多地利用非股权投资方式,如协议生产、服务外包、订单农业、特许经营等。股权投资需求减少,非股权投资需求增加。目前,每年全球非股权投资方式涉及的跨境交易已经超过2万亿美元,相当于全球跨国公司海外分支机构年销售额的1/3。非股权经营方式已经成为西方跨国企业进入全球市场的重要方式。特别是在一些较敏感的行业,如农业生产、高科技产业研发等,非股权投资方式更为普遍。此外,非股权投资方式也成为跨国企业规避日益增长的地缘政治风险和投资保护主义的重要途径。数字经济的发展将推动非股权投资进一步加速。

6. 全球布局更加灵活,全球价值链出现"分解"或"区域化"倾向

跨国公司全球价值链的数字化、智能化、服务化以及供应链的缩短,其价值链全球布局变得更加灵活,生产经营更贴近最终市场,市场反应更加灵敏。与此同时,产出及投入都容易出现更大的波动,产业链的复制以及在各国之间的转移也将更加容易。这些新的趋势,加上全球保护主义抬头以及政策、地缘政治风险不断上升,导致跨国企业全球价值链出现"分解"(disintegration)或"区域化"倾向,以更贴近目标市场,同时降低风险。这一动向令人关注。

总之,全球价值链数字化不仅影响下游的销售等功能,还影响着研发、采购和生产过程。全球价值链的部分环节或整体是数字化的,或正在由实体向数字化转变。在此背景下,传统的外国直接投资的动因被削弱。其中,受影响最大的是效率寻求型外国投资,如受低劳动力成本或低贸易成本驱动的外国投资。而其他类型的外国投资更加重要,包括知识技术导向型外国投资。但相对于传统的外国投资,这些投资涉及的实体性、生产性投资相对减少。数字化跨国企业海外生产经营出现低海外资产、低海外就业、高海外销售的倾向。

6.2.2 数字跨国公司的概念与分类

1. 数字跨国公司的概念

数字经济的兴起创造了大量的新业态和新型商业模式,对传统产业以及传统商业模式产生了深刻的影响。数字跨国公司作为一种新兴的商业现象,对全球经济的影响日益增强。

数字跨国公司是指以网络为基础,其运营模式、交付模式、营销模式等高度依赖数字技术驱动,海外资产比重相对较小而海外销售额较大、轻就业、高技能化、服务业投资占比较大,以非股权投资为主要国际市场进入方式,全球价值链数字化等是其主要特点的一种跨国企业。

2. 数字跨国公司的分类

联合国贸发会议《2017世界投资报告》指出,数字跨国公司(Digital MNEs)主要指提供软件与服务的科技跨国公司,差别在于科技跨国公司的产品运送仍以实体模式为主,数字跨

国公司则已转换为以网络(云端)为基础,并可划分为三大类。

第一类数字跨国公司主要是互联网平台和数字解决方案提供商。互联网平台通过互联网进行业务运营和交付,其运营和销售完全实现了数字化,属于"天生"的数字型企业,包括搜索引擎、社交网络(如 Facebook)和其他平台(如 Uber)等。数字解决方案提供商主要基于互联网进行运营和为数字创造条件提供支持,诸如电子化及数字支付运营商、云播放器和其他服务提供商等。这两种公司的业务运营基本在线上完成,所以可归入纯数字跨国公司。

第二类是混合型跨国公司,包括电子商务类和数字内容类。电子商务类数字跨国公司主要是指能促使商业交易实现的在线平台,包括网络零售商和在线旅行社,其交付可以是数字形式,也可以是实体形式,典型例子如 Amazon。数字内容类数字跨国公司主要是数字形式商品和服务的生产者和分销商,包括数字媒体(如视频和电视、音乐、电子书)和游戏以及数据和分析,数字内容可以通过互联网交付,也可以通过其他途径(如有线电视)交付。这两类共同特征是部分业务的实现主要依靠数字平台和线下辅助实现。

第三类是 ICT 跨国公司,主要提供数字基础设施产品和服务,如 NTT、Vodafone 等。值得一提的是,并非所有的数字公司都是数字跨国公司。一些大型数字公司(如百度和网易),其业务和经营范围高度集中在一个市场,国外业务相对较少,不具有跨国属性,并不能算真正的数字跨国公司。

6.2.3 数字跨国公司的投资现状

1. 跨国并购活跃,且以高科技与电信业为重点之一

跨国并购(cross-border acquisitions)是 FDI 主要模式之一。随着全球贸易与投资自由化发展,各国投资环境的改善,以及跨国公司经营策略的调整等,近年来跨国并购相当活跃。

跨国并购是全球并购市场重要的一部分,根据联合国贸发会议的统计资料,跨国并购金额已由 1991 年的 588.9 亿美元增加至 2021 年的 7 280 亿美元。近年来,全球企业并购的行业,多以高科技与电信产业、能源及电力、制造业等为主,其中高科技行业占比呈上升趋势,显示跨国公司不断寻求创新产品与专有技术的商机。此外,金融服务业、媒体及娱乐、医疗保健等也是跨国公司海外投资的主要目标。

2. 数字跨国公司以网络为基础挑战全球投资模式

过去数十年来,ICT 快速的发展,尤其在通信方面技术的进步,让跨国公司可以将其知识资本及专利技术(包含生产制程、R&D、设计、商标等)转移至国外的附属单位,进行远距离的跨国生产活动,或以外包方式降低其生产成本,并将产品卖到全世界,造就了 ICT 跨国公司与全球价值链的蓬勃发展。

近年来,物联网、大数据、云运算等网络相关技术的发展,不仅对全球跨国公司的营运及生产方式造成影响,而且还将挑战现有的企业投资模式。跨国公司可通过互联网,提供海外市场服务,而不需要到海外市场设立众多子公司或分支机构,即可赚取大规模的海外收益,如 Google、Facebook、Amazon 等。

联合国贸发会议于 2017 年 6 月发布的《数字化彻底改变全球投资模式》提及,数字跨国公司的扩张速度较其他跨国公司更快,短短几年内营运规模大幅成长。此类跨国公司在投资与地域性上具有以下特色:

(1) 数字跨国公司虽只有40%的资产位于国外,但70%的销售额都来自海外,导致其在所投资的国家所能创造的工作机会相对减少;

(2) 数字跨国公司百强中有60多家来自美国,其次是英国和德国,这种集中于发达国家的现象在互联网平台中更加明显。

数字跨国公司以相对少的国外投资获得相对多的国外销售额,相较于传统跨国公司65%的资产位于国外与64%的销售额来自海外,数字跨国公司更多的是"轻资产"型。这表示其不必像其他跨国公司须实际到各国投资(设立研发、生产或销售部门)才能营运获利,加上缺乏地域多样性的特性,将使全球投资向发达国家集中。

3. 数字贸易成为推动跨国公司发展的新动力

随着区块链、人工智能、云计算等数字技术的深入应用和发展,叠加相关市场环境及贸易规则的变化,催生了一批具有全球影响力的数字贸易创新企业。数字贸易是新一轮全球竞争的焦点。近年来,中国正在把握数字技术革命与全球服务贸易发展形成的历史性交汇时机。2021年,商务部等24个部门制定的《"十四五"服务贸易发展规划》中,首次将"数字贸易"列入服务贸易发展规划,从顶层出发,明确了未来一个时期中国数字贸易发展的重点和路径。

对全球范围内开展数字贸易业务或推动全球数字贸易领域合作的平台及企业(主要聚焦零售、电商、IT软件及服务、科技、媒体等领域),福布斯中国从企业经营增长力、技术创新力、行业影响力三个维度进行综合评估,最终遴选出100家具有代表性的全球企业,发布了"2022全球数字贸易行业企业Top100"榜单(见表6-1、表6-2)。腾讯控股、阿里巴巴集团、蚂蚁集团、网易、新华三集团、京东科技、微众银行、米哈游等45家中国科技企业成功入选。

从行业分布来看,入选企业包含零售行业企业9家、电商行业相关企业22家、IT软件及服务行业企业24家、科技行业企业31家、媒体行业相关企业14家。IT软件及服务和科技行业入选企业总数超过半数,代表企业包括苹果、Alphabet、微软、Meta、Shein、连连数字、PingPong等,显示出数字技术对国内外数字贸易领域发展的核心驱动作用。

从地域分布来看,入选企业覆盖中国内地、中国香港、北美、欧洲、日本、印度等主要市场。其中,海外企业有55家,以美国企业为主导(36家),中国企业45家。

表6-1 2022全球数字贸易行业企业排行榜(上市企业)

序号	企业名称	总部所在地	行业
1	亚马逊	美国	零售
2	沃尔玛	美国	零售
3	家得宝	美国	零售
4	开市客	美国	零售
5	百思买	美国	零售
6	阿里巴巴集团	中国内地	电子商务

续 表

序号	企 业 名 称	总部所在地	行 业
7	京东	中国内地	电子商务
8	拼多多	中国内地	电子商务
9	Alphabet	美国	IT软件及服务
10	微软	美国	IT软件及服务
11	Meta	美国	IT软件及服务
12	IBM	美国	IT软件及服务
13	甲骨文	美国	IT软件及服务
14	SAP	德国	IT软件及服务
15	埃森哲	爱尔兰	IT软件及服务
16	Adobe	美国	IT软件及服务
17	印孚瑟斯	印度	IT软件及服务
18	腾讯控股	中国内地	IT软件及服务
19	百度	中国内地	IT软件及服务
20	网易	中国内地	IT软件及服务
21	苹果	美国	科技
22	三星集团	韩国	科技
23	思科系统	美国	科技
24	戴尔科技	美国	科技
25	惠普	美国	科技
26	小米集团	中国内地	科技
27	京东方	中国内地	科技
28	富士通	日本	科技
29	联想集团	中国香港	科技
30	科大讯飞	中国内地	科技
31	康卡斯特	美国	媒体
32	华特迪士尼	美国	媒体

续表

序号	企业名称	总部所在地	行业
33	Netflix	美国	媒体
34	派拉蒙影业	美国	媒体
35	Naspers	南非	媒体
36	分众传媒	中国内地	媒体
37	华数传媒	中国内地	媒体

表6-2 2022全球数字贸易行业企业排行榜(非上市企业)

序号	企业名称	总部所在地	行业
1	Shein	中国内地	电子商务
2	极兔速递	中国内地	电子商务
3	Faire	美国	电子商务
4	得物	中国内地	电子商务
5	车好多	中国内地	电子商务
6	白贝壳	中国内地	电子商务
7	Back Market	法国	电子商务
8	SSENSE	加拿大	电子商务
9	Meesho	印度	电子商务
10	Vinted	立陶宛	电子商务
11	Weee	美国	电子商务
12	Mirakl	法国	电子商务
13	Patpat	中国内地	电子商务
14	菜鸟网络	中国内地	物流
15	Lineage Logistics	美国	物流
16	Flexport	美国	物流
17	Instacart	美国	快递
18	Getir	土耳其	快递

续表

序号	企业名称	总部所在地	行业
19	Rappi	哥伦比亚	快递
20	The CrownX	越南	零售
21	Thrasio	美国	零售
22	蕉下	中国内地	零售
23	KK集团	中国内地	零售
24	华为	中国内地	科技
25	蚂蚁集团	中国内地	科技
26	Stripe	美国	科技
27	币安	/	科技
28	Databricks	美国	科技
29	微众银行	中国内地	科技
30	京东科技	中国内地	科技
31	Checkout.com	英国	科技
32	Revolut	英国	科技
33	Chime	美国	科技
34	Plaid	美国	科技
35	Brex	美国	科技
36	Ripple	美国	科技
37	Opensea	美国	科技
38	Rapyd	英国	科技
39	Klarna	瑞典	科技
40	万得	中国内地	科技
41	空中云汇	中国香港	科技
42	银联商务	中国内地	科技
43	连连数字	中国内地	科技
44	PingPong	中国内地	科技

续 表

序号	企 业 名 称	总部所在地	行　业
45	小红书	中国内地	IT软件及服务
46	新华三集团	中国内地	IT软件及服务
47	Klaviyo	美国	IT软件及服务
48	ConsenSys	美国	IT软件及服务
49	明略科技	中国内地	IT软件及服务
50	第四范式	中国内地	IT软件及服务
51	能链集团	中国内地	IT软件及服务
52	同盾科技	中国内地	IT软件及服务
53	盘石	中国内地	IT软件及服务
54	数梦工场	中国内地	IT软件及服务
55	观远数据	中国内地	IT软件及服务
56	珊瑚跨境	中国内地	IT软件及服务
57	抖音	中国内地	社交媒体
58	Clubhouse	美国	社交媒体
59	新潮传媒	中国内地	媒体
60	喜马拉雅	中国内地	娱乐
61	Patreon	美国	娱乐
62	米哈游	中国内地	游戏
63	Sky Mavis	越南	游戏

6.3　数字经贸对全球价值链的影响

6.3.1　全球价值链概述

跨国公司进行全球投资与生产,并将不同生产阶段的活动,包括R&D、原物料及设备采购、产品生产、运输、仓储、营销、服务等,分散在不同国家进行,创造附加价值,从而形成全球价值链。全球价值链发展与经济全球化的演进趋势息息相关,且与贸易和投资互动影响,促使各主要国际组织与学者纷纷进行相关研究。

全球价值链作为一门新兴理论,近年来已渐渐形成相对完整的理论体系,受到学术界或产业界相当的关注与重视。1985年迈克尔·波特教授在《竞争优势》一书中首次提出了价值链(value chain)的概念。他指出企业的价值创造过程主要通过基本活动(如生产、营销、运输和售后服务等)和支持活动(如原料供应、技术、人力资源和财务等),这一链条就称为价值链,即价值链聚焦于如何在每一个主要活动(primary activities)流程当中创造出更高价值,使得最终交到终端使用者手上的商品、服务具有最佳的价值,并且高于厂商实际用于生产、提供服务的成本。

其后,有多位学者,如Krugman(1995)、Gereffi(1999,2001)等,对波特的价值链概念加以应用。综合学者们的研究方向,主要集中在以下四个方面:(1)投入产出结构,主要研究从原材料到最终产品的转化过程;(2)地理区域,主要研究区域内国家间资源禀赋差异导致的价值链分割;(3)治理结构,主要研究价值链的控制;(4)制度因素,主要研究各国在不同时期的历史条件不同,形成的全球价值链也有所不同。

6.3.2 数字经济对全球价值链的影响

20世纪90年代以来,信息通信技术的飞速发展使得各国企业可借助电子邮件、移动电话、移动互联网、物联网等远程传达生产指令与数据信息,协调生产进度,并形成开放式创新环境下的跨国研发合作,进而使跨越国境的研发、生产分工、销售服务成为可能。在开放型经济体的开放型贸易政策背景下,贸易壁垒的下降进一步加速了国际分工的深化,全球跨区域范围、跨时空范围的资源配置已经成为现实。在数字经济时代,数字智能技术改变了全球价值链内各环节的生产与交易形式,对传统的全球价值链产生了重塑效应。具体而言,数字经济对全球价值链的影响过程与影响机制主要表现在三个方面(阳镇等,2022)。

第一,数字经济对全球价值链的成本节约机制。在数字经济时代,数字技术能够影响增加值分配以及增加值出口,提高商品与服务的标准化与信息化水平。主要表现在全球价值链的各个环节中,数字智能技术高度渗透于组织研发、设计、生产与销售以及品牌运营等各个分工环节,能够节省各个环节的交易成本以及实现诸如生产制造环节的智能化,降低劳动力成本以及增加服务端的增加值。具体而言,在数字智能技术影响下,在生产环节,生产设备与控制过程的全流程数字智能化实现标准化与个性化生产并存,范围经济效应与规模经济效应得以放大,依托于信息智能技术能够实现人力、物力与财力等各类资源的优化配置,最终带来企业参与全球价值链各个环节的成本降低效应。同时,在以全球价值链为基础的国际贸易中,由于地理距离、语言文化以及制度距离等多种障碍因素的存在,传统价值链传递过程中的交易与沟通成本较高,贸易规模受限。而数字经济时代的数字信息技术尤其是互联网平台导致传统贸易成本大幅降低,产业组织的多样化包络于数字贸易平台之中,这扩大了贸易的规模,降低了国别之间的贸易成本。

第二,数字经济对产业链的赋能与深度融合效应。数字经济时代不仅仅在微观企业层面体现为对企业生产与服务成本的降低以及贸易过程的成本降低,更体现在中观层面对产业链整体性的赋能与融合效应,通过重塑产业链内的分工逻辑以及运作模式实现产业间的功能互补与跨界协同,实现基于产业链的全球价值链的增值效应。具体来看,数字经济时代最突出的数字智能技术便是高度的融合特征催生出制造业服务化,数字产业与制造业的融合发展激活了产业内的分工效率以及技术创新效率,产业链各节点之间的高度协同以及不同产业链的高度协同导致产业附加值不断增加。尤其是制造业与服务业的边界日益模糊，生产性服务业在数字经济时代得以突飞猛进。数字信息技术使得传统产业链内的分工范围经济与规模经济并存，传统高度模块化与集成化的产业链能够分解为多个产业链，且分解与扩张边界主要是延伸出全新的创新生态，最终基于产业链的价值链得以增值。

第三，数字经济时代对出口增加值的放大效应。数字技术通过数据传输以及信息系统的标准化运作，大大提高了商品与服务过程中的标准化程度，并提高了全球贸易与全球产业分工过程中价值链的灵活性。例如，传统基于国际贸易的过程需要经过海关各类程序的审查，国际贸易的通关时间限制了整个价值链活动的传递效率，甚至一定程度上存在较大的人为交易成本。在数字互联网技术下，贸易过程能够实现线上与线下协同，各类审查能够通过数字平台被纳入统一的框架之下，实现审查的条块分割转向标准化与统一化。且在贸易的终端环节支付过程层面，数字技术能够实现贸易时间缩短、贸易过程效率改善以及弱化地理空间距离带来的不确定性，进而增强了增加值出口。总体来看，数字经济时代下的全球价值链相较于传统价值链在各个环节以及衍生的附加值效应方面都呈现出全方位的变化。

6.3.3 数字贸易对全球价值链的影响

伴随数字贸易的发展，全球正在进入数字贸易主导的全球化时代。只有深入剖析数字贸易发展对全球价值链重构的影响，并把握数字贸易时代全球价值链的变动轨迹，以中国为代表的新兴经济体才能抓住数字贸易时代的发展机遇，采取适合本国数字贸易发展的举措，推动实现全球价值链迈向中高端，提升未来在全球经济政治秩序中的话语权。

徐金海和夏杰长（2020）认为数字贸易发展对全球价值链重构的影响，体现为数字贸易发展推动数字产品嵌入全球价值链，改变了全球价值创造模式和全球价值链收入分配格局，形成了全新的价值链。

1. 数字贸易发展推动数字产品嵌入全球价值链

随着全球价值链时代的来临与深入发展，生产过程日益趋向分散化和碎片化，全球贸易量有近 2/3 是以中间产品贸易形式完成的。与此同时，现代数字技术在全球贸易中的广泛渗透，推动了数字贸易发展，最直接的体现是贸易方式和贸易对象的数字化。数字产品作为一种中间产品逐渐被嵌入全球价值链，参与全球的分工与利益分配，影响全球价值链的变动轨迹和位置提升，全球价值链治理结构和治理体系因此发生根本改变，从而推动全球价值链的转型重构，带来贸易、投资和产业转移效应。

值得注意的是，数字产品嵌入全球价值链带来的贸易、投资和产业转移效应包括两个方面。一方面，数字技术的发展会提升贸易效率，进一步降低不同国家之间分工协同的需求，从而缩短全球价值链长度，重塑全球生产过程，全球价值链会加速向发达国家转移，这个影响过程给不同国家或地区带来不同程度的影响。数字技术发展相对较落后的发展中国家在全球价值链中的位置可能会进一步降低，而具有数字技术优势的发达国家在全球价值链的位置会进一步提升，这会进一步加剧全球价值链的不平等。另一方面，数字技术带来的效率提升为中小企业参与全球价值链提供了可能，数字贸易发展不仅不会弱化全球价值链，反而会强化全球价值链。这为发展中国家的中小企业进一步融入全球价值链、参与全球数字化分工、实现跨越发展提供了机遇。面对数字贸易发展新趋势，发展中国家能否审时度势、因势利导，准确识别本国数字贸易发展的比较优势，就显得尤为关键。发展中国家应以比较优势为抓手，推动核心数字技术攻关与创新，将数字产品融入全球价值链，从而逐步改变在全球价值链中的低端困境。

2. 数字贸易发展改变了全球价值创造模式

数字产品嵌入全球价值链带来的贸易、投资和产业转移效应，会进一步改变全球价值创造模式。数字产品在全球价值链中创造的价值将会越来越多，在数字产品与服务生产居于核心地位的国家或地区也将获得绝大多数新创造的价值，从而形成改变全球价值链变动轨迹的一股力量，这会改变现有的全球价值链嵌入模式。然而，在全球价值链数字化转型的过程中，全球价值创造会变得越来越知识密集化，大部分价值将会凝结在数字产品和服务中，并参与全球分工与价值分配，产品的生产过程会逐渐变得高度标准化和模块化。在早期的全球价值链时代，发达国家与发展中国家在生产过程中较为独立，各自获得其创造的价值。然而，进入数字贸易主导的全球价值链时代，发达国家凭借自身数字化技术的优势，可能通过数字贸易的方式输出数字产品和服务，进一步控制发展中国家产品的生产过程，发展中国家在全球创造的价值会被进一步压缩。

事实上，从20世纪90年代开始，伴随着数字技术的发展，数字贸易正在重塑整个贸易生态系统，全球价值创造确实呈现越来越不平等的倾向，价值创造越来越体现为技术偏向型的特点，发展中国家囿于核心技术短缺和缺乏数字人才，在全球价值创造中处于越来越不利的位置。当然，也有以中国为代表的新兴经济体，把握住了数字贸易时代的发展机遇，大力投资于核心数字技术的开发，正在改变着自身在全球价值链中的不利位置。但总体而言，依然是以美国为代表的发达国家控制着全球价值链和全球价值创造，并通过推动数字贸易规则制定进一步强化其在全球价值链中的位置。

3. 数字贸易发展改变了全球价值链收入分配格局

全球价值链收入分配有一条长期存在的"微笑曲线"，即在产品生产的价值链条上，增加值(利润)会向上游和下游集中，中间制造的增加值(利润)会不断被挤压。控制着全球价值链上游和下游的国家或地区，在全球价值链中就居于主导地位，可获得较多的收入；反之，则处于被低端锁定的位置，获取的收入有限，甚至沦为发达国家的代工厂。全球价值链发展总体上推动了全球经济发展，但大部分发展中国家从中所获得的增加值有限。当前正在进入数字贸易新时代，数字产品嵌入全球价值链，不可避免地会带来全球生产分工与供应链的变化，进而改变全球价值链收入分配格局。

需要引起重视的是，在数字贸易引起的全球价值链收入分配格局的变化中，增加值(利润)并不是向中间端集聚，而是向上游和下游集聚，这就意味着数字贸易发展会进一步加剧现有全球价值链收入分配的不平等，"微笑曲线"将会变得越来越陡峭。面对严峻的发展形势，在发展新经济时不能因数字贸易发展可能会进一步加剧全球价值链收入分配不平等就抵制数字贸易发展，而应顺应这一趋势积极进取，推动中间制造环节向价值链两端延伸，瞄准核心技术突破开发前后端的数字技术与服务，并通过发展数字贸易进一步强化在全球价值链中的控制权。因为随着数字技术的不断发展，数字贸易的增长成为服务贸易的新趋势，且发达国家为了进一步强化其在全球价值链的主导地位，会进一步推动数字贸易的发展。

4. 数字贸易发展形成了全新的价值链

按美国国际贸易委员会对数字贸易的分类,数字贸易主要包括数字内容、社交媒体、搜索引擎、其他数字产品和服务四大基本类别。随着数字技术的应用,数字贸易的每一个基本类别都在逐渐形成全新的全球价值链。从数字内容来看,无论是文字内容还是视频内容,抑或数字内容的制作、设计和分销等各个细分环节,都已经形成全球数字内容服务价值链。从社交媒体和搜索引擎来看,围绕着消费者的社交和搜索行为,借助数字技术所产生的一系列数据正在推动企业向数据驱动型转变,以各类消费者的数据为核心也正在形成全新的价值链,掌控了关键的数据生产就能在全球价值链中居于核心地位。从其他数字产品和服务所包含的软件服务和依赖互联网、云计算支撑的数据服务、通信服务以及计算平台服务来看,正在推动人类经济社会从工业经济迈向数字经济,正在改变底层经济社会的运行模式,形成新的商业模式和全新的价值链。

此外,随着贸易方式的数字化和贸易对象的数字化进程不断加快,数字贸易发展也会进一步推动形成全新的价值链。从贸易方式的数字化来看,体现为数字技术与传统贸易的不断渗透与深度融合,从而提升贸易的效率,降低贸易的交易成本,扩大全球贸易范围。从贸易对象的数字化来看,则体现为数字经济时代的到来。数据成为一种关键的生产要素参与生产过程并实现价值创造,且随着数字技术发展,数字产品和服务在全球贸易中的份额会逐渐增强,不断替代传统货物或服务产品,形成全新的数字产品价值链。无论是从数字贸易基本类别还是从贸易方式和对象的数字化来看,数字贸易发展必然伴随着国际分工格局的改变,并推动数字产品与服务形成全新的价值链。

6.3.4 数字贸易催生数字产品的全球产业链和全球价值链

刘洪愧等(2022)认为,在数字贸易阶段,涌现出很多新的数字产品和数字服务种类,数字技术使得大量数字产品变得可交易,数字贸易则使得大量数字产品的交易成本几乎等于0。未来随着数字产品生产可分性的增强,数字产品必然走向跨国分工的生产形式,必将催生数字产品的全球产业链和全球价值链及其生产分工。因为,随着数字产品的大量普及以及其范围不断扩大,企业为了获得更大的竞争优势,必然想方设法降低相应的生产成本,专业化和分工不可避免。而数字化技术的不断成熟、数字贸易壁垒的降低,则使得数字产品的分工不断细化成为可能,为了获得规模收益和国际竞争力,企业必然会寻求数字产品的全球外包,从而形成相应的数字产品全球产业链和全球价值链。这就是说,数字贸易的发展不仅体现在全球产业链的研发、生产、分销、售后等各个环节越来越多地呈现数字化特征,并以数字产品的形态嵌入传统商品中,而且还会以数字产品的形式形成一个全新的价值链条,即数字产品的全球产业链和全球价值链。

具体而言,一是传统的数字内容的全球生产,如数字视频、数字音乐、数字书籍、数字游戏等;二是各种传统服务贸易的全球分工和远程交付,如数字教育、数字医疗、数字咨询、数字金融、数字会计、数字文化等;三是数字化平台及其全球生态网络的形成,如围绕搜索引擎、电子商务平台、社交媒体等形成的网络化生产平台及其各类产品;四是围绕云计算、3D打印、在线支付、区块链等新数字技术形成的全球产业链和全球价值链。随着数字产品的全球产业链和全球价值链进一步完善,有望成为全球贸易新的发展动力和方向。

从数字内容来看,无论是文字内容还是视频内容,抑或数字内容的制作、设计和分销等各个细分环节,都已经形成全球数字内容服务价值链。从服务贸易来看,借助数字技术,各类生产性服务和现代化服务,如医疗、教育、计算、金融、会计、咨询、研发等,都可以进行全球范围内的外包,并形成相应服务产品的全球价值链。数字技术也将与这些服务进一步融合发展。近年来,数字化的劳动市场平台不断发展,促使零工经济和自由职业者不断增多,正是体现了这一新的发展趋势。此外,从国际贸易看,近年来计算和信息服务的贸易不断增长,中国的通信、计算和信息服务出口比重逐年上涨,不仅意味着中国数字技术国际竞争力的增强,也意味着更加深入地参与了此类产品的全球价值链。事实上,整个制造业正在走向服务业,即学术界常说的服务型制造。数字贸易有望进一步推动制造业与服务业深度融合,形成新的全球产业链和全球价值链类型。从社交媒体和搜索引擎来看,围绕着消费者的社交和搜索行为,借助数字技术所产生的一系列数据正在推动企业向数据驱动型转变,以各类消费者的数据为核心,正在形成全新的产业链和价值链。例如,谷歌公司已建立起以安卓系统为基础的无人驾驶汽车平台,并联合沃尔沃和奥迪等汽车制造企业构建无人驾驶汽车的全产业链。

在数字产品的全球产业链和全球价值链中,无形的数字产品居于核心地位,从研发、设计、生产、销售到售后均由数字构成,呈现出不同的特点。

一是数字产品的全球产业链和全球价值链更新速度更快。一方面,数字贸易过程具有更低的交易成本,数字产品的可贸易品种类也更加丰富,更新迭代速度更快,市场的高效运行有利于贸易参与主体更快达成协议,从而使得数字产品的交易决策和交易行为更加高效快捷。另一方面,数字产品对研发创新较为依赖,数字企业之间的竞争也更激烈,进而激励生产商加快进行差异化的产品创新,使得新的数字产品种类不断增加。此外,相比传统产品,数字产品的生产与消费的反馈时差大大缩短甚至被消除,劳动要素投入也更少,使得数字产品的价值链条运行速度更快。

二是数字产品的全球产业链和全球价值链更加透明。在数字产品组成的产业链和价值链中,产品数据及流通数据可查询、可追溯,消费者的购买评价信息在数字平台也有记录。因此,在数字贸易下,产品的生产环节、流通环节、售后服务环节等动态和多维度信息对消费者而言都几乎是透明的;生产方也可以通过消费者的购买记录,利用大数据等技术手段获得消费者的需求及偏好信息,对生产者而言,消费者的数字产品消费行为也变得更可预期。

三是数字产品的全球产业链和全球价值链具有不同的治理规范。一方面,数据跨境流动规则与传统产品贸易规则存在显著差异,发达国家与发展中国家还存在较大的"数字鸿沟",由于对个人隐私数据保护程度要求不同,在不同的发展阶段,各个经济体对数据流通及存储有不同的要求。在数字治理领域,国家之间存在激烈的博弈,各个经济体之间需要权衡协调自身数据流通和隐私安全诉求。另一方面,在数字经济治理中,多边机制可能扮演更加积极的角色,随着数字包容性、数据隐私保护等新议题的不断涌现,数字经济治理规则的演进方向将更加复杂。

6.3.5 数字技术降低全球产业链和全球价值链中的交易成本

首先,数字交易平台使得远程通信和沟通成本大幅度降低,人们可以不用面对面交流也可以很好地达成交易。数字技术的使用使得运输和物流过程的成本和时间大幅度降低。例如,信息通信技术特别是5G通信技术的发展,使得远程交流、交易和提供服务的边际成本基本等于0。电子商务的广泛使用则使得传统货物全球产业链的物理成本大幅度降低，使得产业链分工更加细化，也使得以往的地区产业链不断扩大其空间范围，其深度和广度不断拓展。

其次，数字技术如区块链、交易平台、物联网等，显著降低了信息不完全和信息不对称程度。区块链技术极大提高了供应商之间的验证和追溯成本，基于区块链的智能合约（Smart Contracts）技术可以显著增加人们之间的信任程度。物联网技术使得企业可以对产业链全过程进行实时监督和控制，从而对各种不确定性有充分的了解和预判。电子商务和平台企业对历史交易的记录和评价在一定程度上解决了信息不对称问题，促进了不同文化、不同地区人们之间的交易。

再次，数字技术改变了全球产业链和全球价值链的组织和管理形式，降低了管理和组织成本。大数据和数字化服务深度嵌入全球产业链和全球价值链，成为其运行的关键要素，平台企业成为主要组织者，极大降低了产业链和价值链构建和运行的成本。依托平台企业，中小企业进入全球产业链和全球价值链的壁垒和交易成本大幅度降低（如了解和熟悉市场、建立供应链网络的成本），成为全球贸易和全球产业链发展新的推动因素。此外，区块链技术的分布式、去中心化、可追溯、不可篡改、透明度等特点，不仅解决了信息不对称问题，也使得全球产业链和全球价值链的管理和组织成本降低，从而解决了相应的信任和监督问题。全球诸多企业都在加快研究区块链技术，希望在企业内部和企业间交易中进行运用，从而可以对其产品生产的全流程进行更好的管理和监督。这种数字化的全球产业链和全球价值链的组织和管理方式在不断降低交易成本的同时，必将使价值链分工更加细化，从而拓展价值链的深度。

6.4 案例研究：特斯拉数智化竞争优势[①]

特斯拉成立于2003年7月1日，是生产和销售电动汽车、太阳能板，以及储能设备的一家上市公司。在全球纯电汽车方面，从2017年起连续六年全球销量排名第一。2022年，特斯拉销售量为130多万辆，同时期的比亚迪为90多万辆。从运营利润率看，2022年特斯拉也是最高，为17%，排在其后的是梅赛德斯-奔驰、斯泰兰蒂斯、宝马和大众。从净利润看，在电动汽车（不包括插混车型）领域，国内仅比亚迪一家微利。特斯拉作为一家成功的新能源汽车市场的"鲶鱼"，同时搅动了电动车和传统燃油车市场，在创新的同时兼具低成本的竞争优势，动摇了长期以来差异化和低成本两者不能兼备的理论根基。聚焦有限车型的战略，也有助于特斯拉品牌在用户心中的清晰定位。

6.4.1 数字化和智能化战略布局

随着数智化时代的到来，传统意义上的企业竞争优势的模式理论受到了挑战，本质原因是数据要素和智能化结合产生生产力的飞跃。对于市场竞争中的参与者——企业而言，数据资产的有效使用是关系数字经济时代企业生存和发展的关键问题。中国新能源汽车产业

[①] 本案例摘编自孙亚红（2023）。

作为国家发展的七大战略性新兴产业之一,是数字化和智能化应用的前沿阵地。这场新能源汽车价格战背后是特斯拉长期以来将数字化和智能化充分融合,构建新型竞争优势的战略布局。

数字化是指将模拟信息转换为便于计算机处理的数字形式的过程,包括将文字、图像和声音转换为数字格式,并以电子方式存储、共享和分析。智能化则是指将人工智能和机器学习技术应用于自动化决策过程、优化运营并提升客户体验。数字化和智能化的特点密切相关。两者都涉及使用技术自动化流程、降低成本并提高效率。数字化专注于将模拟数据转换为数字形式,而智能化能够帮助企业分析大量数据、识别模式并做出以往不可能的预测。它还可以帮助企业将其产品和服务个性化到每位客户,并提高对市场变化的响应能力。两者都需要强大的IT基础设施,包括硬件、软件和数据存储和管理系统。

6.4.2 特斯拉实现数智化的措施

特斯拉将数字化和智能化纳入其运营的策略,包括研发投入、制造自动化和供应链优化、数据分析和服务创新等方面。

首先,在研发投入方面,公司投入大量的资金和资源来开发其自动驾驶辅助系统,以及实现软件更新和改进电池技术等创新技术,如电动动力总成、再生制动和电池管理系统等。这些技术使特斯拉在生产性能更高、续航里程更长的电动汽车同时能够降低成本和碳排放。

其次,在制造自动化和供应链优化方面,特斯拉采用了先进的制造自动化技术,包括机器人和智能化流程控制系统,同时减少产品系列,以提高制造效率和降低成本。公司还采用数字化制造工具,如数字孪生技术和3D打印,以帮助设计和制造更复杂的部件。同时,数字化和智能化技术优化了供应链,如使用数字化制造工具、实时数据分析和自动化物流系统等。这些优化措施可以提高供应链效率和透明度,降低成本,从而为公司创造竞争优势。

再次,在数据分析和服务创新方面,特斯拉利用数字化和智能化技术进行数据分析,以更好地了解客户需求和市场趋势。公司使用车辆传感器和互联网技术收集数据,以改进产品设计和服务,提供更加安全、高效的驾驶体验。在改进其客户服务体验方面,公司使用汽车远程升级技术和远程诊断技术来提供更便捷和高效的服务,不需要客户前往维修中心。公司还利用数字化和智能化技术提供个性化的服务,通过定制车辆设置和驾驶数据来满足客户需求。远程软件更新使公司能够在不需要顾客将车辆送至服务中心的情况下不断升级其产品性能。

6.4.3 特斯拉实现数字化与智能化同步的逻辑

特斯拉巧妙地将传统企业竞争优势建立的战略和数字经济的特点相结合,并实现了数字化和智能化同步进行。

1. 智能制造规模经济的建立

截至2023年初,特斯拉在全球共有6个超级工厂。一个是加州的弗里蒙特工厂,属于在摸索阶段建立的,没有达到非常智能化的水平;第二个是特斯拉和松下电池合作专门生产锂电池的基地;第三个纽约工厂,专门生产太阳能电池板;第四个是上海工厂,特斯拉在海外的第一个超级工厂,彻底解决了产能、地域和融资困难等问题,也让其稳固了电动车霸主的地位;第五和第六个是 2022 年在美国德州奥斯汀和德国的柏林建立的两个超级工厂。

由此可以看到,其落地的工厂都是面向超大规模的市场。超大规模工厂的生产能力可以迅速被市场吸收消化;小规模式生产进行宣传的同时采用网络预售的方式,大大降低了迅速扩大固定资产规模可能造成的现金流危机;生产过程采用一体化压铸设备,将 70 余个零件,以及超过 1 000 余次的焊接工序,一次压铸得到成品。这相比于传统冲压加机器人焊接工序,一体化压铸具有轻量化、提高零件强度和材料回收率等显著优点,Model Y 的制造成本因此下降 40% 左右。超大工厂规模、集中化设计、智能化生产大大降低了产品质量差异的风险性,也使得总成本随着规模的增加不断减少,为降价获得竞争优势打下坚实基础。

2. 全方位数字化和智能化

在产品设计和开发方面,特斯拉利用客户一定里程的驾驶数据分析来了解客户的偏好和行为,这有助于公司开发符合客户需求的新产品和功能。

(1) 在供应链管理方面,特斯拉利用人工智能和机器学习算法来优化供应链,提高效率并降低成本。例如,使用预测分析来预测需求并优化库存水平。预测分析和直销模式结合降低了信息在产业链上的传递误差,极大地提高了分析的准确程度(见图 6-1)。

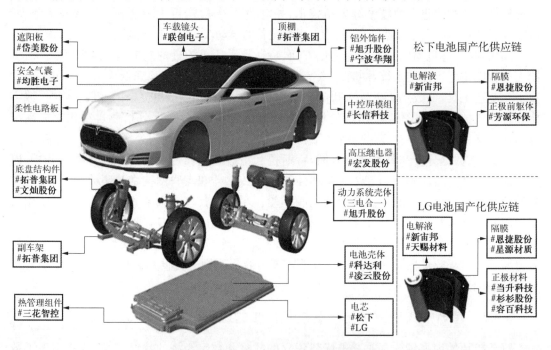

图 6-1 特斯拉 Model 3 国内供应链企业

资料来源:Wind。

(2) 在智能制造方面,特斯拉的智能工厂利用数字工具,使用机器人、人工智能和机器学习来优化制造过程,减少浪费,缩短生产时间和降低成本。同时,人工智能也被用来监控生产线并识别潜在问题,使得特斯拉能够以更快的速度生产汽车,并保持产品高质量。

(3) 在营销和销售方面,特斯拉利用社交媒体、电子邮件营销和搜索引擎优化等数字营销技术,以接触潜在客户并提高品牌知名度。该公司还利用数据分析来个性化营销信息,提高转化率。尤其是其直销模式,让顾客可以在线购买汽车并直接送货上门。这种绕过传统经销商网络的方式节省了营销费用。

(4)在客户服务方面,公司使用汽车远程升级技术和远程诊断技术提供更便捷和高效的服务。通过定制车辆设置和驾驶数据来满足客户需求;利用基于人工智能的聊天机器人提供即时客户支持并快速解决问题;利用数据分析来监控客户满意度并识别改进的领域。这些技术为特斯拉赢得了良好的口碑和客户忠诚度,提高了公司的市场份额和差异化竞争优势。

通过制造和服务的数字化和智能化,产品研发和消费者需求及行为的反馈构成了产品服务的"研发-反馈-再研发"闭环,数据和建模能力不断优化,提供了源源不断的优质信息流,帮助公司在创新、效率和客户体验方面保持领先地位,从而构建起企业强大的市场反应能力和差异化竞争优势。这种软件定义硬件的模式,当出现大规模召回的情况,其优势极为明显,软件升级的边际成本也几乎可以忽略不计。

数字化和智能化技术可以使公司通过开发创新产品和服务创造新的收入来源。特斯拉开发的自动驾驶技术可能导致新的移动服务,从而产生额外的收入。同时,还可以进行衍生信息的价值挖掘,如行为分析可以用于定制化智能驾驶、机器人训练、智能交通和保险。

数字化和智能化技术可以帮助公司实现可持续性目标,减少浪费,提高能源效率,促进可再生能源利用。这可以帮助公司减少环境影响,并吸引环保意识较强的消费者。

3. 技术创新和扩散的极致能力

特斯拉几次濒临破产最终走出谷底,一个重要的原因是公开了它的电池技术专利。特斯拉在美国这个遍地是燃油车,并且处在"富人的玩具"的汽车品牌认知下,很难实现大规模生产,即便实现,也面临基础设施建设不足的问题。正是通过公开专利,进而吸引更多新能源资本玩家入局,才逐渐改变了消费者既有的观念。从战略上来讲,也可以认为是用技术来吸引资金,用资金杠杆来撬动技术扩散,和对手一起培育市场的接受度,从而吸引大量资本用于建构基础设施。例如,全产业链建设、生产制造配套设施、充电桩网络构建和汽车后市场服务等。通过公开电池技术专利,摆脱单个车企发展的资金和基础设施的瓶颈,迅速增加规模,从而实现通过技术杠杆带动全行业的技术竞争、市场扩张和制度改革。

6.4.4 数字化与智能化进程中面临的挑战

特斯拉的数字化和智能化虽然使该公司在市场上获得了竞争优势,但是在这个过程中也面临着挑战。

1. 实施新技术的成本高昂

2022年,特斯拉的研发投入高达209亿美元,占营业支出的43%。特斯拉使用数字工具和技术需要在研究和开发以及购买新设备和软件方面进行重大投资。公司必须仔细平衡这些成本和提高效率、生产率和盈利能力等潜在利益之间的关系。企业在数字化时代需要不断地更新自己的技术能力,加强创新能力的培养,才能在竞争中立于不败之地。

2. 需要有熟练的高技术劳动力

高密度的研发需要吸引和留住掌握高技术专业知识的员工,这需要公司提供具有竞争力的薪资和福利计划,以及投资于培训和发展计划。

3. 关注数据隐私和网络安全问题

随着公司收集和分析大量数据,必须确保这些信息受到合理保护,减少未经授权的访问、盗窃或滥用的风险。公司必须实施强大的安全措施和协议,以防止网络威胁对其系统和网络的侵害。

4. 符合监管规定

随着智能汽车业务越来越数字化和自动化,可能会面临监管机构更严格的审查。公司必须确保遵守相关法律法规,特别是在数据隐私、知识产权和消费者保护等领域。

本章小结

当前,跨国企业全球价值链出现了数字化、服务化、去中介化以及定制化("四化")新趋势。跨国企业国际投资模式及路径因此深刻演变,出现了轻海外资产、低就业、区位决定因素变化、服务业投资比重上升、非股权投资增多以及跨国公司全球布局更加灵活等特征。在跨国企业全球价值链数字化推动下,跨国企业国际化进入新的阶段,全球FDI呈现"低增长"及大幅波动的新常态,数字及新兴制造技术成为国际投资流动日益重要的区位决定因素,发达国家在吸引外资以及对外投资方面的优势和地位重新提升,数字经济领域的国际竞争激化,国际协调亟待加强。

面对数字经济时代全球价值链的全新特征与新风险以及双循环的新发展格局,我国产业与企业迈向全球价值链中高端需要在生产要素层面进一步强化数字要素在数字创新驱动发展要素中的核心地位。在产业层面,强化数字经济对产业的赋能效应,即产业数字化与数字化产业双轮驱动,打造面向国内大循环的产业链与创新链共促机制;在微观企业层面,强化企业的自主创新能力建设,驱动创新引领,破解关键核心技术的"卡脖子"问题。

思考题

1. 简述数字跨国公司的分类。
2. 简述当前数字跨国公司投资现状。
3. 简述数字经济对全球价值链的影响。
4. 简述数字贸易对全球价值链的影响。

参考文献

1. 刘洪愧,赵文霞,邓曲恒.数字贸易背景下全球产业链变革的理论分析[J].云南社会科学,2022(04):111-121.

2. 孙亚红.数智企业竞争优势构建研究——以特斯拉为例[J].企业改革与管理,2023(12):162-164.

3. 徐金海,夏杰长.全球价值链视角的数字贸易发展:战略定位与中国路径[J].改革,2020(05):58-67.

4. 阳镇,陈劲,李纪珍.数字经济时代下的全球价值链:趋势、风险与应对[J].经济学家,2022(02):64-73.

5. 詹晓宁,欧阳永福.数字经济下全球投资的新趋势与中国利用外资的新战略[J].管理世界,2018(03):78-86.

第 7 章 数字经贸与新兴行业发展

7.1 数字制造

7.1.1 数字制造的概念

数字制造是一种电脑数字化的集成系统,应用于制造服务、供应链、产品和流程,由仿真、3D 视觉化、分析和一系列的协作工具组成。而数字制造的技术能把所有生产领域的系统和流程联系起来,同时创造出一种从设计到生产、再到最终产品的综合制造方法。

如果没有一个全面的数字制造策略,许多涉及产品生命周期管理(PLM)的长期利益就无法实现,因此数字制造是 PLM 与工厂应用和设备之间的关键整合点。另外,通过对生产流程进行 3D 建模和 3D 模拟,可提高制造决策的品质,同时改善流程、节约成本,缩短产品的上市时间,实现准确的产量目标。

简单来说,数字制造就是把所有制造流程串连起来,是数字工具结合制造流程的执行系统。杨志立(2011)指出数字制造的关键技术应包括五点。

第一,技术标准及实施规范。数字制造涉及产品建模、协同设计分析、系统仿真、工艺规划、制造、测试、检验、远程数据维护与监控等许多研究方向。由于目前在各自的研究方向针对不同的对象有不同的技术标准和不同的信息表达方式,无法满足整个数字制造过程的需要,数字制造技术标准及实施规范已成为整个数字制造系统的"瓶颈"问题。因此,在数字制造技术研究中,其标准及实施规范成为关键问题之一。目前主要采用 STEP 标准作为统一的产品数据模型表示方法,利用 XML 作为制造企业数据交换的编码语言,解决企业内部和企业之间信息共享和交流问题。

第二,数字产品技术。数字制造中数字产品技术主要包含产品数字化基础模型、数字化约束模型和数字化信息变换模型(算法)、数字化预装配技术、产品的状态信息数字化和可视化技术、数字化设计技术、远程数字维护与监控技术和数字产品的嵌入式控制技术。其中,数字化预装配技术是虚拟制造中的关键技术,其框架和体系结构在各单元技术的研究和应用中起着十分重要的指导作用。

第三,系统建模与仿真工具。数字制造的系统建模,即制造系统的离散化、数字化、可视化、与平台无关的描述化是数字制造的重要基础理论之一。解决这一问题的关键在于研究合适的方法,并开发出使能性工具,主要包括系统数字化建模工具和虚拟现实环境仿真工具等。而 VRML(虚拟现实建模语言)是一种集成了多媒体技术和虚拟现实技术的网络 3D 技术,VRML 能够与数据库进行实时的交换,具有在 Internet 上构建大范围虚拟环境的能力,特别是与 Java 集成为在 Internet 上提供的与平台无关的、动态交互的三维场景,可以实现网络虚拟制造。VRML 在网络虚拟制造中的应用涉及产品全生命周期各个环节,包括市场分析、产品规划、产品详细设计、加工制造、经营管理等活动,计算机将这些环节变为相应的信息加工单元对产品信息模型进行处理。信息加工单元技术能有机地、系统地集成为虚拟制造环境,以支持产品并行设计、网络协同设计、产品全生命周期仿真、产品开发全过程仿真等。

第四,信息处理技术。数字制造系统中存在大量的制造过程与生产工艺数据信息,这些信息既包括确定性的离散数据,也包括在制造过程中产生的不确定性的实时数据,这就需要运用智能感测技术来获取,将其存储于数据库中,建立相关的智能模型,以便分析、处理、优化和控制。因此,在数字制造中,制造信息的获取和处理、系统信息集成也是要解决的关键问题。数字化制造将传统制造中许多定性描述转化为定量描述,在这一基础上逐步建立不同层面的系统数字化模型,并进行仿真。

第五,管理平台。作为数字化制造的重要组成部分,CAD/CAM/CAPP 等系统会产生大量常规工程数据和图形信息,应对这些数据进行有效管理,保证制造信息的可靠获取及其传递。目前,分布式 PDM(产品数据管理)和 WFM(工作流管理)作为制造业比较流行的产品数据和开发过程管理框架与集成平台,已成为数字化制造的支撑技术之一。对于信息集成,涉及多个企业系统之间及企业内部的数据交换和共享,XML 简单、开放、可扩展、内容与应用的可分离性,为解决企业信息集成提供了有效途径,已经成为事实上的网络数据交换标准。

通过构建分布式的协同工作平台,从而实现基于网络的数字化设计与制造,按照产品的制造过程,可以将获取制造工艺过程知识、设计和优化控制工艺过程等的数字化作为微观过程数字化,而将生产系统的布局设计与实际优化运作等的数字化作为宏观过程数字化。

7.1.2 数字制造的特征

姜小慧(2015)认为数字制造作为新范式的特征体现在个性化定制、信息化设计与管理、智能化生产三个方面。

1. 个性化定制

数字制造的根本目标就是突破传统制造业大规模复制模式,实现工业产品的个性化定制。传统制造业通过固定生产线不停地复制工业产品,所以工业产品往往意味着大众化、无个性,即使是产品宣传中的个性化,也是浅层次的分类定制。例如,同一型号汽车可以提供几种不同的颜色、几种不同的配置以供客户选择,看似个性化,其实只是提供了有限的几种选择,迫使消费者将自己对产品的要求划归到某一分类,这种个性化显然是差强人意的。数字制造背景下,在产品的设计过程中就可以做到快速响应客户需求,通过工业设计软件和柔性生产系统(可重构生产系统),借助于新材料、新技术实现产品的高度个性化,实现真正的个性化定制。传统制造业所生产的产品缺乏个性化的原因,包括设计技术局限、生产技术局限,更重要的原因是受到生产成本(经济成本和时间成本)的影响。在数字制造时代,这些问题都迎刃而解。个性化的小众工业产品出现得越来越多,为制造业带来了新的市场机遇——长尾市场。数字化技术为工业产品的个性化制造提供了平价快捷的方式,更容易被大众接受。不仅如此,定制化生产还能够提高小公司的竞争力和成活率。一方面,这类公司从诞生之日起就能够直接参与国际市场竞争,发展空间很大;另一方面,定制化给予生产者更有优势的销售定价权,比以往用户定价和市场定价有了更多的主动性。

2. 信息化设计与管理

信息化设计与管理是数字制造的核心所在,主要表现在三个方面。

(1) 工业设计。设计是制造业的灵魂,而设计方法的革命为制造业的革命奠定了基础。制造业的设计方法大致经历以下四个阶段:二维绘图(20 世纪 80 年代);3D 建模(20 世纪 90 年代);大批量定制的产品配置设计(21 世纪 00 年代);快速响应客户需求(21 世纪 10 年代)。工业设计工具由最初的图板绘图到依靠工业设计软件(如 Auto CAD)在计算机上绘图,而计算机绘图又经历了从二维绘图到 3D 建模,再到智能仿真技术、数字样机的发展。现行工业软件不仅支持细节设计,还支持创新设计,实现高效率、高品质、环保低碳的设计;从基于几何设计到基于物理设计;从单学科设计到多学科耦合设计;从产品设计到全生命周期的设计。设计过程不仅关注技术、材料、成本方面的因素,同时还加入了对伦理因素的考虑,如对环境的影响、对健康的影响等,实现从专业设计到负责任设计的转变。

(2) 开源设计。"开源"原本是指在软件领域开放源代码,如 Linux 操作系统的源代码就是开放的,很多公司都可以开发 Linux 系统,这样的好处是下游软件商可以开发与其兼容性更好的软件。相反,Windows 操作系统就不是开源的,其他公司无权使用。同理,开源设计就是把设计方案公开,其他人可以免费使用和修改。开源设计通常在开源社区中展开,参与者以志愿者的身份通过互联网相连,为了感兴趣的产品设计项目免费提供自己的精力和才智。有时开源社区中的志愿者们同时又是产品的潜在消费者,借此又可以展开免费的市场调查以及客户反馈。在开源社区中,志愿者们免费分享咨询和获取信息,设计者直接面对市场的反应:设计就是最终的商品,支持者就是最终的消费者,支持者就是项目的投资者。设计交给了互联网,小型企业的生存变得容易。试想一下,你设计了一款特殊造型的机器人,由于对自己的设计方案没把握,就把它公布到开源社区中,最后在众人的努力下,你得到了满意的设计方案,并通过互联网找到生产厂家,最终产品通过物流服务到达了你的手中。从结果看,虽然你免费获得了他人的帮助,但最终的设计方案却不能作为你的专利,因为其他人同样可以免费获得。很显然,开源设计会引发对专利和知识产权问题的再思考。

(3) 产品的全生命周期管理(PLM)。产品的全生命周期管理是指工业软件与 IT 技术的应用将覆盖包括产品设计、生产规划以及生产执行和运营维护的全产品生命周期。具体表现为:实现无论是从设计到制造,还是从采购到程序管理能够实时数据传递,以便能及时发现在开发过程中需要尽早更改的问题,从而避免额外的费用或开发时间的延误;使供应商,甚至客户参与开发过程,及时获得相关方的反馈,降低成本超支和发生错误的风险,还能提高零件的可制造性;从概念发展到设计、制造、质量保证和销售的各个过程,都使公司员工、供应商和客户参与进来,并提供更有效的帮助;实现本地和云端的无缝切换,所有虚拟建模设计可随时随地进行,并可即刻投入生产。此时,设计不仅与生产紧密互动,还与市场和用户紧密联系,随时反馈的相关信息可用于完善产品的设计,降低成本和失误,虚拟结合现实,覆盖全产品生命周期。在数字化制造中,工业软件和 IT 技术的应用将覆盖包括产品设计、生产规划以及生产执行和运营维护的全产品生命周期,将虚拟生产与现实的生产方式完美结合,实现高效生产力。数字化制造的深入发展大大推动了工业信息技术和软件的应用,将人、机器和信息互相连接起来,更快地响应客户不断增加的个性化需求,大幅度提升资源效率,从而形成未来制造的数字化、互联化、定制化及绿色化趋势。

信息技术与工业设计相结合,解决了设计者、生产者和使用者之间信息不对称的问题,建立起统一流畅的信息流动与反馈系统。以往需要在生产和使用过程中才能发现的问题,在设计阶段就可以发现并予以规避,避免二次开发所带来的成本和资源浪费。这也使得设计环节成为整个制造过程的重中之重,在设计过程中不仅要考虑技术、材料、成本、审美等因素,伦理因素的考量(如环境因素、人文因素等)势必成为不可忽视的方面。

3. 智能化生产

智能化生产包括机器人革命和可重构生产系统两个方面。

(1) 机器人取代传统产业工人成为新的劳动力类型。机器人取代传统产业工人,这意味着生产力三要素中劳动力要素与劳动工具要素合二为一,劳动者与劳动工具之间的界限消失了。美国佐治亚州的一家服装技术公司推出"机器人裁缝",这些由电脑控制的机器人缝纫机可以代替人工完成服装的整个缝制过程,而使生产线上看不到人的影子。同样,在特斯拉(Tesla)汽车公司的工厂中,由德国制造的库卡机器人才是生产线上最主要的劳动力。从目前来看,机器人劳动力的出现,一方面,将工人从简单机械的重复劳动中解放出来,改变自"摩登时代"以来生产线工作形式对工人所造成的肉体和精神压力;另一方面,也给发展中国家和地区造成了压力。发展中国家大多依靠低廉的劳动力优势才能与发达国家相竞争,机器人工厂的兴起,使得发展中国家在制造业的优势不再,反而像美国、德国这类发达国家重新获得了优势,凭借先进的机器人技术生产大量工业机器人,从而降低制造业的成本,打败缺乏先进制造技术的"中国制造""越南制造"等。从长期来看,机器人劳动力的出现将导致人类劳动与机器人劳动形成分工——人负责创造(脑力劳动),机器负责生产(体力劳动),人类将逐渐摆脱低端劳动形式。人创造的是设计理念,机器人创造的是生产方式。

(2) 可重构生产系统是数字制造最终实现的保证。制造系统升级的问题是数字制造能否实现的关键因素。制造系统是连接比特和原子的通道,从比特到原子的转化是否顺利、是否精益,就要看制造系统的运行是否顺畅、是否精益。在数字制造中,制造系统是产品生命周期过程中虚拟世界与现实物理世界信息交互的窗口。虚拟的产品设计和工艺设计将透过制造系统的信息接口在制造系统的物理结构中变成实体的物流,直至最终产品。同时,物理制造的结果信息反馈到工程阶段。第二次工业革命所形成的制造业所采用的是适用于大规模复制的生产系统,这样的制造系统缺乏灵活性,难以适应数字制造的个性化、多样性特点。在大规模复制系统的基础上有所改进的是柔性生产系统,通过生产多种类型的产品模块来丰富消费者的产品选择空间,如在汽车生产中可以选择不同的配置,虽然这样的生产系统比起大规模定制系统要灵活,但还不能达到数字制造的灵活性要求。因此,以美国为首的先进工业国家已经着手研究建设可重构生产系统。可重构生产系统和3D打印为代表的新制造系统则希望通过制造系统自身的架构变化为消费者提供更加丰富的产品选择。如果说柔性制造系统为客户提供了更多的选择,那么可重构生产系统的目标就可以做到直接响应客户的个性化需求(这个目标客户可以是群体,也可以是个人;做到响应客户需求而不是预判客户需求)。大规模复制生产系统甚至是柔性生产系统的局限性是显而易见的,但在传统制造业看来,满足客户个性化需求不仅意味着生产成本的增加,也意味着产品设计、生产工艺的随时改变,而这在技术上是做不到的。在数字制造环境下,建立起可重构生产系统,情况就完全不同了,"在3D打印等计算机控制的制造进程里,复杂性与品质不会产生任何成本,因为我们能够将产品设计与制造分离开,产品所有的打印信息都已经包含在设计中了。"

7.1.3 数字制造的应用

数字制造以全面的目光来看待产品和设计流程,可促进整个生产流程的合作,因此在各个行业都得到应用。例如,一个汽车原始设备制造商(OEM)可以在设计师准备设计下一个汽车项目时,以数字方式设计整个制造过程(工具、加工、装配顺序和工厂布局),可以帮助制造工程师在发现零件故障时,立即向设计师反馈情况。

供应商可使用数字制造的系统,建立一条完整的3D模拟生产线,并分析不同的生产变化和概念,作为报价过程的一部分。使用这种规划和提价的方式,其透明度和精确性有助于公司获得客户更大的信任。

数字制造已迅速在航空航天等行业获得实践,这项技术也完美融入了自动化流程,如增材制造(3D列印)、层压物体制造、CNC切割、铣床和铣削等。

7.1.4 数字制造的优点

第一,将所有制造流程统一起来,通过虚拟技术和自动化程序的模拟,减少错误的可能性,以及降低试验成本。

第二,使产品、技术、工厂和资源信息能够关联起来,通过变革过程,以一致和全面的方式进行生产设计,并能实时查看生命周期的数据以执行生产流程。

第三,可以在管理环境中把零件的制造过程最佳化,并产生灵活的工作指令(显示2D或3D零件),以及加工和工具的指令。

第四,帮助迅速建立工厂模型,并确保在启动生产前,以最佳布局、物流和吞吐量运行制造流程。

7.1.5 数字经济赋能制造业全球价值链攀升

以数字技术为核心的数字经济,实际上推动了全球产业链制造环节的标准化和信息化,基于现代工业技术的贸易数据为价值链上的生产商和制造商提供了更为精准的客户信息,从而为后发国家制造业攀升价值链高端提供了重要的赶超机会和窗口。

1. 网络连接

数字经济不仅链接着用户需求与供给制造,还串联起制造业内部的各个生产节点,从而赋能制造业数字化转型。首先,通过大数据分析,可以精准获得用户的真实个性化需求和消费偏好等信息。与此同时,将这些有效信息通过数字平台传送给生产制造企业,企业围绕用户核心需求建立弹性化、灵活化生产模块,实现快速响应和供需匹配。在产品使用过程中,基于用户基础的数据平台,可以进一步收集产品提升建议等,为下一阶段制造业智能化转型升级提供参考。

从中国制造与世界制造之间的关联来看,在以国内大循环为主体、国内国际双循环相互促进的新发展格局背景下,通过数字网络链接起更多的复合型生产链条,实现全球范围内各类个性化产品的生产新模式和新业态。可以把握数字贸易变迁的时间窗口,融入复杂的价值链开放生态系统,建立以我国用户引领为基础的全球价值链。

2. 节约成本

从价值链内部来看,可以有效降低内部信息传递导致的时间成本,以及生产与消费之间信息不对称造成的资源浪费。特别是数字技术赋能下的供需契合生产模式,节约了大量的生产材料成本和各类供应链信息传输成本乃至价值链管理成本等。从价值链外部来看,由于数字信息可呈现更为透明的生产过程和管理模式,价值链条中生产企业的逆向选择的可能性和道德风险显著下降,各个企业更愿意自动遵守约定俗成的价值链运行规则,从而有效降低价值链的外部治理成本。

3. 价值创造

数字作为一种要素禀赋,在进入价值链之后,将显著提高价值链的运行效率,并通过推动原有技术条件下的各类要素组合模式,包括引导用户需求、推送用户服务、链接多维节点生产制造企业,实现价值链整体增值。与此同时,通过构建具有自身用户市场为基础的价值链治理规则,还可以获得更深程度的规模经济和范围经济效应。

7.1.6　全球数字制造行业发展前景

数字制造目前已经成为新型工业应用的标杆性概念,国外先行的发达工业化国家已经累积了大量发展经验。目前,数字制造表现出以下三个方面值得关注的发展趋势。

1. 信息网络技术加强数字制造的深度

信息网络技术对传统制造业带来颠覆性、革命性的影响,直接推动了数字制造的发展。信息网络技术能够实现实时感知、采集、监控生产过程中产生的大量数据,促进生产过程的无缝衔接和企业间的协同制造,实现生产系统的智能分析和决策优化,使数字制造、网络制造、柔性制造成为生产方式变革的方向。从某种程度上讲,制造业互联网化正成为一种大趋势。例如,德国提出的"工业4.0计划",其核心是智能生产技术和智能生产模式,旨在通过物联网将产品、机器、资源和人有机联系在一起,推动各环节数据共享,实现产品全生命周期和全制造流程的数字化。

2. 网络化生产方式提升数字制造的宽度

网络化生产方式首先体现在全球制造资源的智能化配置上,生产的本地性概念不断被弱化,由集中生产向网络化异地协同生产转变。信息网络技术使不同环节的企业间实现信息共享,能够在全球范围内迅速发现和动态调整合作对象,整合各企业的优势资源,在研发、制造、物流等各产业链环节实现全球分散化生产。大规模定制生产模式的兴起也催生了众包设计、个性化定制等新模式,这从需求端推动了生产性企业采用网络信息技术集成度更高的数字制造方式。

3. 基础性标准化再造推动数字制造的系统化

数字制造的基础性标准化体系对于数字制造而言起到根基的作用。标准化流程再造使得工业数字制造的大规模应用推广得以实现,特别是关键智能部件、装备和系统的规格统一,产品、生产过程、管理、服务等流程统一,将大大促进数字制造总体水平。数字制造标准化体系的建立也表明本轮数字制造是从本质上对于传统制造方式的重新架构与升级。对中国而言,中国制造在核心技术、产品附加值、产品质量、生产效率、能源资源利用和环境保护等方面,与发达国家先进水平尚有较大差距,必须紧紧抓住新一轮产业变革机遇。

7.1.7 制造企业数字化创新模式

荆浩和尹薇(2019)围绕数字化产品和数字化商业模式,对制造企业数字化创新模式进行分析。其中,数字化产品包括产品和服务的数字化,以及基于现有产品和服务拓展数字化市场提供;数字化商业模式是利用数字信息技术完成价值创造与实现的过程。

1. 现有业务优化

企业利用数字技术,优化现有的价值创造过程,但并没有改变产品或服务提供。企业的数字化创新,往往是以基础设施的数字化为基础条件,改变产品开发、生产和分销过程。一方面,可以优化现有的运营流程,降低价值创造过程的成本;另一方面,改变交易形式,如平台化商业模式,提高交易效率,降低交易成本。

2. 发展数字化产品

企业虽未改变商业模式的价值创造过程,但通过内容数字化,即数字化的产品、信息或其他增值服务,可以创造差异化市场提供,改造产品和服务、市场焦点及收入模式,并以低成本管理与客户关系,更加仔细地审视不断变化的客户关系。

3. 发展数字化业务

企业基于现有产品,改变价值创造与实现的核心逻辑。数字技术通过不同公司的产品和服务的个性化来实现价值感知,管理、识别那些愿意并能够在价值上限支付溢价的新客户,获取并识别新的价值来源,进而在新的市场中分配和获取价值。

4. 数字化生态系统提供者

企业既开发数字化产品,又创新数字化商业模式。企业创造数字化平台,与其他互补性服务的提供者建立联系,进而实现价值共创,最终建立起数字化生态系统。数字化生态系统提供者,利用其品牌优势吸引平台参与者,确保更好的客户体验和提供一站式购物服务。

一般来说,制造企业最初往往利用数字信息技术加快基础设施的数字化建设,进而开发数字化产品或业务,最终目标是构建数字化商业生态系统。

7.2 数字金融

7.2.1 数字金融的概念

数字金融是金融与科技深度融合的革命性产物,金融与科技的结合由来已久,并先后产生了金融科技、电子金融、在线金融、互联网金融、数字金融等概念。1972年,Bettinger 最早提出"金融科技"概念,指出金融科技是计算机技术与银行专业知识和现代管理科学的结合。在20世纪后期,金融与科技结合最突出的表现是利用信息技术推进传统金融业务流程电子化,从而产生了"电子金融"概念。之后,互联网技术逐渐在金融领域得到广泛应用,从而催生了"互联网金融"概念。互联网金融是一种集移动支付、信息处理及资源配置于一体的新型金融模式,它与银行的间接融资和资本市场的直接融资都存在本质区别。美国贸易发展委员会最开始将其称为"在线金融",包括在线银行、在线经纪和在线保险等在线金融服务。金融与科技的进一步融合在促进金融创新的同时,颠覆了传统金融服务方式,发展形成了数字金融业态。"数字金融"概念源自全球银行创新之父Brett King于2012年出版的《银行3.0——银行转型未来式》一书,该书指出,数字金融是由于现今社会环境的网络化、社群化以及行动化的驱动,金融交易中的环节被简化,并将金融服务的主导权直接交给客户的一种新型商业模式。

我们认为,随着互联网、移动通信科技的发展,金融业务或交易的形态更加多元化,通过互联网,消费者不必去银行,也不受银行营业时间限制,就可享受各种金融服务及办理金融相关业务。换言之,数字金融,一是把银行业务数字化,二是把数字技术应用到银行。

7.2.2 数字金融的功能

1. 缓解信息不对称

数字金融的蓬勃发展得益于数字技术的赋能,数字技术在克服信息不对称上发挥着重要作用。在信贷市场上,借贷双方的信息程度并不对称,放款人的放贷行为格外看重借款人的财务等信息,并以此作为放贷决策的重要依据,而数字金融内嵌的大数据、机器学习等新一代数字技术有助于充分挖掘借款候选人的手机账单、数字足迹、保险记录等多维信息,降低了放贷决策对于单一财务信息的过度依赖,数据与信息的充分挖掘有效降低了借贷双方的信息不对称问题,精准衔接了金融服务的供给与需求,改善了金融服务的可得性和便利性。

2. 降低交易成本

首先,数字金融降低了信息搜寻成本。数字金融一方面能够借助大数据技术充分使用共享信息,缩小借款候选人的信息集;另一方面能够在数据搜集上形成规模经济,从而有效地降低交易参与者的信息搜寻成本。同时,数字金融深化了数字技术与金融服务的融合,加快了供需双方的有效匹配和精准衔接,降低了交易双方信息搜寻的成本。

其次,数字金融降低了信息处理成本。数字技术与金融服务的深入融合提升了海量信息的处理效率,强化资金的精确匹配,从而更有效地识别和预测潜在的对象和市场,大大降低了处理信息的成本。

3. 提升运行效率

首先,数字金融对支付方式和支付系统产生了颠覆性的影响,将物理网点的业务转移到移动终端,将现金支付革新为扫码支付,大大缩短了支付链条,提升了支付的便利性和金融服务的便捷性,加速了流通与交换效率。

其次,数字金融驱动了中国商业银行效率的提升。中国金融体系的主导力量是银行,数字金融的飞速发展在给传统商业银行施加竞争压力的同时也创造出变革的动力。从竞争效应来看,数字金融公司会对传统金融机构的业务带来竞争和挤压,从而倒逼银行体系转型和改革。

再次,数字金融提升了微观企业和金融行业的效率。数字金融的使用深度能够通过推动金融业创新、加快技术转让与技术溢出、改变金融业竞争格局来提升金融业全要素生产率。

4. 推动金融普惠

当前,实现金融普惠已成为全球金融发展的一个共识,但在具体实践中,却往往受到传统技术的限制。一系列的研究表明,数字金融在促进普惠金融、推动金融普惠上扮演着重要的作用。数字金融以低成本、高效率、广覆盖的金融服务惠及被传统金融排斥在外的长尾群体,降低信贷约束和融资成本,促进数字红利的共享,从而推动金融的普惠性发展。

7.2.3　数字金融推动经济增长

第一,数字金融促进了创新创业。从数字金融的创新效应来看,首先,在企业层面,创新活动的开展离不开资金的支持,然而创新又是一个周期长、获利慢的过程,企业尤其是中小企业开展创新时往往会面临融资约束的困境。数字金融内嵌的数字技术有效克服了信息不对称,延伸了金融覆盖面,精准衔接了金融资源的供需,降低了信贷歧视与融资门槛,为创新活动最为活跃的中小企业开展创新提供了资金支持,从而有效破除了融资难题。其次,在行业层面,一方面,数字金融能够发挥"鲶鱼效应",其推动的金融模式创新带来了多样化的金融产品和多元化的金融服务;另一方面,数字金融能够在金融市场上发挥"联系效应",推动传统金融机构主动吸收和引入数字技术,从而促进金融产品和服务的数字化创新。再次,在区域层面,数字金融提高了资源流通效率,促进了技术、信息和知识的流动与融合,从而激发区域创新能力。

第二,数字金融提升了全要素生产率。首先,在企业层面,数字金融通过缓解融资约束和提升信贷配置效率,进而提升企业全要素生产率。其次,在行业层面,数字金融的使用深度能够通过推动金融业创新、加快技术转让与技术溢出、改变金融业竞争格局来提升金融业全要素生产率。再次,在区域层面,金融科技创新通过降低信息不对称程度、催生金融新技术与新模式的渠道提升了全要素生产率,并且这种影响还存在空间溢出效应,即金融科技创新不但能提升本地区全要素生产率,还能带动邻近地区全要素生产率的提升。

第三,数字金融促进了消费。数字金融在提升消费水平、升级消费结构上发挥了积极作用,主要是通过提升支付便利性来释放居民消费潜力。居民不受时间和空间限制,可以通过移动终端、互联网渠道,随时随地买到自己想要的商品。

第四,数字金融促进了投资。一方面,随着数字金融监管的增强,降低了金融欺诈行为,增加了数字金融的安全性,促进了大众对于数字金融的使用意愿;另一方面,数字金融创新和丰富了金融产品和金融服务,通过提供新型金融账户吸引了大量的用户,有效地吸纳社会闲散金融资源,投资产品的信息和范围的扩大也提升了投资者新增投资的可能性。

第五,数字金融促进了就业。数字金融提升了技能劳动力需求,而技能劳动力容易与资本形成互补,金融与科技的结合降低了企业的融资门槛和成本,因此可以提升技能劳动力需求。另外,数字金融降低了返乡农民工创业成本,推动返乡农民工自主创业,从而助力乡村振兴。

7.2.4 数字金融吸引国际直接投资

数字金融主要通过优化营商环境、促进经济集聚和创新创业效应三种途径促进FDI流入。

1. 优化营商环境

数字金融通过优化营商环境从而促进FDI增长的内在机制主要表现在两个方面。一是市场化缓解信息不对称。数字金融通过互联网采集、收纳市场主体的各类信息与数据,运用云计算、大数据与人工智能技术进行分析、归类、总结与披露,有效评估了市场主体的需求与供给、信用与成本、收益与风险等,以公开化、透明化的金融模式促进市场化水平提升,有利于减少外资企业投融资的信息不对称与不确定风险,从而缓解道德风险和逆向选择问题,提升企业投融资效率与收益率。二是市场一体化促进规模经济。传统金融环境下,各区域间长期处于"诸侯经济"状态,对于FDI分别实施相互竞争的政策,导致市场分割、外资流入分布不均衡和区域保护主义,从而不利于FDI增长与经济发展。而数字金融的发展缩短了区域间的地理距离,加速了区域间资本、信息等要素的空间流动,突破了以往市场分割的局面,促进市场一体化发展并产生规模经济,在扩大FDI容纳空间的同时,也提升了企业投融资的收益率,从而有利于FDI增长。

2. 促进经济集聚

数字金融发展通过促进经济集聚而吸引FDI流入的内在机制主要表现为两点。一是资本要素集聚。与传统金融模式相比,数字金融更易于发挥范围经济和尾部效应。一方面,传统金融业务办理需要以物理机构网点为基础,而数字金融凭借互联网、大数据与人工智能技术,使得在没有银行网点、ATM等硬件设施地区的客户仍能通过电脑、手机等设备进行投融资行为和获取金融服务,降低开拓相关业务的边际成本,产生范围经济效应,有利于吸引金融资本集聚。另一方面,数字金融不断拓宽金融覆盖广度与使用深度,利用微信、支付宝等平台,将原本游离在金融系统之外的小额、零散但总量巨大的资本吸收进金融体系,发挥数字金融长尾优势,进而促进区域资本集聚。二是劳动要素集聚。数字金融依托互联网技术缓解金融排斥,降低信息不对称风险,提升金融服务可得性,进而拓展了大量新就业空间。一方面,数字金融在低成本和低风险的基础上,降低企业融资约束,促进企业技术创新与规模扩张,产生外部规模经济,为更多高技能劳动力创造就业岗位,进而形成人力资本集聚。另一方面,数字金融利用互联网、大数据等数字技术提升信息传播速度与透明度,在加剧劳动力市场竞争的同时,也完善了人才评价标准,集聚大量更优质的劳动力。而大量的优质劳动力产生劳动力"蓄水池效应",进而有助于吸引外资企业进行投资。

3. 创新创业效应

数字金融通过激发创新创业活力从而促进FDI流入的内在机制主要表现为两点。一是技术创新。数字金融具有高效、便捷、低成本、低门槛等特征,能极大地优化信贷资源配置,增加对创新活动的金融供给,促进区域技术创新,从而增强外资企业的效率寻求动机,吸引FDI流入。一方面,数字金融在人工智能、大数据、云计算等技术支持下,以低成本低风险方式吸纳了市场中大量的"多、小、散"金融资源,然后通过层次丰富的融资渠道和方式缓解企业融资约束,增强企业创新投入强度;另一方面,数字金融发展通过竞争效应、示范效应、学习效应倒逼传统金融机构转型升级,降低了金融排斥,提升了创新融资效率,为企业技术创新提供资金保障。二是创业活力。数字金融能够弥补传统金融不足,降低金融服务门槛,为大众创业提供良好的金融环境,激发创业活力,推进商业模式改革与创新,进而吸引外资。数字金融不仅是对传统金融的增量补充,更是对传统金融深度、效率和服务质量的优化提升,有助于实现存量优化。一方面,数字金融发展挤压了传统金融机构的投融资业务,加剧了金融机构间的竞争,倒逼传统金融机构转型升级;另一方面,金融机构通过数字化与智能化技术为企业投融资提供了丰富的应用场景和便捷的操作方式,不仅降低了金融服务门槛,而且提升了金融机构运作效率,为大众创业提供高效、便捷的资金支持。另外,数字金融将科学技术与管理、交付、运营等创新模式相结合,改变了传统金融服务与业务处理模式,衍生出支付宝、微信支付、淘宝等一系列新业态、新科技、新模式,不仅推进了商业模式变革,而且释放了大量创业机会,拓展了外资流入空间。

7.2.5 数字金融下银行业发展趋势

"银行创新"研究者 King(2018)表示"在金融科技的浪潮下,银行将被重新定义,未来人们还是需要金融服务,但银行不再是提供金融服务的唯一渠道"。他将金融数字化的发展划分为四大阶段,即从银行 1.0 进化到银行 4.0。

银行 1.0(1472—1989 年):第一家银行出现,主要以传统分行作为银行与客户之间交易桥梁。

银行 2.0(1980—2007 年):自动柜员机(Automated Teller Machine,ATM)设备出现,使得银行在营业结束后还能提供服务,提款不受营业时间限制。此外,因互联网开始发展,个人网站、社交网站的日益普及,使用者在网站上发表个人言论,人们可以在网络上互动,影响人与人之间的生活模式,企业也意识到此趋势,电子商务活动日趋活跃。

银行 3.0(2007—2017 年):智能手机出现,人们利用移动设备及手机软件可以随时随地使用金融服务,如账户查询、转账、购买理财商品、贷款及信用卡申请等金融需求。银行在科技发展推动下,使客户接触银行服务的渠道更加多元化,变成"无所不在"与"无时不在"的虚拟银行,取代原有实体银行的网络架构。银行不再是个"地方",而是一种"行为",让金融服务消费者不再需要走进银行。

银行 4.0(2017 年至今):移动应用程式(App)、人工智能、区块链、云端运算、大数据分析及指纹识别等金融科技运用于金融服务,走向数字化,创造并提供给消费者不同以往的金融消费感受,且新创型或大型科技公司凭借具有的领先技术跨界进入金融服务业,通过数字技术架设网络平台并提供贷款、理财、支付等金融服务,完全不需要实体运营点。

7.2.6 中国数字金融发展概况

数字技术与金融服务的不断融合是金融发展进程中的自然趋势。从 20 世纪 80 年代的电子化记账系统,到 21 世纪初的资金异地实时汇转,再到如今的金融机构数字化转型,中国金融的业态和模式经历了翻天覆地的变化。中国数字金融的发展以 2003 年为分水岭,2003 年之前是数字金融的萌芽期,2003 年之后数字金融便进入了飞速发展阶段。在数字金融萌芽阶段的早期,金融电子化和金融信息化是其最鲜明的特征,出于降低运作成本、提升经营效率的目的，金融企业和金融机构开始设立信息部门，并在金融业务中使用信息技术软硬设备。进入20世纪90年代，金融渠道电子化开始成为金融创新和金融科技的发展方向，出现了科技主导的互联网虚拟金融交易平台，将大量金融业务从线下转到了线上。然而，无论是金融业务电子化，还是金融渠道电子化，都没有利用和融合数据要素，因而未改变金融业务的过程，对金融体系的变革十分有限。

2003年，支付宝的诞生标志着中国数字金融开始步入金融服务智能化的阶段。支付宝模式最大的优势在于，建立起了买卖双方的信任关系，有效克服了传统金融中广泛存在的信息不对称难题，成功地将人们的消费习惯与商业结构紧密起来，并在此基础上检测和利用交易数据对用户进行信用分析，精准地提供个性化和智能化的金融服务。虽然支付宝在2003年便诞生，但不少学者认为，直到2013年在线货币基金"余额宝"的推出才在真正意义上推动了中国数字金融的快速腾飞。目前，中国数字金融无论是规模还是技术都处于全球前列，据H2 Ventures和毕马威发布的全球金融科技公司100强，其中美国有15家，中国有10家，前12强中国占4强。在支付业务方面，中国人民银行发布的《2022年支付体系运行总体情况报告》显示，2022年银行处理的电子支付业务共2 789.65亿笔，金额为3 110.13万亿元；其中，网上支付业务1 021.26亿笔，金额为2 527.95万亿元；移动支付业务1 585.07亿笔，金额为499.62万亿元；电话支付业务2.45亿笔，金额为10.35万亿元；非银行支付机构处理网络支付业务10 241.81亿笔，金额为337.87万亿元。

对于2013年之后的数字金融，互联网已经不再是推动科技与金融结合的动能，大数据、云计算、人工智能、区块链等新一代信息技术开始与金融服务深度融合，通过数据协作形成与数字经济匹配的金融新形态，金融与科技之间的边界也变得越来越模糊。此时，数字金融不再是在传统金融服务的基础上简单加上数字元素，而是以数字技术为驱动的金融模式的重塑。与此同时，数字金融的边界也在不断延展，涉及基础设施、支付清算、融资筹资、投资管理和保险五大方面，包含智能合约、数字身份识别、数字货币、移动支付、数字信贷、数字证券、智能投资等具体业务，传统金融基于信用的框架逐渐被改变为基于数据的框架，传统金融的产品设计、业务流程和组织结构都被逐步重塑，可以说，数字金融颠覆了传统金融的技术、模式与业态，开启了数字技术驱动金融创新的新时代。

展望未来，数字金融还将继续深入融入人们的生活方式和经济活动，不断提升经济运行效率，成为中国经济增长的新引擎。数字金融下一阶段的发展方向可能会向金融智慧化迈进，在这一阶段，数字金融将进一步弱化传统金融服务的部分职能，缩小核心服务的边界，淘汰单一账本的交易中介，剥离金融对于实物资产的依赖，数字金融商业模式的主力军将由消费金融、汽车金融逐渐转为产业金融、普惠金融。数字金融还将加速金融业数字化转型，拓展金融服务的应用场景，实现真正的金融智慧化。

7.2.7 数字金融风险与监管

数字金融的兴起在为经济金融发展带来积极影响的同时，产生的风险也引起了政策制定者和学者的广泛关注。王定祥和胡小英（2023）认为数字金融的风险体现在三个方面。

一是风险传染与放大效应。数字金融淡化了金融边界，使得其风险识别更为困难。同时，数字金融存在明显的网络外部性，易引起泛金融化、技术和操作风险等，并通过风险传染、溢出效应放大金融风险，进而提高系统性金融风险。也有研究认为，大型数字金融公司有时会导致市场份额更加集中化,从而可能带来新的金融系统性风险。

二是增加金融机构的风险承担。数字金融推高了银行业的资金成本,加剧了信贷竞争,银行业的存贷利差收窄,加剧银行承担的风险。

三是暴露新风险。数字金融发展在强化一些固有金融风险的同时,也暴露了新业态和新模式下新风险,如广受关注的网贷平台等具体业态存在的潜在风险。在这些领域内,类似无证上岗、野蛮生长和庞氏骗局的现象十分普遍,如果不设法改变这种局面,极有可能产生"劣币驱逐良币"现象。

然而,当前监管体系、监管制度及举措的创新相对于数字金融发展的步伐是滞后的。自美国次贷危机以来形成的现有监管体系难以应对分散化的数字金融市场所面临的相关风险,监管方式和监管模式等方面都面临着全新挑战。适应金融科技高速发展的数字金融监管应当从统筹防风险与促创新、完善监管法律体系与标准、提升数字金融监管适应性等方面着力,应对好数字金融带来的新风险与新挑战。

1. 统筹防范风险与促进创新

引导数字金融更好发挥服务经济的正向作用,寻求包容性、稳定性、合规发展和消费者保护的新平衡。加强对数字金融发展的规范、引导和扶持,鼓励我国平台机构在合规框架下积极创新,在全球金融竞争环境中保持优势地位。更好地利用信息技术手段监管和精准打击违法犯罪行为,加强与安全部门的统筹协调,彻底摒弃一禁到底、牺牲群众利益的"一刀切"监管方式,注重保护大众利益,鼓励满足人民群众迫切需求的金融创新。

具体而言,一是推动普惠金融发展,利用数字技术提供所有人和企业都能获得负担得起、负责任和可持续性的金融服务。二是加强宏观审慎监管,在搭建和执行宏观审慎框架时,高度重视科技风险,在对资本监管要求的基础上附加相应的数据治理要求和监管标准,维护金融体系平稳运行。三是促进合规发展,对金融科技市场新进入者,遵循技术中性原则,不对特定技术豁免监管要求,不应对标榜"技术创新"的金融科技公司放松监管尺度,反之亦然。四是加强消费者保护,保护个人隐私,维护客户资金安全,免受信息诈骗、技术缺陷、算法歧视和网络攻击等伤害。

2. 完善监管法律体系与标准

在不断完善数字金融法律监管体系的同时,建立起适应数字金融边发展、边应用模式的定期更新修订制度。配合数字金融监管技术,实现以法律为基础、技术为手段的动态监管模式。

一是在现有法规基础上,尽快推出数字金融综合法律法规。目前,与数字金融有关的法律法规有《刑法》《民事诉讼法》《担保法》《金融消费者权益保护实施办法》等,虽然能够依法打击盗取客户信息和资金,电信、网络诈骗等犯罪行为,但还不能真正全面统筹解决数字金融方面的问题。应根据我国当前数字经济和金融科技新形势、新变化,设立有关数字金融业务科技、业务范围、法律责任等方面的专用法律,从系统安全、业务服务、客户信息保护、客户资金安全等方面入手,全面系统概括数字金融业务整体,保护消费者权益,推动数字金融业务的健康稳定发展。

二是加快建立数字金融标准规则,健全金融科技监管基本规则,加强新技术金融应用备案管理,健全金融领域科技伦理治理体系。持续、全面加强对金融新模式、新业务的跟进和研究,不断完善制度规则体系,丰富监管手段,强化监管协作,积极维护金融稳定和金融安全。努力健全和完善符合我国国情、包容审慎、富有弹性的金融科技创新监管。

3. 提升数字金融监管适应性

数字金融大发展下,金融科技公司与金融机构边界不断模糊,应该从性质认定、监管主体、监管手段等多个维度优化数字金融监管。

一是优化认定、授牌方式,实施一致性与差异化相结合的监管模式。进一步优化我国金融机构持牌相关监管制度,根据现有的分工状况建立分级牌照体系,在防范监管套利的同时,保持监管的针对性和灵活性。严格规范资质管理,约束从业人员行为。对于部分科技属性强、不参与实质金融业务的节点式介入金融业务的金融科技公司,应从传统信用业务的资本管理、流动性管理转向数据治理的数据安全、算法监管和技术风险防范。

二是强化功能监管,深化运用金融科技创新监管工具,强化数字化监管能力建设。避免监管过度造成的金融压抑和监管过度风险,借助高新技术提升对互联网金融的监管水平和以风险为本的监管质量,促进金融创新与发展。利用机器学习、人工智能、数字加密以及云计算等新技术发展帮助金融机构满足监管和合规要求的监管科技。探索运用人工智能技术前瞻性研判风险情景,实时监督各类违法违规行为,健全风险预警机制。

三是完善"监管沙盒"制度,提高监管时效。考虑在监管机构内部设立高级别的首席科技官或首席数据官及配套支持部门,及时掌握并理解市场动态,感知市场潜在的风险积聚,建立健全监管机制,提前识别、防范和化解风险。尽快建立区域性创新中心,加大"监管沙盒"试点的推广力度,提高试点的效率和适应性,以更好地监测参与试点的金融科技产品的风险规模及商业可行性。

7.3 跨境电商

7.3.1 电子商务的概念

电子商务(E-commerce),又称电商,是由2000年开始通过网络发展衍生而来的商业形态。根据世界贸易组织2018年发表的《电子商务协定》所述,电商需符合以下三种条件:企业及消费者均需通过网络连接服务本体;如产品为数字产品或服务,需以数字化方式向消费者交付;使用互联网作为销售渠道,通过网络购买产品或服务后再以非电子形式交付予消费者。除了世界贸易组织的定义,学者们也提出更简单易明的电商定义:可以使用互联网进行商业交易即为电子商贸。电商可以商业性质分类,如B2B、B2C及C2C等;亦可以地域分类,如本土电商(非跨境)及跨境电商。不论是本土电商或是跨境电商,发展都异常快。

由于电商跟传统销售模式不同,故电商在角色上也与传统销售不同,其中最主要的是电商讯息整合和传递比传统销售更有效。另外,电商亦可促进企业以更有效的方式寻找外部供应商提供产品及服务。虽然电商概念是指使用互联网作为销售渠道,但除此以外,电商与传统销售还有其他不同之处。传统销售一般是商家直接将货物销售给消费者,而电子商务是通过线上形式进行销售,因此其覆盖面更广。

7.3.2　跨境电商的概念

跨境电商(CBEC)的全称为跨境电子商务(Cross-Border E-Commerce),在形式上跟电商并没有太大的差异,主要差异在于各关系人位于不同国家或地区进行电商交易。各关系人在线上交易的并不局限于国内的市场,而是在更广阔的全球市场中运作。除了一般企业间的跨境交易外,跨境电商也创造出全新的市场,通过在线渠道[直接通过官网(即 B2C)或通过在线零售网站(即 B2B2C)等中介]向位于国外的消费者销售商品。例如,亚马逊和 eBay 等全球 B2C 网站改变了全球消费者购买产品或服务的方式。一般消费者的购物模式开始不仅仅限于本国市场。此方式的改变意味着"边界"这一名词在商业交易中渐渐消失,为全球企业带来了前所未有的商机,同时也伴随着新的经营挑战。

当全球企业开始投入跨境电商的市场,首先会发现当今的零售环境瞬息万变。企业不仅可以使用在线平台轻松地在国内和全球营销其产品,而且可以更容易地接触不同种类的顾客,企业开始意识到自己有能力在不同的电商平台与其他企业或是一般消费者进行联结,继而销售自己的产品。随着企业开始关注全球电子商务,互联网信息对当地文化的适应变得越来越重要。互联网营销与其销售渠道不同,部分原因是消费者面对的障碍更少同时选择更多。由于客户可以轻松获得更多信息,企业为了获得更多竞争优势只会向消费者提供最有效的消息以获得信任。

在跨境电商的领域下,国境及边界的意义变得模糊,企业与消费者的隔阂愈来愈低,亦使交易更便利,有助于跨境电商发展。就全球跨境线上购物人数而言,从 2015 年的 1.63 亿人成长到 2019 年的 3.6 亿人,短短 5 年间跨境线上购物人数上升 2.2 倍。而跨境电商交易金额亦屡创新高,2019—2022 年市场规模(增速)分别为 10.5 万亿元(16.66%)、12.5 万亿元(19.04%)、14.2 万亿元(13.6%)、15.7 万亿元(10.56%),2023 年中国跨境电商市场规模达 16.85 万亿元,较 2022 年同比增长 7.32%。2022 年全球跨境电商的行业交易总额为 2.4 万亿美元,同比增长 14.29%,2023 年交易总额约为 2.8 万亿美元,中商产业研究院分析师预测,2024 年全球跨境电商行业交易总额将达到 3.3 万亿美元。在线上渠道的快速发展和数字化转型的推动下,全球电商市场稳步向好,跨境电商行业渗透率平稳增长。2019—2023 年,全球跨境电商行业渗透率从 5.2%增长至 8.0%,中商产业研究院分析师预测,2024 年全球跨境电商行业渗透率将达 8.6%。

7.3.3　跨境电商经营模式

在经营模式上,跨境电商符合电子商务的经营模式,包括 B2B、B2C、C2C、B2G 甚至是 B2B2C,其中以 B2B、B2C 最为普遍。

1. B2B

B2B 为 Business to Business 的简称,即企业对企业的经营模式。B2B 电子商务的经营模式提供了跨境电商的大部分销售额,此经营模式为企业以线上形式向海外厂家采购货物后通过实体零售店把产品出售给一般消费者的商业模式,简单来说,是指以往通过实体展览洽谈生意改为经由网络寻找厂家进行采购再销售。B2B 的商业模型中涉及的营运层面由不同的部分组成,其中包括信息化流程、跨境物流和电子支付等。全球的买家和供应商使用线上交易平台交易商品和服务,而这些交易促进了线上交易市场发展,并帮助企业绕过传统的分销渠道,扩大其在全球的影响力。

现今市场上有不少的 B2B 网站,除了来自美国的 Amazon 以外,其他大部分 B2B 网站均位于亚洲地区,特别是我国网站的营业额巨大,如阿里巴巴、Global Source、Made in China 及 DHgate 等。之所以我国有大量的 B2B 网站,是因为中国作为世界工厂,每年出口大量产品到海外。

2. B2C

B2C 为 Business to Consumer 的简称,指企业对消费者的经营模式。B2C 电子商务企业以纯线上渠道向消费者进行销售,或是传统实体零售企业自行开设线上销售渠道。企业除了可以使用一般网络平台销售外,更可以通过社交平台、专门的电商应用程序等售卖其产品。

线上平台的销售模式使消费者能够直接与外国商家进行交易,而无须前往商家所在的国家或地区。互联网允许商家以更多的形式将他们的店面展示在世界各地的消费者面前,而互联网技术已将消费市场扩大到前所未有的程度。在 B2C 环境中,消费者是为自己的消费进行购买的个人购买者。与一般企业相比,个人消费者做出的购买决定更受个人因素的影响,如消费者自身的个性和价值观。有研究表明,消费者的认知和情感因素会影响他们对线上供应商的信任。现今市场上有不同类型的 B2C 网站,分布在世界不同地区,如美国的 Amazon、Shopify、Ebay、淘宝、Lazada 等企业,而电商平台在世界各国运营不同的 B2C 分站以经营不同国家的消费市场(如 Ebay 有 47 国的分站、Amazon 有 21 国的分站、淘宝有 17 国的分站),不同国家的版面及内容略有不同,但消费者可以分辨不同平台电商的特色。

7.3.4 数字经济推动跨境电商高质量发展

数字经济背景下,跨境电商高质量发展以科技创新为技术支持,以新型数字基础设施为基础支撑,以数字治理为支持体系。

1. 数字技术赋能

数字经济背景下,数字技术将传统产业的各个环节与跨境电商深度融合,从数字层、平台层和应用层共同赋能跨境电商高质量发展。一是数字层,利用数字技术进行大数据挖掘,分析预测消费需求,通过区块链、物联网等数字技术进行产业协同,从而为跨境电商企业提供更加精准的产品供给。二是平台层,数字平台可以成为消费者与跨境电商之间的桥梁,解决跨境电商在数字监控、数字技能培训、网络安全等方面面临的问题。三是应用层,通过开发小程序、App、微信端等各种跨境电商应用,可以在销售产品的同时获取消费者信息。

2. 数字品牌生态

数字经济背景下,依托数字技术可形成数字品牌生态集群、数字品牌生态模式、数字品牌生态价值,从而实现跨境电商高质量发展。数字品牌生态集群方面,依托数字经济可以打造核心业务集群,以产业集群为依托开展品牌相互合作,形成数字品牌生态集群。数字品牌生态模式方面,数字经济可以帮助跨境电商在销售、物流、沟通等各个环节进行创新,形成独具特色的数字品牌生态模式。数字品牌生态价值方面,数字经济可以帮助跨境电商企业科学地搜集、利用和整合信息,获取新市场份额、巩固新消费者群体、塑造新需求、优化新体验、树立品牌形象、提升品牌价值,开展数字化品牌精细运营,提供数字化品牌服务,形成数字品牌生态价值。

3. 数字规范治理

数字经济背景下,数字规范治理是依托数字经济建立新的社会治理模式,通过数据治理、数字人才、数字管理,实现跨境电商高质量发展。数据治理方面,国际贸易背景下,从跨境数据确权、跨境数据安全、跨境数据保护、跨境数据流动等方面在区域贸易协定中纳入符合自身数据治理理念的规则、出台政策指南,加强数据治理。数字人才方面,通过数字人才需求推动跨境电商企业数字化人才结构性转变,从而倒逼社会教育方式的转变。数字管理方面,数字经济为数字化运作方式提供支撑,驱动跨境电商效率变革,形成由数据驱动的扁平化组织管理模式,推动组织管理运行效率提升,为跨境电商企业决策提供科学依据。

4. 数字基础支撑

跨境电商高质量发展的基础保障支撑以数字基建、数字支付、数字物流为基石。一是数字新基建,运用数字技术促进跨境电商技术改造和设备更新,支撑跨境电商高质量发展;二是数字支付,通过数字技术可以实现跨境电子数字化支付业务,推动跨境电商人民币结算;三是数字物流,依托数字经济,可以推进跨境电商物流建设,重构跨境电商流通体系,促进跨国物流服务,重塑全球物流乃至商业基础设施,促进我国跨境电商在更高层面参与国际竞争合作。

7.3.5 我国跨境电商发展特点

周坤(2023)指出,我国跨境电商发展势头迅猛,市场规模不断扩大,拥有一定政策支持,注重与国际市场合作,科技赋能等是我国跨境电商发展的主要特点。

1. 市场规模不断扩大

虽然近年来我国跨境电商进出口规模同步上涨,但两者占比几乎不变,出口规模占比在77%上下浮动,占总市场规模的3/4,跨境电商出口业务仍然占据主导地位。从上述数据来看,我国跨境电商在全球电子商务贸易市场中已占据一席之地并呈高速发展趋势。2023年我国跨境电商进出口较2018年增长1.2倍。2024年上半年我国跨境电商进出口1.22万亿元,同比增长10.5%,高于同期我国外贸整体增速4.4个百分点。2024年中国跨境电商市场仍然处于快速发展期。数据显示,截至2023年底,中国跨境电商市场规模达1.4万亿美元(约9.66万亿元人民币),较2019年增长约2倍。根据企查查数据显示,国内现存跨境电商相关企业2.1万家,近十年相关企业注册量呈持续正增长态势。2021年全年注册相关企业4 734家,同比增长50.29%,创近十年注册量第一个峰值。2023年相关企业注册量突破5 000家,同比增长44.28%至5 826家,创近十年注册量新高。2024年1—7月已注册4 715家跨境电商相关企业,达2023年全年注册量的81%,其中新注册4 461家,较2023年同期同比增长35.39%。

2. 拥有政策支持

2020年,我国新设建立了第五批跨境电子商务综合试验区,以大力支持海外仓、自贸区和保税区发展。截至2021年底,全国保税区已达186个。2022年2月,国务院批复设立鄂尔多斯等27个跨境电子商务综合试验区,标志着我国第六批跨境电子商务综合试验区成功获批。目前,国内跨境电子商务综合试验区获批数量已超132个,中国海外仓数量超过2 000个,面积超1 600万平方米。为促进中国跨境电商行业的可持续发展,我国政府创新性地开展跨境电商企业对企业(B2B)出口监管试点,增设9710、9810贸易方式,并在多个城市直属海关开展试点,配套通关便利措施。2022年9月27日,商务部印发《支持外贸稳定发展若干政策措施》,并提及一些支持我国优势产品开拓国际市场、进一步出台支持跨境电商海外仓发展的政策措施,抓紧新设一批市场采购贸易方式试点以及跨境电商综合试验区等。

3. 积极参与国际合作

为响应贯彻习近平总书记提出的建设和平之路、繁荣之路、开放之路、创新之路以及文明之路的要求,2016年以来,中国已与多个国家签署电子商务合作备忘录并建立双边电子商务合作机制,合作伙伴遍布五大洲。2020年11月15日,中国、日本、韩国、澳大利亚等15个亚太国家以及东盟10国正式签署了《区域全面经济伙伴关系协定》(RCEP),并于2022年1月1日正式生效。作为全球最大的自由贸易协定,RCEP电子商务涵盖了丰富的促进电子商务应用和合作等相关内容,极大地促进区域电子商务领域合作,激发行业发展活力,为我国跨境电商行业的高速、高质量发展提供更大机遇。

4. 科技赋能跨境电商

云计算、5G技术、区块链、人工智能以及大数据等新兴技术的发展能进一步提升跨境电商的数字化水平,并为数字经济的发展提供全方位支撑,如利用大数据技术为用户建立画像,实现跨境电商平台数字化精准营销。用户在购物平台上浏览商品、关键词搜索、添加购物车、收藏商品等一系列操作将会留下海量数据,通过对数据的全方位分析能更深层次地了解客户的消费需求与购物偏好,并向其推荐符合需求的产品。区块链技术具有去中心化、透明、不可篡改等特征,能解决共享经济中存在的信息不对称、交易成本高以及陌生人信任等难题。点对点传输以及智能合约可用于跨境支付领域,帮助跨境电商建立高效的跨境支付体系。基于区块链的时间戳技术能实现供应链产品的终极追溯,帮助电商平台建立起跨境电商产品质量追溯体系。人工智能等能通过各种算法演算出多种最优物流配送路径,从而实现货物运输的路径优化。利用数字技术建立的智慧工厂、智慧物流、智能仓储、智能预测和智能风控等能解放人的脑力和体力劳动,使供应链各个环节变得更数字化和智能化。

7.3.6 我国跨境电商发展存在的问题

1. 跨境电商运营模式缺乏规范化

一是国内外信息不对称。信息不对称是跨境电商运营中的重要问题。西方国家贸易保护主义抬头,贸易壁垒显现,而我国跨境电商商家对国外某些外贸法律条文和贸易保护主义政策不够了解,并且店家与消费者来自不同国家,文化背景差异较大,双方容易出现信息差。

二是缺乏监管运营机制。我国跨境电商市场正处于培育、转型和发展的新阶段,跨境电商平台对入驻商家资质审核较为宽松,使得一些无营业资质的商家也能够在平台开店。由于平台缺乏监管商家商品质量的运营机制,无法保证所有商家提供的商品质量和售后情况,使得后续产生了较多商品质量纠纷。另外,由于电商平台发展非常迅速,我国跨境电商有关部门(如海关、税务、外汇管理等)还没有成熟的监管法则和监管体系,法律监管尚不规范。

2. 跨境电商运营不合理

2020年,中国跨境电商规模增长受环境影响后开始出现下降趋势。在此背景下,跨境电商企业运营还面临三个方面的问题。一是数据分析同质化。数字经济背景下,跨境电商平台商家大多通过大数据分析用户的浏览关键词、浏览时长、选品喜好、加购次数、回购次数等来进行店铺推送,但商家分析数据的方法往往过于相似,导致对目标客户推送商品出现同质化问题。二是选品大众化。跨境电商平台卖家在选品时盲目追求网红化、爆款化,商店产品缺乏品牌特色,让消费者无法产生购买黏性和复购欲望,导致企业经营利润被稀释。三是品牌意识薄弱。现阶段,跨境电商选品以代工、仿制大牌为主,品牌缺乏自主风格、产品技术含量低下,对产权保护意识薄弱,导致侵权问题频发。

3. 跨境电商结算风险增加

近年来,全球经济波动变化较大,跨境电子商务结算风险增加。一是第三方结算业务风险增加。国内B2C电商出口交易平台大多通过PayPal结算,商家在境外通过PayPal收款后,再通过第三方支付机构将货款提现至国内账户,这种与第三方支付机构合作的提现业务需要收取一定手续费,成本较高,时间较长,容易导致结算风险增加。二是客户违约风险提升。受特殊因素影响产品上下游供应链断裂,部分加工完成或尚未完成的商品因港口清关和运输原因无法及时送至消费者手中,若境外消费者提出退款要求,商品将积压至卖家手中。另外,境外消费者的消费观念和缺乏储蓄的习惯,导致部分消费者无法按时缴纳货款,从而增加结算风险。

4. 跨境电商人才缺口增大

《2019中国进口发展报告》显示,中国跨境电子商务人才缺口已达450万,并仍以每年30%的速度继续扩大。跨境电商因其门槛低、利润高的特点导致大量社会人员涌入,而该类人群大多缺乏跨境电商运营、数字化工具运用等专业技能,自身能力有限,导致相关企业的发展和转型受到影响。

7.3.7 我国跨境电商发展建议

1. 去库存、产业链升级

一是优化仓储。跨境电商商家应根据产品数量、类型、日期等区分不同类型的产品,规范仓储存放操作流程。二是设立库存预警,商家要设置商品的库存预警值,当库存达到最低和最高时及时预警提醒,以避免库存的数量超出预期。三是加快企业数字化转型。商家需要全面掌握产品库存、销量、总体资金分布、回报占比情况,并利用数据分析提供决策依据,以此降低滞销或缺货风险。

2. 规范化运营

规范化运营是商家转型的基础。跨境电商商家应规范企业流程，完善企业规章制度，以提高企业运营效率。一是财务规范化。企业要根据实际情况聘请专业财务管理类人员规范化、合法化商品出口退税、境外账户避税等操作。二是合理利用数字工具。运营商家可以用户数据为基础，以全渠道为链条，利用数字化技术构建用户的消费轨迹，打造多样化的经营场景。例如，通过合理利用亚马逊推出的运营工具——"搜索分析"，分析全品类商品搜索表现报告和搜索词表现报告，从而解决商家销量不够、流量不高、购买意愿不强、付款率不理想等问题。

3. 形成品牌效应

品牌出海的本质是打造品牌独特竞争力。跨境电商卖家在品牌营销时要深入研究顾客的消费方式，挖掘敏感的消费场景，用定位解决价值问题，用个性解决感觉问题。一是商家可以通过研究分析消费者国家的市场需求、背景、竞品等，选取具有品牌影响力的产品进行代销，以在该市场占据一席之地。二是要着力打造个体独有的品牌力，形成品牌效应。跨境电商商家可以在能够打造品牌、掌握私域流量的独立站建立个性化、小众化品牌，并通过规划品牌调性、品牌故事、品牌LOGO、定位人群、差异化等吸引境外消费人群消费。

4. 降低第三方结算风险

跨境电商货款的结算风险主要受国际汇率变动的第三方结算风险和消费者拖欠货款行为的影响。因此，一是建议有关部门将跨境电商外汇收入纳入国际贸易收入管理中，以此解决跨境电商收汇的绕道问题，并且要鼓励跨境电商店家主动使用人民币结算、标价，以降低国际间汇率带来的财务风险。二是加大对第三方结算机构的背景审核力度，不断完善和改革第三方支付机构收汇结算的真实合规性。

5. 培养跨境电商储备人才

跨境电商的发展和转型离不开专业技术人才的支持，国家可以建立跨境电商人才培养体系和储存机制，以保障跨境电商长远发展。跨境电商行业对专业人才的需求正在不断上升。一方面，职业院校和本科院校可以联合培养高素质复合型跨境电商人才，跨境电商企业应与职业技术教育类学校进行校企合作，通过搭建课程体系、实训基地人才认证、人才激励基金等方式培养跨境电商储备人才。另一方面，企业应加大培训投入，定期对已经在职的员工进行专业技术和管理知识培训，提高其理论和实操水平，使其在工作中发挥最大价值。

7.4 数字文化产业

7.4.1 数字文化产业的概念

国家"十四五"规划明确提出，实施文化产业数字化战略，加快发展新型文化企业、文化业态、文化消费模式。在中国特色社会主义事业进入全面建设社会主义现代化国家、向第二个百年奋斗目标进军的新发展阶段,党的十九届五中全会将文化产业数字化提升为国家战略,纳入社会主义文化强国建设的重要部署,旨在推动文化创作、生产、传播和消费全面数字化,为数字文化产业发展营造了良好的政策环境和发展氛围。

西沐和朱博文(2023)认为,数字文化产业是以文化创意内容为核心,利用数字技术进行内容编辑加工,通过数字化场景平台对数字内容产品进行传播与销售,其主要特征为内容生产数字化、管理过程数字化、产品形态数字化和消费传播渠道场景化。数字文化产业涉及内容产业、平台产业和文化科技三个主要领域。因此,发展数字文化产业,资源和平台合作是一种涵盖跨部门、跨行业、跨领域等跨界的理念。

西沐和朱博文(2023)指出,数字文化经济是在数字技术驱动下,对文化生产制度结构产生影响,形成新的关键投入,引发文化创新模式与生产模式变革,文化经济发展与治理模式加速重构的新型经济形态,是技术范式、经济范式乃至社会文化范式的综合。因此,与传统文化产业相比,数字文化产业主要呈现一些"新"特征,具体表现在六个方面。

一是新的经济形态。传统文化产业到数字文化产业并非仅是字面上的改变,而是产业发展的基础与核心已经在解构与重塑。具体在资产形态、管理形态、消费形态与治理形态四个方面发生了根本性的转变。数字经济实现了传统文化产业的要素重构、场景再造、流量升级与价值创新,促进了文化惠民。数字文化产业是一种新型文化产业。

二是新的业态。随着科技融合发展深化,互联网与数字化技术使得消费走向离散化、个性化、时尚化与快餐化。消费需求形式的变化引起消费者在消费过程中更追求个人的主观感受、沉浸式交互体验与获取服务的便捷性。这种变化要求文化产业的服务能力与水平须适应适配这一趋势,从而带来业态转型。

三是新的基础设施。在数字产业条件下,重大的、相互关联的技术构成主导技术体系,构成新的关键投入,其重要表现之一就是新的基础设施。当前新基础设施是在老基础设施基础上建构以区块链技术为基础,以算力为基座,以元宇宙为中心的数字化支撑服务体系。由于基础设施的跃迁,使文化产业的形态发生根本性变化。这种变化让文化产业的业态进入转型与重塑期。

四是新的发展方式。数字文化产业是由数字化推动新基础设施,利用新基础设施建构产品综合服务平台,基于综合服务平台进行要素交易模式创新、资产管理模式创新与治理体系创新,基于三种创新建构数字化消费场景,以满足多样化、多样态、个性化、沉浸式交互体验的文化消费需求。

五是新的发展动力。数字文化产业以技术为支撑,依托互联网和数字技术的快速发展,不断推陈出新,不断涌现新的产品与服务。

六是新的发展生态。文化产业的进化发展,需要的是产业基础和产业生态,然而数字文化产业生态是一个全新的生态,它不仅区别于传统文化产业的产业形式、产业业态,不断生发和建构新的生态,也是保证推动、孵化数字文化产业发展的基础。新时期,数字化发展趋势下的文化产业新形态,在产业生态建构方面所依靠的基本路径与基本手段是"平台+生态"。

7.4.2 数字经济推动文化贸易新发展

数字技术成为文化产业发展转型的重要驱动力。数字经济不仅给我国经济发展注入新活力、新动能,文化贸易模式也正在数字技术的影响下发生着明显改变,突出表现在以下三个方面。

1. 数字技术有效拓展了文化贸易的内涵

数字技术将传统上贸易难度较大的文化服务转化为数字内容,借助互联网将其转变为可贸易品,文化贸易内涵得到显著拓展。例如,近年来大英博物馆、卢浮宫、古根海姆等知名博物馆,逐步将其馆藏作品进行数字化处理并借助网络实现了全球云展览;教育培训、文化演出、商业会展等传统类型的文化服务,也借助数字技术在一定程度上实现了内容数字化及在线消费,在全球文化贸易格局中占有越来越重要的位置。除此之外,数字技术的发展也促进了文化产业的国际分工,以计算机存储文件为主要形式的文化中间品,正在成为全球文化贸易非常重要的构成部分。例如,影视制作、工业设计、游戏开发、印刷出版等领域已经较为普遍地采用了全球外包模式。

2. 数字技术显著提高了文化贸易的效率

互联网平台的发展大幅缩短了从生产到消费的供应链长度,在提高贸易便利化程度及交易效率的同时,也从供给侧对文化产业的发展起到了正向驱动作用。目前,专业互联网平台已经成为文化领域的主要国际贸易渠道。例如,Steam成为全球游戏产品的主要交易平台,iTunes成为全球最为重要的音乐产品销售平台,而游戏及音乐产品的传统载体CD在国际贸易中已几近消失。

不仅如此,数字技术的发展较为有效地解决了文化产品"无人知晓"特征所带来的困境,即消费者在消费文化产品之前无法了解其真实内容或文化价值,这种信息不对称无疑抑制了消费动机。网络上大量的搜索引擎、共享社区、社交平台等主体客观地充当了"把关人"的角色,通过促进产品评价信息的分享,在一定程度上弱化了文化产品的信息不对称问题,这也有效提升了文化贸易的效率。

3. 数字技术深刻改变了文化贸易的竞争模式

与规模经济及社群营销为特征的传统竞争模式不同,数字技术将竞争延伸至消费者个体层面,这在很大程度上改变了文化贸易的竞争模式。借助数字技术,文化企业能够较为容易地对消费者浏览、点击行为统计并进行信息化处理,进一步采用人工智能算法对客户的文化背景、消费偏好、认知习惯等关键要素进行用户画像,从而有针对性地推送更加符合个性的文化产品和服务。例如,Netflix、Spotify、Youtube等平台都会根据对各国用户数据的采集及分析,自动推送更加符合消费者偏好的文化产品。与此同时,消费者数据还被供给方进一步用于产品创新,像音乐平台Spotify甚至允许艺术家接入其消费者特征数据库,从而帮助其创作出更符合消费者偏好、更具竞争力的文化产品。能否有效利用数字技术、能否充分发挥数据要素价值,这将是数字技术背景下构建文化产品国际竞争优势的关键所在。

7.4.3 数字文化产业国内外发展概况

在国际范围内,美国是数字文化产业的领先者,近年来其新媒体行业的市值增长趋势表现强劲,特别是在流媒体服务领域。以Netflix为例,其市值从2010年的29亿美元增长到2023年的213.09亿美元,这种增长趋势反映了新媒体领域特别是流媒体服务的普遍增长态势。此外,社交媒体巨头(如 Facebook 和谷歌),在数字广告领域继续占据主导地位,同时,新兴的社交媒体平台(如 TikTok)也在吸引着越来越多的年轻用户,推动新媒体行业的市值增长。随着 5G 和区块链技术的逐渐成熟和应用,这些新兴技术又为新媒体行业带来新的增长机遇。尽管这些技术目前还未广泛商用,但它们在新闻生产、内容分发等方面的潜力已经开始显现。2023年全球娱乐和媒体行业总收入增长5%,达到了2.8万亿美元,超过了全球整体经济的增速。未来五年,该行业将以3.9%的复合年增长率增长,到2028年总收入将超过3.4万亿美元。这些都证明,以数字新媒体为核心的数字文化产业的蓬勃发展在全球范围内带动了经济增长。美国内容产业(包括数字媒体内容)每年营业收入超过4000亿美元,占 GDP 的4%。市场化是美国数字文化产业发展的鲜明标志。新媒体视频服务带动产业格局实现突破,产生了苹果、谷歌、亚马逊等将新媒体和文化产业融合的杰出代表。特别是苹果公司以具有独创性的手机、电脑、Pad、音乐播放器等硬件设备,通过 iOS 系统和 Apple Store 集合了娱乐、办公等多种内容,成为一个庞大的信息网络,并以此建立起鲜明的文化形态。

日本的数字文化产业一度在世界上处于领先地位。2006年日本在完成了促进网络普及和应用的"E-Japan"计划后,开始实施"IT 新改革战略"以推动网络建设,即"U-Japan"政策。2009年,面对金融危机的威胁,日本发布了"面向数字新时代的新战略——三年紧急计划",提出推进数字特区等三大项目,激发产业和地区活力,并培育新产业。

我国的数字文化产业从20世纪90年代发端,目前已成为涵盖广播影视、新闻出版、网络、动画、游戏、互动多媒体等的完善产业链,并在政策、技术、资本等多种利好因素的促动下呈现新的趋势。

1. 数字出版行业

依托数字技术和政策的持续推进,传统出版产业数字化转型升级更加深化,推动国内数字出版产业多领域继续保持稳健增长态势。未来随着数字出版产业的日趋成熟,以内容价值为核心将会成为行业发展的趋势,数字出版行业将会逐步迈入理性成长期。2023年,我国数字出版产业整体收入规模全年达 16 179.68 亿元,同比增长 19.08%。其中,互联网广告、网络游戏、数字音乐排名收入前三;截至2023年底,网络文学读者规模达 5.37 亿人,为历史最高水平;电子书收入达 73 亿元。中华优秀传统文化成为网络文学、动漫、网络游戏等网络文化形态的重要主题元素。数据表明,网络文学规模体量进一步壮大:网络文学作品总量超 3 600 万部,其中年新增作品约 200 万部;中国网络文学创作队伍有超 2 400 万名作者。互联网期刊、电子书和数字报纸的总收入达 113.89 亿元,同比增长 8.56%。通过数字化手段,传统书报刊得以更广泛传播,满足了读者的多样化阅读需求。新兴板块发展的势头尤为强劲,网络动漫收入规模为 364.03 亿元。人工智能生成内容(AIGC)在数字阅读、动画、影视、音乐、新闻、数字教育、直播、社交媒体、会议等领域和场景都具有良好前景。人工智能技术在出版业中已实现了全流程、全产业链应用,多家出版单位将 AIGC 列为布局未来产业的重点。

2. 数字影音行业

2024年,广播电视和网络视听行业面临着前所未有的发展机遇,尤其在全球数字化转型的背景下,更加凸显其重要性。在北京举行的 BIRTV2024 论坛上,国家广电总局发展研究中心分享的《广播电视和网络视听高质量发展趋势报告》指出,该行业正在经历深刻的变革。这一变革不仅影响内容的生产和传播方式,也为投资者提供了诸多机会与挑战。2024年上半年,中国广播电视和网络视听行业总收入达 6 683.57 亿元,同比增长 7.00%,其中,实际创收收入为 5 892.53 亿元,同比增长 6.65%。

2023 年在线音乐增速创下历史新高,音乐直播与音乐短视频业务同比实现两位数增长,已成为助推中国数字音乐产业发展的"三驾马车"。2023 年,我国在线音乐市场规模为 239.8 亿元,较 2022 年增长 33.1%;音乐短视频市场规模为 489.1 亿元,较 2022 年增长 19.2%;音乐直播市场规模为 1 072.2 亿元,较 2022 年增长 31.5%。音乐短视频市场规模持续扩大,但增速逐年放缓;音乐直播市场增速每年均保持正增长,且市场规模占比相对较大。2018 年以来,中国数字音乐虽然市场持续增长,但增速呈现一定的波动性。据中国音数协测算,2023 年包括在线音乐、音乐短视频、音乐直播、在线 K 歌业务在内的中国数字音乐市场总规模为 1 907.5 亿元,较 2022 年同比增长了 22.7%,但仍略低于 2020 年增速高峰 28.9%。

3. 游戏动漫行业

数字技术使得娱乐方式发生深刻改变,网络游戏和数字动漫成为新一代消费群体的主要娱乐消费模式,由此推动了中国游戏动漫行业进入了黄金时代。

近年来,中国游戏产业快速发展,2023 年国内游戏市场实际销售收入 3 029.64 亿元,同比增长 13.95%,首次突破 3 000 亿元关口;用户规模 6.68 亿人,同比增长 0.61%,为历史新高点。其中,自主研发游戏国内市场实销收入 2 563.75 亿元,同比增长 15.29%;自研产品海外实销收入 163.66 亿美元,规模连续四年超千亿人民币。

2023 年中国动漫产业总产值从 2017 年的 1 536 亿元增长至 3 000 亿元,预计 2024 年有望达到 3 500 亿元。2023 年中国网络动漫市场规模为 398.7 亿元,占动漫市场的 15.79%;动漫电影市场规模为 79.9 亿元,占动漫市场的 3.16%;衍生品及其他市场规模为 2 046.40 亿元,占动漫市场的 81.05%。

4. 智慧旅游行业

数字技术使得"互联网 + 旅游"模式逐渐兴起,智慧旅游成为人们消费娱乐文化产品的重要方式。随着国家近年来通过一系列政策支持"互联网+旅游"创新发展,旅游方式和资源的数字化程度不断深化,智慧旅游总体呈现发展态势良好的前景。

截至 2023 年 6 月,我国在线旅游用户规模(旅游预订)达到 4.54 亿人,互联网普及率达到 76.4%。未来中国在线旅游市场规模仍将高增速发展,预计到 2029 年中国在线旅游交易规模有望超 19 000 亿元,年均复合增长率为 15%。

7.4.4 我国数字文化产业发展面临的挑战

近年来,特别是"十三五"以来,数字文化产业发展迅速,已经成为我国文化产业发展的重点领域,是促进文化产业转型升级的重要引擎和文化产业高质量发展的新动能。然而数字文化产业的发展也面临一些挑战,黄斌和牛家儒(2023)指出主要存在以下四个方面问题。

1. 文化资源优势尚未转化为数字文化发展优势

文化产品的数字化供给水平已经成为数字化社会衡量满足人们精神需求的重要尺度。中华优秀传统文化、革命文化和社会主义先进文化是数字文化产业发展的重要资源,是文化产业数字化战略的关键要素。然而,我国优秀文化资源的数字化开发利用还不够,具有文化内涵的数字文化精品还不多,特别是文化资源数据平台和数据库建设滞后于数字技术发展速度,影响了文化资源的整合及利用效果。另外,当前数字文化消费中的"泛娱乐化"倾向严重,优秀文化资源的创造性转化和创新性发展对数字文化产品价值引导作用有待增强。用户的整体评价反映了特定文化产品和服务迎合市场需求的程度,而当前基于文化价值导向和大众消费导向社会效益和经济效益相统一的数字文化产品评价体系还有待完善,社会主义核心价值观引领文化创新发展的效果还不明显。

2. 新技术在传统文化业态转型升级中的应用创新不足

数字文化创作、生产、传播和消费等重点环节的文化共性关键技术研发相对滞后。新技术对出版发行、广播影视、演艺娱乐、广告会展等传统文化产业的全方位、全链条改造不足,传统文化行业服务模式和业态创新不足,转型升级较慢,给数字文化产业高质量发展带来了不小阻力,也影响了数字文化产品和服务供给结构改善,如当前面向老年人、特殊群体等数字文化产品供给质量不高、有效供给不足。另外,文化科技创新体系还不完善。科技含量不高仍是制约我国数字文化产业快速发展的瓶颈,国家文化和科技融合示范基地作为文化科技创新的载体作用需要进一步凸显,在建立高效协同的文化科技创新体系方面有待加强,新技术在传统文化业态转型升级中的应用创新能力还不强。

3. 数字文化产业领域标准体系建设滞后

统一大市场背景下,数字文化产业必须围绕高效规范、公平竞争、充分开放展开,其中完善的行业标准体系是推动数字文化产业创新发展的关键举措。当前我国数字文化产业标准体系建设相对滞后。具体表现为:一是文化大数据标准体系还不完善,影响了不同层级、不同平台、不同机构、不同主体间的文化资源数据采集和共享;二是文化技术标准化体系建设不足,特别是在一些基础共性、关键技术等领域的标准研制方面探索较少,一些基础性标准的推广应用还不够;三是参与数字文化产业领域国际标准的制定较少,以文化技术标准为基础的文化科技创新成果"走出去"力度还需进一步增强;四是文化产业与相关领域融合发展的新业态新模式统计监测标准还不完善。

4. 数字文化产业监管体系有待完善

随着文化和科技融合发展的深度和广度不断拓展,文化新业态、新模式、新产品不断涌现,同时伴随而来的是短视频、网络直播、网络音乐、网络文学、院线电影等数字文化产业领域的知识产权侵权现象频发。2021年,各级版权执法部门关闭侵权盗版网站(App)1 066个,处置删除侵权盗版链接119.7万条,推动网络视频、网络直播等相关网络服务商清理各类侵权链接846.8万条,公布15批106部重点作品版权保护预警名单。我国数字文化产业领域知识产权保护、评价、运用等机制还不健全,行业自律水平有待提高。严监管环境的成本是市场活力不足,宽监管环境的代价是劣质文化产品的涌入。如何针对数字文化产业快速发展采取严宽适当的监管是对政府治理能力的考验,这也迫切要求创新数字文化产业发展监管模式,健全监管机制。

7.4.5 我国数字文化产业发展建议

实现文化产业数字化发展健康高质运行,就需要制定有针对性的政策举措以及完善现有相关政策来加以应对。郑自立(2022)提出以下五条发展建议。

1. 健全数字文化市场监管体系

建设一个健康有序的数字文化市场,是实现文化产业数字化发展健康高质运行的基石。相比传统文化市场问题,数字侵权、大数据杀熟、信息茧房等数字文化市场问题具有即时性、隐秘性和交织性特点,对监管的联动性、民主性和动态性有了更高的要求。有效应对这些问题,一是要着力改进政府对数字文化市场的现有监管方式与机制。需要加强事中监督,建设行会组织和公民有更多话语权的监管体制,着力完善政府各职能部门在数字文化市场监管上的信息共享机制、执法联动机制、组织协调机制等。注重解决数字文化市场政策与其他相关产业市场政策不兼容问题,推动数字文化市场监管与相关产业的市场监管相协同。二是要着力优化数字文化市场监管的法律支撑。深入开展文化产业数字化发展领域法律理论与实践问题研究,加快推进国家层面的数字文化立法,尤其要着力完善个人隐私保护、知识产权网络保护、大数据杀熟等重点领域的法律规制。例如,在知识产权网络保护方面,应着力完善支撑数字文化产权纠纷判决的法律条例,在统一判决标准、尺度的基础上,需要进一步明确以下问题来提高法律依据的可操作性:数字文化产权纠纷案件的受理和管辖问题、避风港原则的适用条件及第三方权责问题、游戏案件中动态画面侵权权责界定问题、新类型视听节目的侵权行为认定问题等。三是要着力实现数字文化市场监管德法并举。例如,人工智能技术制造的数字文化产品存在消费目标确定上的隐性机器歧视问题,这一类的数字文化市场问题更多体现的是一种伦理困境,光靠法律手段难以解决,需要建设良好的数字伦理秩序。这就需要引导数字文化企业树立正确的数字伦理观,制定有企业特色的数字文化生产和运营道德准则。政府部门应与数字科技专业组织共同研究和制定适用于数字科技研发和应用的数字科技伦理准则,并作为数字科技创新和应用服务的道德指引。大力培育数字文化市场的道德评议组织,通过宣传教育和各种有组织的道德评议活动,促进数字文化消费者数据伦理意识的提升。

2. 优化金融支持机制

要使文化产业数字化发展有充足的资金来源,就必须优化其金融支持机制。一是要着力优化文化企业融资的"本钱"。文化企业要注重通过改善自身资质来吸引资金注入,这包括:通过建立健全现代财务管理制度和公司法人治理结构,提升企业财务管理水平和信用等级;通过建立健全企业研发创新制度和盈利模式,提升企业成长空间和可预期的盈利水平;通过参与行业组织、组建产业联盟以及拓展产业链,提升企业抵御金融风险能力等。二是要着力优化政府财政资金在企业融资中的使用效率。在进一步加大政府财政对文化产业数字化发展的直接支持力度的基础上,推动政府财政通过融资担保、设立专项基金等间接方式,撬动更多的社会资本支持文化产业数字化发展。探索由政府财政部门牵头,政府、文化中介组织以及金融机构三方共同设立小微文化银行,为小微文化企业数字化发展提供专业信贷融资服务。三是要着力优化金融机构信贷政策和服务模式。完善文化金融政策法规,对当前文化产业数字化发展中涌现的突出信贷问题做出清晰的法律定性,提出富有操作性的法律规制办法。鼓励金融机构针对文化产业数字化需求开辟融资绿色通道,开发多元而丰富的信贷产品,提高知识产权融资额度。支持金融机构探索联保联带服务模式,即产业发展关联性强的小微企业可以结成联保小组向银行提出信贷申请,联保小组为小组成员信贷提供集体担保并负有连带责任。

3. 促进数据要素的高效利用

数据是文化产业数字化发展中的关键生产要素,能否高效利用数据要素,对文化产业数字化发展实效有决定性影响。为充分发挥数据要素在文化产业数字化发展中的积极作用,需要着力于三个方面。一是推进文化资源数据库建设。要着力"摸清家底",推进我国优秀传统文化、革命文化和社会主义先进文化资源的普查登记工作,深化既有重要文化资源的内涵挖掘与诠释研究。要着力"数字化转化",深入实施文化数字化建设工程,对已登记在册的中华文化资源进行数字化修复和转化,建立健全文化资源数字化转化的分类与标准,不断丰富和完善国家和地方文化资源数据库。二是推进新型数字基础设施及配套建设。在文化产业和公共文化服务领域积极布局5G网络、大数据中心、人工智能等新型数字基础设施,发挥"新基建"的"头雁效应",着力打通与文化产业数字化发展密切相关的产业部门间的数据共享通道。加强企业数字文化技术研发创新平台建设,着力补齐配套设施短板。推动传统基础设施"+互联网""+人工智能",实现新旧基础设施的高效连接和转化。三是推进数据要素市场体系建设。在文化产业领域探索建立健全数据要素按实际贡献参与分配的收入分配机制,对如何科学确定文化产业数字化发展中数据要素的贡献和收益,以及由此产生的收入该分给谁、各分多少等问题做出建设性解答。通过完善数据要素市场化定价规则、建设和规范数据交易平台以及健全数据资产评估等,进一步推进文化资源数据、产业发展数据的市场化流通。推动数据、技术、场景在文化产业数字化场域实现深度融合,通过数据要素的放大、叠加、倍增作用赋能传统文化产业数字化转型,催生数字文化新业态新场景,提高数字文化产业全要素生产率。

4. 加强对平台寡头垄断行为规制

互联网平台在数字文化市场的寡头垄断行为发生,在本质上是垄断扩大化的结果,会引发不正当市场竞争,从而影响文化产业数字化发展的可持续性。有效遏制这一行为发生,有两个努力方向。一是要优化遏制平台寡头垄断行为的法律支撑。针对数据垄断、流量垄断和算法垄断等典型问题,加快对《中华人民共和国反垄断法》《反不正当竞争法》《价格法》等法律法规的修订,充分体现文化产业数字化发展的时代特征和现实诉求。对于文化产业数字化发展需求迫切的领域,加快出台专门法规或制定与现行我国反垄断法相一致的补充性法规及实施细则,如针对当前数字文化服务、数字文化市场秩序亟须规范与整顿的现实,应尽快研究制定《数字文化服务法》《数字文化市场法》等法规。此外,由于在实际执法过程中,反制互联网平台垄断行为涉及的领域和法规较多,一些问题的整治常常需要多规并治和多部门联治,而不同领域的法规及其执行部门在执法目标、手段、方式等方面存在明显差异,这就导致在反制互联网平台垄断行为时很难做到步调一致,从而影响执法的时效性。因此,可加强对有关法律法规的整合,并统一执法部门。二是要优化遏制平台寡头垄断行为的体制机制。发挥文化产业学者和信息技术专家在遏制新的平台垄断行为中的智囊作用,提高遏制策略的专业性。推动互联网平台企业践行结构性分离原则,有效防止互联网平台企业因为业务冲突而利用流量、算法优势限制使用平台的文化企业参与数字文化市场竞争。建立健全平台服务定价制度,促进平台文化消费服务活动的公正性,防止互联网平台利用算法对某些文化消费者采取"杀熟式"定价。推进互联网平台企业文化建设,大力培育良性竞争文化,促进企业自觉贯彻反垄断政策法规,在维护市场竞争秩序和保障消费者权益上更有担当。

5. 强化社会主义核心价值观引领

强化社会主义核心价值观对文化产业数字化发展的全过程、全环节引领,有三个方面。一是要优化文化产业数字化发展的评判生态。建立健全政府部门有关文化产业数字化发展的评价制度,增加社会效益考评权重,破除唯经济效益的功利性考评模式,以意识形态优先的评价体系筛选高质量的数字文化产品。二是要增强文化产业数字化发展市场主体的意识形态自觉性。坚持以社会主义核心价值观引导文化企业数字化转型升级发展(见表7-1)。三是要提升优质数字文化内容的原创力。突出民族优秀文化数据资源的原创IP开发,发展线上红色文化旅游产品,着力增强民族文化自信。

表7-1 我国数字文化产业相关政策

发布时间	政策名称	要点
2020年2月	《公共图书馆、文化馆(站)恢复开放工作指南》	各级公共图书馆、文化馆(站)在逐步恢复场馆服务的同时,要继续通过公共文化云等数字平台,加强内容更新,为群众提供优质公共数字文化服务。
2020年2月	《关于新冠肺炎疫情防控期间有序推进文博单位恢复开放和复工的指导意见》	继续利用数字资源,通过网上展览、在线教育、网络公开课等方式,不断丰富完善展示内容,提供优质的数字文化产品和服务。
2020年9月	《关于政协十三届全国委员会第三次会议第0630号提案答复的函》	推动建设覆盖城乡的公共数字文化网络,通过互联网、广播电视网、数字图书馆推广工程专网等载体,将优秀数字文化资源传递到基层。
2020年11月	《文化和旅游部关于推动数字文化产业高质量发展的意见》	要夯实数字文化产业发展基础、培育数字文化产业新型业态、构建数字文化产业生态。
2021年2月	《对检查公共文化服务保障法实施情况报告的意见和建议》	深挖公共文化数字服务的巨大潜力,统筹推进全国文化信息资源共享和数字图书馆、博物馆、文化馆等建设,构建标准统一、互联互通的公共数字文化服务网络。
2021年4月	《进一步加大开发性金融支持文化产业和旅游产业高质量发展的意见》	积极运用开发性金融支持数字文化产业发展,支持5G、大数据、云计算、人工智能等新技术的应用,扶持一批文化、旅游与科技融合发展示范类项目和新型文化企业,引导创作生产优质、多样的数字文化产品,提高质量效益和核心竞争力。

续表

发布时间	政策名称	要点
2021年5月	《关于推进博物馆改革发展的指导意见》	加强与融媒体、数字文化企业合作，创新数字文化产品和服务，大力发展博物馆云展览、云教育，构建线上线下相融合的博物馆传播体系。
2021年6月	《"十四五"文化发展规划》	顺应数字产业化和产业数字化发展趋势，深度应用5G、大数据、云计算、人工智能、超高清、物联网、虚拟现实、增强现实等技术，推动数字文化产业高质量发展，培育壮大线上演播、数字创意、数字艺术、数字娱乐、沉浸式体验等。

资料来源：https://www.chinabaogao.com/detail/716294.html。

本章小结

本章深入探讨了数字技术如何推动新兴行业的成长。数字制造是制造业竞争中的关键，融合了互联网、物联网、信息技术等高新技术，目标是构建数字化商业生态系统。数字金融对数字经济至关重要，其发展依赖于金融功能的提升和数字技术的进步，需平衡金融创新、风险防控和消费者权益保护。跨境电商推动了经济一体化和贸易全球化，通过开放的多边合作模式促进了资源优化配置和企业互利共赢，但快速发展中也面临挑战，需解决矛盾以保障健康发展。数字文化产业随着技术进步和政策支持而兴起，包括数字媒体、电竞、动漫、数字营销、网络文学、虚拟现实和数字教育等新业态，这些新业态既推动了传统文化产业的数字化转型，也促进了数字文化产业的发展。

这些新兴行业与数字产业、数字技术发展相互促进相互融合，共同构成了数字经济与贸易增长的新动能。数字制造为其他行业提供了物质基础和技术支撑；数字金融为行业发展提供了资金流和风险管理工具；跨境电商则为产品和服务的全球流通提供了渠道；数字文化产业则丰富了人们的精神生活，提升了文化软实力。数字经济与数字贸易背景下新兴行业的协同发展不仅推动了经济结构的优化升级，也为社会带来了更多的就业机会和创新活力。

思考题

一、名称解释

1. 数字制造
2. 数字金融
3. 跨境电商
4. 数字文化产业

二、简答题

1. 简述数字制造的特征。
2. 简述数字金融吸引国际直接投资的路径。
3. 简述跨境电商的主要经营模式。
4. 简述我国数字文化产业发展面临的挑战。

三、论述题

1. 数字金融如何推动经济增长？
2. 我国跨境电商发展存在的问题及对策建议有哪些？

参考文献

1. 布莱特·金.银行3.0：移动互联时代的银行转型之道[M].白官,施轶,译.北京：北京联合出版公司,2017.
2. 布莱特·金.银行4.0[M].施轶,张万伟,译.广州：广东经济出版社,2018.
3. 陈永胜,龚征旗,王艳苹.数字金融对外商直接投资的影响[J].金融发展研究,2023(01)：13-21.
4. 程思静,裴雨.中国跨境电商现状及发展对策分析[J].投资与创业,2022(15)：41-43.
5. 侯燕磊,丁尚宇.数字金融新型风险与监管分析[J].中国经贸导刊,2023(06)：83-86.
6. 黄斌,牛家儒.数字文化产业如何"破圈"？[J].经济,2023(07)：56-59.
7. 姜小慧.数字制造——制造业的新范式[J].理论界,2015(03)：68-73.
8. 荆浩,尹薇.数字经济下制造企业数字化创新模式分析[J].辽宁工业大学学报(社会科学版),2019(06)：51-53.
9. 蓝庆新,窦凯.中国数字文化产业国际竞争力影响因素研究[J].广东社会科学,2019(04)：12-22+254.
10. 孟涛,王春娟,范鹏辉.数字经济视域下跨境电商高质量发展对策研究[J].国际贸易,2022(10)：60-67.
11. 邵军,施震凯.数字经济背景下推动文化贸易发展的对策研究[J].江南论坛,2022(05)：4-7.
12. 王定祥,胡小英.数字金融研究进展：源起、影响、挑战与展望[J].西南大学学报(社会科学版),2023(01)：101-110.
13. 西沐,朱博文.数字文化产业发展的战略取向研究[J].齐鲁艺苑,2023(03)：98-107.
14. 徐兰,吴超林.数字经济赋能制造业价值链攀升：影响机理、现实因素与靶向路径[J].经济学家,2022(07)：76-86.
15. 杨志立.数字制造技术的发展与应用[J].武汉职业技术学院学报,2011(01)：72-74.
16. 郑自立.文化产业数字化的动力机制、主要挑战和政策选择研究[J].当代经济管理,2022(09)：57-63.
17. 周坤.我国跨境电商发展现状及应对策略分析[J].财富时代,2023(01)：70-72.
18. Bettinger, A. FINTECH：A Series of 40 Time Shared Models Used at Manufacturers

Hanover Trust Company[J]. Interfaces. 1972,2(4):62-63.

19. King B. Bank 3.0:Why Banking is No Longer Somewhere You Go, But Something You Do[M]. Marshall Cavendish,2012.

第 8 章
数字经贸与中国区域经济发展

8.1 中国数字经济的区域发展

8.1.1 数字经济的空间牵引布局

数字经济是以数字化的知识和信息作为关键生产要素,以数字技术为核心驱动力量,以现代信息网络为重要载体,通过数字技术与实体经济深度融合,不断提高经济社会的数字化、网络化、智能化水平,加速重构经济发展与治理模式的新型经济形态。数字经济具体包括四大部分:一是数字产业化;二是产业数字化;三是数字化治理;四是数据价值化。数字产业化和产业数字化是数字经济的重要基础。近年来,随着数字技术的研发突破、数字终端的完善以及数字平台体系的规范化建设,中国数字经济呈现蓬勃发展态势,即使在新冠肺炎疫情的影响下,中国数字经济在社会生产与生活的恢复上仍然发挥着重要作用,数字经济整体上出现逆势上扬,并在各领域有不同的表现。

在数字产业化方面,截至 2022 年 3 月,中国城市空间牵引布局可概括为"一核三极多强"格局。"一核"指北京,北京凭借其全国领先的信息传输、软件和信息技术服务业,产生较强的辐射带动作用,相关企业对广州、苏州、西安、南京、重庆、成都、天津等重点城市数字产业化发展形成强带动作用。"三极"分别为上海、深圳和杭州。其中,上海在计算机、通信和其他电子设备制造业与信息传输、软件和信息技术服务业均有较强的竞争优势,牵引带动武汉、北京、广州、大连等城市数字产业化发展;深圳以电子信息制造业为特色形成强大的自身发展能力,同时牵引全国其他城市发展;杭州以较强的信息传输、软件和信息技术服务业为牵引,带动其他城市数字产业化发展。

在产业数字化方面,截至 2022 年 3 月,中国城市空间牵引布局可概括为"两超八极多强"格局。"两超"指北京和上海两个产业数字化的超级牵引城市。北京结合自身产业发展优势,以第三产业数字化为主导,通过技术、人才、产业、管理等多种形式,对全国范围内城市的产业数字化转型形成强大的牵引带动作用。上海推动第二产业和第三产业数字化均衡发展,以南方及东部沿海地区城市为重点输出产业数字化转型的技术、方案、人才等,带动其他地区产业数字化转型升级。"八极"指福州、大连、广州、重庆、西安、深圳、南京、苏州,这些城市产业数字化发展水平较强,对周边城市产生较强的牵引带动作用。

2021 年是"十四五"规划的起始之年,各地加快推动数字经济的规划,力争打造数字经济新高地,推动区域经济高质量发展。从总体规模来看,数字经济规模突破 1 万亿元的省市达到 16 个(北京、上海、广东、江苏、山东、浙江、福建、湖北、四川、河南、河北、湖南、安徽、重庆、江西、辽宁),较 2020 年增加了 3 个。从经济贡献来看,北京、上海、天津等省市的数字经济成为拉动地区经济发展的主导力量,数字经济 GDP 占比超过 50%;浙江、福建、广东、江苏、山东、重庆、湖北等省市数字经济占比超过全国平均水平。从发展速度来看,15 个省市(贵州、重庆、江西、四川、浙江、陕西、湖北、甘肃、广西、安徽、陕西、内蒙古、新疆、天津、湖南)的数字经济快速发展,增速超过全国平均水平,其中贵州、重庆的数字经济同比增速超过 20%。

8.1.2 城市数字经济竞争力指数及其梯度

数字经济竞争力指数通过选取一系列与数字经济发展特点、规律等存在明确相关关系的经济发展指标,利用统计方法技术得到综合评价指数。数字经济竞争力评价指标的选取综合考虑了以下因素:指标的经济学含义、指标变动的协调性、指标变动的灵敏度、指标的代表性、指标的稳定性、指标的时效性、数据的可获得性。数字经济竞争力评价指标体系综合考虑投入与产出、技术与应用、发展与政策、经济与社会等多方面因素,从数字创新要素、数字基础设施、核心数字产业、数字融合应用、数字经济需求、数字政策环境六个分指数选取相关指标(具体的细分指标和计算方法详见本章附录 8.1 和附录 8.2)。

从全国范围来看,2020 年数字经济竞争力指数排名前 15 位的城市(由高到低)分别是北京、上海、深圳、广州、杭州、南京、成都、天津、宁波、苏州、武汉、重庆、厦门、福州和青岛。综合来看,数字经济竞争力较高的城市集中于南方和东部地区,数字经济发展水平呈现东强西弱和南强北弱的态势。从东西分布来看,前 15 位城市中,东部城市 12 个,中部城市 1 个,西部城市 2 个;从南北分布来看,前 15 位城市中,南方城市 12 个,北方城市 3 个。

从数字经济竞争力指数的六个分指数来看,数字创新要素指数反映了数字经济发展所需的技术、人才等投入情况,具体包括研发投入强度、每万人口中信息传输、软件和信息技术服务业就业人员数、每万人口中研发人员数等。数字基础设施指数反映数字经济发展的网络基础设施建设及普及情况,包括移动互联网普及率、互联网宽带普及率、固定宽带平均下载速率。核心数字产业指数衡量了数字经济发展的先导产业——信息与通信技术(ICT)产业供给能力,用每万元国内生产总值信息产业主营业务收入指标衡量。数字融合应用指数反映新一代信息技术与传统经济社会融合情况,从企业数字化、行业数字化、政府数字化三个维度选取指标,具体包括每百家企业拥有网站数、企业电子商务采购和销售额占比、农业数字化投入占比、工业数字化投入占比、服务业数字化投入占比、政务服务数字化、政府网站访问热度。数字经济需求指数从需求侧反映国内外市场对数字产品、服务的需求潜力,从数字化消费、数字化投资、数字贸易三个维度进行量化,具体包括网上零售额占比、信息传输、软件和信息技术服务业固定资产投资完成额占比、信息通信技术(ICT)产业省外贸易额占比、拥有典型数字产业化与产业数字化企业数量。数字政策环境指数反映数字经济发展所处的政策环境,包括政策体系完备性、配套保障完善性及政策实施效果等。数字经济竞争力指数的六个分指数前 5 强城市如表 8-1 所示。

表 8-1 数字经济竞争力指数的六个分指数前 5 强城市

前 5 强	1	2	3	4	5
数字创新要素指数	北京	上海	深圳	南京	杭州
数字基础设施指数	上海	北京	杭州	广州	深圳

续 表

前5强	1	2	3	4	5
核心数字产业指数	深圳	广州	北京	杭州	南京
数字融合应用指数	北京	深圳	上海	广州	重庆
数字经济需求指数	上海	北京	深圳	杭州	南京
数字政策环境指数	深圳	广州	杭州	上海	北京

资料来源：中国城市数字经济发展报告(2021年)[EB/OL], https://mp.weixin.qq.com/s/GOSxXWBbtHwTzUOyUB2R_g.

8.1.3 城市数字经济发展的类型

针对城市间的数字经济竞争力指数的梯度不同，各个城市可区分为综合引领型、特色开拓型和潜力提升型三类。

综合引领型城市具有超强的数字经济竞争力，在数字创新要素、数字基础设施、核心数字产业、数字融合应用、数字经济需求、数字政策环境等方面具有突出表现。北京、上海、深圳具有数字经济体量巨大、创新要素富集、基础设施完备、数字业态丰富、数字需求旺盛、政策配套完善、数字经济带动作用明显等方面的特质，对于全国的数字经济发展具有领航作用，是典型的综合引领型城市。

特色开拓型城市在整体数字经济竞争力上仅次于综合引领型城市，有着较强的数字经济竞争力，其比较优势各具特色，在中国数字经济整体发展中有着重要的支撑作用。代表性城市有数产融合型的广州、数字产业型的杭州、人才输出型的南京、区位协同型的天津、产业集群型的成都以及产业数字型的重庆。以广州和杭州为例。广州数字经济发展以数产融合为特色，基于自身工业基础与产业集群优势，以数字经济为驱动经济发展的双引擎，努力打造数产融合的全球标杆城市，建设具有国际影响力的数字产业集群。杭州数字经济发展以数字产业化为特色，以打造"全国数字经济第一城"为目标，将数字经济视为一号工程，以数字产业化、产业数字化与城市数字化相融合为主要路径，最终实现"一城五地"（将杭州建设成具有国际一流水平的全国数字经济理念和技术策源地、企业和人才集聚地、数字产业化发展引领地、产业数字化变革示范地和城市数字治理方案输出地）。

除综合引领型与特色开拓型城市外，中国大多数城市均属潜力提升型城市，它们在中国数字经济发展中或正积极探寻发挥自身区位与比较优势，或有待挖掘自身优势。在数字经济发展中，一些潜力提升型城市依托突出的自然资源要素禀赋、固有传统优势行业或对于发达地区数字经济产业的转移承接，成为中国数字经济整体发展中不可或缺的力量。具有代表性的城市有资源禀赋型的乌兰察布市、产业升级型的天水市与产业转移类的赣州市。

8.2 北京产业数字化转型的路径模式

产业数字化是数字经济发展的重要特征。产业数字化，是应用新一代数字科技，以价值释放为核心、数据赋能为主线,对传统产业进行全方位、全角度、全链条的改造。加快推进产业数字化,以数字技术赋能产业转型升级,对实现传统产业与数字技术深度融合发展,促进我国产业迈向中高端,具有十分重大的意义。推进传统产业的数字化改造,以数字技术赋能产业转型升级,不仅将创造新的投资机会,有效拓展国内需求,还将推动技术创新和产业变革,拓展生产可能性边界,有效对冲劳动力成本上升,提高生产效率和企业的盈利水平,形成更多新的增长点和增长极,为高质量发展开辟新空间。产业数字化是新一轮科技革命和产业变革的前沿端口,目前数字化转型主要有三种路径模式:首先是基于传统已经有信息化基础的、基于传统IT架构下的数字化转型,很多企业通过搭数据中台的方式,解决数据不流通、数据壁垒问题,很多具有一定信息化基础的企业采用这种模式;其次是构建以数据为核心的全方位业务重构、组织架构,就是重新对整个企业进行架构,以数据为核心推动力的转型;再次是混合式的,就是前两种模式的叠加,双IT架构的转型,对于担心转型失败的企业来说,可以保留大型的、传统的IT架构,对于有一些突破点或典型的场景,可采取一些新的IT架构。

2021年,北京数字经济增加值达16 251.9亿元,占GDP比重达40.4%,比重位列全国第一;数字经济核心产业实现增加值8 918.1亿元,占数字经济的比重为54.87%。数字经济大型企业数量逐年增多,收入达千亿级的企业由2018年的2家增长到2021年的5家;收入达百亿级的企业由2018年的39家增长到2021年的58家。北京着力打造数字技术创新策源地,围绕高端芯片、人工智能、量子力学、区块链等新技术持续突破。2021年北京市数字经济核心产业企业发明专利授权量达4.3万件,同比增长1.2倍。北京数字经济的快速发展也牵引带动产业数字化及企业数字化转型,产业数字化转型的路径模式主体表现为以下四个特点。

一是产业数字化从点线面向全生态渗透。目前,我国产业数字化从企业向行业集成已经初具势头。未来,我国产业数字化将从企业、行业向全生态渗透,不断拓宽应用场景。随着5G、人工智能、大数据、区块链等新一代信息技术不断取得突破性进展,引导开发和培育与新一代信息技术高度契合且符合政府、企业及个人用户实际需求的多元化应用场景,并持续拓展和延伸边界及范围,将成为产业挖掘新兴增长点和实现可持续发展的重要路径。以应用场景为牵引,推动新一代信息技术与用户需求充分结合,加快产业数字化转型的规模化、商业化进程,进一步催生大量新技术、新产品、新模式,将创造出巨大的经济效益和社会效益。

二是数字技术成为推进产业数字化的核心。产业数字化的核心问题,如实现物理世界和数字世界的连接、打破数据孤岛促进数据融合、实现传统数据处理中心云化、解决在海量数据库中挖掘价值数据等,都需要运用物联网、云计算、大数据、人工智能、工业互联网和5G网络等新一代数字技术来解决。推动大数据、人工智能等技术创新发展成为重要的战略选择。知识产权是技术创新的源泉,是企业、地区乃至国家数字化转型的关键和根本。行业领军企业正是通过对底层技术、标准和知识产权的把控,铸造自己的技术壁垒,从而取得行业优势地位。同样,在底层技术、标准和知识产权方面具有明显优势的国家和地区,将在本轮数字化转型竞赛中抢先占据制高点。企业、地区、国家围绕底层技术、标准、知识产权的竞争和博弈愈演愈烈,并逐渐趋于常态化。

三是数据成为推进产业数字化的关键要素。一方面,数据流引领物资流、技术流、资金流和人才流,数据要素通过驱动社会生产要素的集约化、网络化、共享化、协作化和高效化,改变产业分工合作模式,推动生产方式创新,提高生产效率;另一方面,数据本身具有重要价值,数据作为重要的生产要素进入生产函数,可以改进生产流程、优化组织形式。

四是平台成为产业数字化的重要载体。平台具有更为精确的信息匹配能力、更为高效的运作效率和更为快速的信息反馈能力,在数字化改造中扮演助推器和加速器。特别是工业互联网平台和消费互联网平台,通过发挥技术研发、技术应用、技术共享和培育产业等功能,推进企业技术、人力、资本和数据等要素的全面联通和优化配置,促进服务链、技术链、数据链和资金链上下游更加协同,有利于加快产业数字化转型。

8.3 上海加快建设数字贸易国际枢纽港

数字贸易是数字经济时代最重要的贸易形式,通常是以数字通信技术为驱动力,依托互联网为供求双方提供交互所需的数字化电子信息的商业模式。数字贸易是数字服务与产品在线交付和高效交换的跨境贸易活动,是传统国际贸易在数字经济时代的创新和拓展,是外向型数字经济的核心内容和重要载体。数字贸易通常可划分为两大类:一类是贸易方式的数字化,包括电子商务、线上广告、数字海关、线上物流等新模式和新业态;另一类是贸易产品的数字化,包括基础数据、数字产品和数字服务。大力发展数字贸易已成为全球共识,美国、欧盟等主要经济体都提出了发展数字贸易的战略议程。上海服务贸易规模约占全国的1/4,软件贸易能级居全国各城市前列。上海软件贸易不仅在出口规模上不断创出新高,在企业集聚、产业赋能和协同创新等方面也取得了较好的发展成效,企业主体能级不断提升,重点区域布局加快形成,新模式新业态层出不穷。

8.3.1 云服务:以云计算为主要内容的产业集群正逐步形成

上海云服务市场主要聚焦行业服务,形成了以物联网和云计算为主要内容的两大领域。上海自2010年启动"云海计划"以来,大量云计算创新企业以市场需求为出发点,凭借规范化的企业运作和高标准的客户服务,成为云计算市场上一支生力军。例如,2012年成立的优刻得,短短4年多估值就超过60亿元,已为近4万家企业级客户提供服务,间接服务用户数量超过8亿家,部署在UCloud平台上的客户业务总产值达400亿元。而传统软件企业也在积极向云计算服务市场转型,如宝信软件相继建设了宝之云IDC一期及二期项目,机架规模约8000架;加上宝之云IDC三期建设的9500个机架,共计拥有17500个机架资源,在基础资源数量决定竞争优势的IDC市场中取得先机。截至2019年末,上海共有云计算服务企业227家,为国内外超过2万家中小企业提供云计算服务。2019年上海云服务的整体市场规模约为300亿元,占全国云服务市场规模的20%,且正以每年40%的增速增长。2022年,上海的云服务市场规模已超过千亿元,同时IDC市场规模达到177.6亿元,年增长率11.9%,反映云服务基础设施层面的市场需求稳步提升。截至2024年9月,上海云计算领域企业达485个,其中注册资金1000万元规模以上企业数量达225个。随着"云海计划3.0"的深入展开,上海将以建设国家云计算创新服务试点城市为契机,大力培育扶持云计算骨干企业,形成产业生态,全面支撑移动互联网、大数据和"互联网"行动计划,推动云端创新融合、"两化"深度融合,不断培育信息产业新业态,努力将云计算产业打造成为新常态下上海建设具有全球影响力科技创新中心的重要引擎。

8.3.2 数字内容：文化贸易和信息服务占比高、增速快

数字文化贸易即以数字化形式存储的文化资源和产品的贸易，包括数字音乐、数字视频、电子图书、网络动漫和手机出版物等。具体来说，从2016年起，上海网络文学始终占据全国市场份额90%以上，网络游戏占全国市场份额超30%，网络视听产业占全国市场份额的25%。2018年，上海网络文学销售收入47亿元，占全国网络文学销售收入的近40%，全国网络文学作者90%签约上海的网站；上海网络游戏销售收入712.6亿元，占全国网络游戏销售收入的33%。在上海的各类数字文化贸易中，数字出版物贸易发展最快。传统出版企业纷纷向数字出版、多媒体出版等转型，数字出版成为出版行业发展的必然趋势。数字出版具有无实物形态、网络化传递、高固定成本-低边际成本和无限供给的鲜明特征。相对于传统出版业在材料、加工和投递过程中的成本优势非常明显。此外，针对受众而言，数字出版因在保存、整理、搜索和查找方面变得便捷而更受青睐。自2016年数字出版物超过印刷行业成为上海新闻出版业的第一大产业。近年来，数字出版物继续稳步增长，2019年数字出版营业收入近1 200亿元。2018年，张江国家数字出版基地累计引进企业691家，国家数字出版基地虹口园区的数字出版及相关产业销售收入达142亿元，较上年增长10%。数字出版及相关产业销售收入560亿元，较上年增长15%。在网络游戏方面，上海网络游戏主要集中在移动端，占比超过65%。2019年，上海自主研发网络游戏销售收入达到697.6亿元，增长17.6%，增量超过100亿元。2019年，上海移动游戏销售收入达523.9亿元，增长33.2%，在上海网络游戏销售收入构成中占比65.4%。2019年，上海网络游戏海外销售收入约18.9亿美元，同比增长26%。

上海信息服务业增速快，带动性强，但本土品牌效应薄弱，民营企业影响力弱。2019年，上海信息服务业营业收入约6 100亿元，增速一直保持在10%以上，成为近年来增长最快的产业之一。从信息通信业的结构看，上海信息服务业营业收入的30%来自信息设备制造和销售的可贸易部分，60%来自信息服务业，包括软件、互联网信息服务业等新兴信息服务。

8.3.3 跨境电商：服务增长迅速，交易规模不断扩大

随着互联网技术的快速发展，电商行业也逐步壮大。自2008年以来，上海电商业务交易额呈逐年攀升的趋势，2016年的交易额首次突破2万亿元。2019年，上海电子商务增速平稳增长，实现电子商务交易额33 186亿元，同比增长14.7%；网络购物交易额13 188亿元，同比增长27%（其中，商品类网络购物交易额6 066亿元，同比增长27.9%；服务类网络购物交易额7 122亿元，同比增长26.2%）。在跨境电商领域，上海行业整体呈现稳步增长、阳光合规的良好发展趋势。根据统计，2018年上海跨境电商的交易额近49亿元，同比增长16%。2019年，虽受全球贸易摩擦影响，但上海口岸跨境电商进出口业务继续保持两位数增长，整体情况趋于平稳向好。2019年上半年，以跨境电商公共服务平台为通路的跨境电商零售进出口申报单量1 488.7万笔、交易金额达28.8亿元人民币，同比分别增长53.1%和34%。上海跨境电商规模的逐年增大，一是依托于互联网技术的高速发展和电脑、手机等电子设备的快速普及；二是与上海一直以来良好的商业环境密不可分，众多电商企业纷纷选择上海作为电商发展的主战场和基地；三是与政府的鼓励与扶持息息相关，良好的营商环境、多元而富有针对性的各类政策，吸引大批企业前来上海发展电商业务。

2019年,《上海市数字贸易发展行动方案(2019—2021年)》发布,这是中国首个数字贸易领域的纲领性文件。该行动方案聚焦云服务、数字内容、数字服务的行业应用、跨境电子商务四个重点领域,以虹桥商务区为核心发展区域,提出建设数字贸易跨境服务集聚区、扶持和激活原创内容IP、支持数字服务重大项目、搭建数字贸易交易促进平台、推动建立全球数字合作城市联盟等12项主要任务。"十四五"期间,上海紧紧围绕城市数字化转型的发展目标,大力发展数字贸易新模式、新业态,以数字基础设施、市场主体集聚和公共服务建设为突破口,加快建设要素有序流动、功能完善、总部集聚的数字贸易国际枢纽港。上海数字贸易创新案例,正是彰显上海数字贸易国际枢纽港的建设成效。

8.4　数字贸易创新案例

思爱普的智慧企业战略 SAP Ariba

思爱普(中国)有限公司(简称"SAP")是全球领先的云计算、企业管理和智能制造方案软件供应商。全球77%的交易都会触及SAP的产品和服务。SAP Ariba是其推出的一项基于云计算的智慧采购管理和供应链解决方案。作为全球商业网络,SAP Ariba为采购商和供应商提供基于云的、端到端的协同商务平台,年交易额超3.8万亿美元,在190多个国家和地区支持企业数字化采购和供应链管理。SAP Ariba围绕促进采购供应链数字化转型,在采购端增强全类别支出管理,在供应链端满足敏捷性和灵活性要求,在财务端利用供应链金融改善账款管理,在单一平台上实现从寻源到支付、端到端流程的数字化、智能化连接。在生命科学与医药行业中,SAP Ariba Network有超过17万家供应商。福布斯全球2 000强中,100%的医疗设备供应商、97%的生命科学公司、82%的医疗器械公司均为SAP客户。SAP为国内知名药企上线的全球战略寻源项目,结合SAP Ariba Sourcing的寻源解决方案模块,统一管理全球招标流程,有效提升内控及合规管理,借助在线竞价获取更为优惠的采购单价,结合在线审批及授标实现采购招标闭环,最终实现合规、协同、增效、降本四大目标。

搭建海外云驿站,助力企业乘云出海
——优刻得的海外云数据中心网络

优刻得科技股份有限公司是国内较早出海的云服务商,为中外企业提供第三方云计算服务,服务全球上万家企业。其主要做法有三个方面。一是部署海外数据中心,构建全球网络布局。优刻得科技股份有限公司在印度尼西亚、越南、印度、新加坡等新兴市场,以及俄罗斯、美国、德国等多个海外区域部署数据中心,通过本地化部署,不断优化网络覆盖能力,全面打通从数据中心的物理网络、到城域网、再到广域网,搭建"全球一张网"。二是完善防御系统体系,提升高流量攻击防护能力。优刻得科技股份有

限公司以强化自主研发的本地清洗服务为重心,同时在全球布局七个边缘节点,形成Anycast分布式清洗方案,实现攻击流量的就近分流、清洗,在不增加延迟的情况下帮助客户抵御高强度DDoS攻击。三是推出全球化运营解决方案,提供海外运营技术支持。优刻得科技股份有限公司为游戏、电商、社交、直播、金融科技、智能硬件等领域出海企业全球化布局提供全球化运营解决方案。

该公司一系列做法带来了一系列创新效果。一是为企业提供稳定的传输网络。不断优化网络覆盖能力,大幅减少高峰时期的跨域延时、抖动、丢包等问题,支持企业应对高强度DDoS攻击,提升数据传输的速度和效率。二是助力企业开拓新兴市场。通过在东南亚重点区域的深度覆盖,成为在新加坡、印度尼西亚、泰国、越南、菲律宾五国拥有数据中心的云服务商,为中国企业提供便利。

创新数字关键技术,构建出海"魔方底座"
——星环科技的人工智能基础软件平台

星环信息科技(上海)股份有限公司(简称"星环科技")是大数据与人工智能核心技术研发企业,为中外企业提供大数据与人工智能基础软件平台工具,产品覆盖20多个重点行业,服务2 000多家用户,已成为加速各行业数字化、智能化进程的技术引擎。其主要做法有三个方面。一是专注底层技术创新,不断提升基础软件领域全球竞争力。星环科技以过硬的底层技术实力作为核心竞争力,其大数据平台TDH成为全球首个通过TPC-DS基准测试官方认定的大数据平台,完成了这一数据库领域设立12年来无人通过的最高标准基准测试。星环科技构筑全方位数字技术底座,通过企业级软硬一体、云边一体的计算方案,依托强大的设备接入、资源管理、智能数采和数据治理能力,实现智慧赋能以及视觉场景的智能化感知。二是坚持自主研发产品,满足多元化业务需求。星环科技坚持自主研发"云计算+大数据+数据库+人工智能"基础平台产品,已陆续推出基于容器的智能大数据云平台、一站式大数据平台、智子人工智能平台和超融合大数据一体机等全品类产品系列,并通过对产品的多元化组合,为不同规模、行业、数据基础的企业,打造更加贴合业务需求的技术"魔方底座",真正实现行业数字化出海过程中底层技术支撑的"魔方重组",以技术方案的灵活性打破企业需求的多变性。三是推动数字技术和标准出海,赋能海外客户发展。星环科技已在新加坡、加拿大设立子公司,特别是立足于新加坡设立的海外总部积极开拓亚太市场,推动在"一带一路"沿线国家和地区开展基础软件技术国际合作;同时,创新出海模式,将大数据和人工智能技术合作与高科技人才培养相结合,提升本土技术标准和人才标准的海外影响力。

该公司取得的创新效果有二。一是实现全球大数据基础软件领域的技术领先。星环科技通过走自主研发的道路,持续提升数字底层技术,不断迭代产品服务,打破了国外企业在大数据基础软件领域的垄断地位,不仅在支持的点边数量上领先全球,还率先支持分布式图算法和深度图计算,尤其在某些核心场景中的同等数据体量下,可以为客户提供领先国外同行3—10倍的存算速度;在超大规模数据量的图分析场景下,相较于国外同行仅支持4层以内分析,可以为客户提供高于10层的深度链路分析支持,目前相关服务产品已在金融、公共安全、医疗卫生、商业智能等领域应用,为客户数字化转型提供智慧解决方案。二是"一带一路"技术合作项目加速落地。在星环科技新加坡海外总部的推动下,一批"一带一路"合作项目加速落地,包括与新加坡教育部、新加坡理工、新加坡超算中心联合组织的首届大学生人工智能创新大赛;和新加坡理工建立联合创新实验室X-LAB;为新加坡建屋发展局提供建筑工地解决方案;推动"随申码"模式应用在老挝落地;利用大数据技术为伊拉克Majnoon油田构建数字仓库;与阿联酋G42集团展开全方位技术合作等。

构建数字出海营销新型模式,助力企业精准触达全球客户
——飞书深诺的海外数字营销解决方案

飞书深诺数字科技(上海)股份有限公司(简称"飞书深诺")是一家领先的出海数字营销企业,集成国际头部新媒体渠道资源,专注App、电商、品牌、游戏四大场景的全链路出海服务,为中国企业出海提供一站式数字营销解决方案。其主要做法有两个方面。一是汇集国际头部新媒体资源,打通海外数字营销服务渠道。飞书深诺是国内唯一同时拥有13大全球新媒体渠道官方代理资质的数字营销企业,坐拥海外区域性热门媒体和当地KOL资源,并在日本、印度、中东、新加坡、美国等多地设立海外子公司,通过完善的合作伙伴生态资源,建立覆盖全球的海外市场拓展服务网络。飞书深诺通过"本地化服务+全球化网络"的综合服务模式,实现24小时多语言跨时区支持,为中国企业进军海外市场提供本地化深度数字营销服务和创意,切实解决企业在海外落地运营及营销挑战。二是打造六大核心服务竞争力,建设海外数字营销服务能力。飞书深诺推出咨询顾问、媒介、综合创意、优化运营、技术数据应用平台、企业培训六大基础核心服务,自主研发针对不同出海场景的定制化服务产品,建立数据可视化分析系统和大数据池,打破出海信息壁垒,构建集海外市场环境分析、本地渠道建设、营销策略设计、数字追踪及创意迭代于一体的服务闭环。

该公司取得的创新效果有二。一是全球化的服务网络逐步形成。飞书深诺通过整合全球媒介资源,不断拓展海外服务网络,为近一万家不同体量、不同发展阶段的中国出海企业提供了数字化营销解决方案,助力企业深化全球产业链布局,在全球245个国家及地区成长壮大。二是创新性的出海场景不断涌现。在品牌推介领域,飞书深诺与北美知名社交平台联手成立"社区种草官拍档",助力企业在社交场景下触及更多活跃的北美和全球客户。在App领域,帮助中国App软件成功进入南美等新兴市场,实现应用下载量和交易量双突破,提升了品牌认知度和认可度。在跨境电商领域,助力知名跨境电商平台取得海外华人用户覆盖率超过80%、成本低于行业标准30%的好成绩。在游戏领域,帮助某原创游戏公司安装量半年增长183%,成功跻身当年度欧洲市场免费手游下载前十名。

国际旅游智能新平台,海外出行服务新模式
——携程的国际火车票预订平台 TrainPal

上海携程商务有限公司是一家领先的综合性旅行服务企业,运用互联网技术推动旅行业数字化转型,向全球4亿多全品牌会员(含超过1亿境外会员)提供全方位智能出行和旅行服务,连续3年位居全球在线旅游业第一。其主要做法有二。一是搭建智能化购票平台,以数字技术赋能海外出行服务。国际火车票预订平台 TrainPal 是携程在海外上线的智能化旅行服务产品,主要面向欧洲市场,为海外用户提供火车及大巴票务服务。针对欧洲铁路出行"高频、高昂"的消费痛点,携程自主研发大数据智能算法,利用独家"拆票"技术,帮助用户寻找最优惠的分段购票方案,解决了传统手动购票效率低、成本高的问题。同时,TrainPal 还设置了在线自助问答及人工服务,上海客服团队通过在线工具直接为海外用户提供专业咨询服务,保证服务质量。二是优化组合服务策略,以多元化功能满足个性化出行需求。TrainPal 基于携程搭建的全球平台、国际支付和海外呼叫中心等基础设施,推出实时显示车次信息、实时更新出行路径、多语种翻译等功能,提供国际支付、线上电子折扣等增值服务,通过多元化功能的组合,满足海外用户个性化的出行需求。在疫情期间,TrainPal 还推出防疫产品优化组合服务,上线自助退改功能,提供防疫信息,大力推广电子票,为用户构筑起一道出行安全防线。

该公司取得了较好的创新效果。一是大幅降低海外用户出行成本。通过携程 TrainPal 平台,海外用户能够在7—8秒内获取最佳出行路线规划,以平均低于原价30%—40%的费用预订同样的行程服务,出行成本大幅降低。疫情期间,在 TrainPal 平台的助推下,英国市场纸质车票退票周期从一个月缩短至6分钟,大幅提升了用户体验度。二是逐步建立海外旅行服务网络。TrainPal 平台已进入英国、法国、德国、意大利和西班牙等157个国家的旅行市场,在欧洲主要国家完成了180万台手机预装服务,为海外用户出行提供更优惠、更便捷、更合理的服务。

打造数字保险云中台,赋能国际保险新生态
——易保网络的数字化保险业务云中台

易保网络技术(上海)有限公司(简称"易保网络")是一家保险科技企业,为全球保险行业提供数字化解决方案,主要客户遍及全球30多个国家,涵盖保险公司、保险代理及经纪公司、金融科技公司及其他生态公司。其主要做法有两个方面。一是基于先进云原生架构,驱动数字技术与保险行业深度融合发展。易保云中台是易保网络的数字化保险业务核心产品,是数字化保险投产和运营一体化的综合技术平台。易保云中台基于云原生技术和微服务架构,按照数字化保险海量业务、高频变化和产品个性化程度高的要求,采用自主创新的中间件和平台架构,与国内外主流云平台深度兼容,满足保险公司在全球部署的实际需要,并覆盖所有主流保险产品线和保险全生命周期的数字化服务 API,支持丰富的数字化保险应用开发和运行。二是赋能全球客户数字化

转型，布局国际重点市场。易保网络在新加坡、印度孟买、日本东京、荷兰鹿特丹、英国伯明翰等16个国家及地区设立了分支机构，并在东南亚、中东、南美等海外市场进行重点布局，通过为海外客户提供公有云租用、推动数字化保险投产、提供运营服务支持等，简化海外客户投产实施流程，降低了数字化保险的实施难度，发挥了数字化保险支持引擎的支撑作用。

易保网络取得了一系列创新效果。一是全球客户运营效率极大提升。通过易保云中台，保险企业节省了大量在保险垂直行业的人力和时间成本，以较低的初始投入就可以获得保险全生命周期服务支持平台，极大地提升了保险企业在数字化金融保险领域的创新能力。例如，加拿大永明保险集团通过易保网络的数字化保险能力支持，使保险合作伙伴接入周期从原来的半年缩短至4周，保险销售和服务从原来的"T+3"提升为实时，集团的财务和数据统计从原来的每周提升为每天业务结束后即可汇总统计，提高了保险作业效率。二是一批定制化保险云服务平台海外落地。基于易保云构建"泰国保险分销云"，易保网络为客户提供了覆盖从保险经代、保险直销到金融服务、生活服务、线下超市和便利店等不同类型的服务端。与巴西互联网创新企业88 Insure Tech合作，将企业的区块链和加密货币技术与易保云中台的保险服务相结合，仅用20位员工就支持了多款与生活紧密相关的保险产品上线投产，并通过网站、移动应用以及合作渠道为客户提供"7×24"的不间断服务。

提升出海加速度，打造国际游戏新IP
——米哈游的开放世界游戏《原神》

上海米哈游网络科技股份有限公司（简称"米哈游"）是国家文化出口重点企业，深耕动漫文化领域，拥有"原神""崩坏"等原创IP，围绕原创IP为用户提供游戏、动画、漫画、音乐、小说及周边等全产业链服务。其主要做法有二。一是以数字技术赋能游戏制作，专注打造原创游戏IP。米哈游坚持走自主研发原创游戏的道路。《原神》是米哈游的代表作之一，开发周期长达4年，研发投入达1亿美元。在制作研发方面，通过在人物建模、角色动作、过场动画等方面广泛运用顶尖的真人动态捕捉、人工智能等技术，在视听表现、战斗体验、养成与交互等层面做到了市场领先的效果，为玩家打造内容丰富的开放世界冒险游戏。在IP打造上，以游戏为核心，辅以小说、漫画、周边产品为用户创造美好的虚拟世界，构建全产业链运营模式。二是将中华文化融入游戏创作，搭建沉浸式游戏场景。《原神》将中国传统文化融入游戏内容，在场景设计方面，从桂林山水中汲取灵感，打造出奇幻世界观下的璃月东方美景，为玩家提供沉浸式的游戏场景体验，向全球用户传递中华山水之美。在音乐制作方面，游戏背景音乐大量运用中国音乐元素和乐器，邀请上海交响乐团、伦敦爱乐乐团等顶级乐团参与制作，独具东方特色的交响旋律吸引了众多海外玩家。

米哈游取得的创新效果有两个方面。一是成为中国游戏出海的领跑者。《原神》以13种语言版本在全球近150个国家和地区同步上线，登上美国、日本、韩国、德国等

20多个主流游戏市场畅销榜第一名,海外下载量破亿次,全球累积收入超40亿美元,连续蝉联中国手游出海收入榜冠军。二是提升中华文化海外影响力。《原神》在海外主流互联网媒体的关注粉丝量突破350万,获得2020年Play & App Store双端年度最佳游戏的称号,主题音乐全球全网播放量超过10亿。《原神》以精良制作为标准,以富含中国元素的场景、音乐、剧情等形式,向全球年轻一代展示中华文化的魅力,让世界看到中国实力的原创游戏。

国潮品牌创新策源地,国际品牌合作推广站
——行吟信息科技(上海)有限公司的小红书在线新经济种草社区

行吟信息科技(上海)有限公司旗下的小红书是人们通过文字、图片、视频、直播等方式记录、分享和追求美好生活的在线平台,内容覆盖时尚、彩妆、美食、旅行、娱乐等各个生活领域,月活跃用户超1亿,每天产生超过80亿次的笔记曝光。其主要做法有两个方面。一是创新B2K2C模式,打造国潮品牌创新策源地。小红书创新B2K2C模式,链接企业(Business)、关键意见消费者(KOC)与消费者(Consumer)三方,KOC在垂直领域的分享和传播能帮助品牌更快触达目标消费群体,消费者反馈则将反向影响品牌的产品创新决策和营销策略,实现种草经济闭环。小红书依托独有的商业模式,实施"全链路跟踪服务合作计划",帮助国潮品牌筛选匹配的关键意见消费者,在平台完成一站式闭环营销,助力合作方迅速打开海外市场,并通过数字化手段推动国潮品牌连接新用户、推广新产品、试水新领域,打造具有高效出海渠道的国潮品牌创新策源地。二是推出种草特色营销服务,构建国际品牌合作推广站。小红书上线品牌合作平台"蒲公英",为国际品牌提供具有种草特色的营销服务,帮助品牌快捷高效地与创作者合作,实现批量投放,增加曝光量。小红书以合作链路有效保障、数据体系持续深耕、流量产品有机融合为三大支撑,不断迭代产品,为国际品牌提供完善的合作体验,构建链接精准消费群体的国际品牌合作推广站。

其创新效果有二。一是成为全球消费口碑库。小红书汇聚全球190多个国家和地区超4万多品牌,已成为具备全球影响力的消费口碑库,不断上涨的国产品牌搜索量和关注度,正在助力国产品牌加速崛起。二是成为国际品牌合作方。与2018年初相比,国际品牌在小红书的入驻量增长超过130%,国际品牌开通小红书企业号的数量近8 000家,增长超600%,小红书国际品牌商业推广增长超23倍。国际奢侈品品牌Louis Vuitton、Lanvin等在小红书完成直播首秀,以内容赋能消费,在消费者和品牌之间搭建链路。

集聚全球叙事资源,创新文创生产方式
——阅文集团的国际化网文阅读平台

阅文集团是引领行业的数字阅读和文学IP培育平台,集聚了900万名创作者,拥

有1 390万部作品,触达数亿用户,并在海外搭建具有国际影响力的网络文学平台。其主要做法有二。一是构建国际网络文学平台,集聚全球叙事资源。起点国际(WebNovel)是阅文集团在海外率先打造的付费阅读网文平台。起点国际平台不但是国内优秀网文的出海渠道,也是吸引和集聚海外网文作者的创作社区,从版权、翻译、体验等多方面打通文化出海堵点,以庞大的海内外创作者优质作品储备和原著正版授权杜绝了版权风险带来的断更和更新过慢等现象;通过汇总近千个中华文化和东方特色词汇,建立网络文学作品多语种对照表,为全球创作者树立网文叙事标准,并充分利用人工智能翻译技术,规范和提高网络文学出海内容翻译质量;率先使用网页页面更新章节,采用滚屏模式,辅以打分、评论、互动及词汇百科等功能,提升读者体验。二是围绕"以IP为单位"理念,创新数字文创生产方式。阅文集团创新"以IP为单位"的数字文创生产方式,通过网络文学、动漫、影视、游戏等跨平台、跨领域的生态联动,不断激发IP的影响力和新价值。建立以IP为核心的业务中台,上线作家服务、IP筛选规划、生态联动三大功能版块,覆盖IP推广、筛选、规划、增值服务、开发联动等各环节,对IP实行"先规划,再开发",为未来工业化的IP开发体系打下坚实基础。

其创新效果有两个方面。一是网络文学平台全球影响力不断提升。起点国际推出超1 700部中国网络文学的英文翻译作品,累计访问用户超7 300万。自2018年开放海外原创功能以来,吸引了全球超19万名创作者,上线原创网络文学作品超28万部。起点国际在移动端应用营收榜单上,长期位列图书分类头部。二是网络文学IP"走出去"步伐不断加快。阅文集团旗下起点国际等多个平台的原创小说已向日本、韩国、泰国、越南等亚洲多国,以及美国、英国、法国、土耳其等欧美多地授权数字出版和实体图书出版,涉及7个语种,授权作品700余部,并成功向海外输出《庆余年》《赘婿》《鬼吹灯》《盗墓笔记》《琅琊榜》等影视、动画、游戏领域IP改编代表作。

国产原创动漫出海矩阵,让国创动漫闪耀世界
——哔哩哔哩的国产原创动漫出海矩阵

哔哩哔哩(简称"B站")是中国年轻世代高度聚集的综合性视频社区,围绕用户、创作者和内容,构建了一个源源不断生产优质视频内容的生态系统,并提供移动游戏、直播、付费内容、广告、漫画、电商等产品和服务,月均活跃用户达2.23亿,日均使用时长达82分钟。其主要做法有两个方面。一是创新数字内容生产模式,持续推出海量原创内容。B站从"平台+社区"的属性出发,逐步构建起以PUGV(专业用户生产视频)为核心,辅以OGV(专业生产视频)、直播的原创内容增长模式,通过鼓励UP主拍摄上传视频与平台自制高质量内容、点播等方式相结合,持续为用户带来具有生命力的视频内容。在视频传播领域,通过运用最新的人工智能技术,基于海量数据计算分析用户的兴趣变化与迭代规律,持续引导生产符合用户爱好的原创内容。二是多渠道布局海外市场,推动数字内容成功出海。B站与全球知名动画流媒体平台Funimation达成战略合作,在版权获取、IP运作及海外市场拓展等方面加强合作,推动动画产业全

球化发展。2020年,B站正式组建海外发行团队,同步开展自制国创海外发行业务,在海外应用商店上架英文版App,进一步推动B站综合性视频社区走向海外市场。

其创新效果有二。一是国创动漫出海步伐不断加快。B站的《天官赐福》《仙王的日常生活》《百妖谱》《天宝伏妖录》等多部优秀国创动画发行至日韩、东南亚、欧美等海外市场主流平台。其中,《天官赐福》项目受到了海外市场的追捧,成为Funimation购买的第一部中国动画,在Funimation平台和韩国最大的动画流媒体平台Laftel同步播出。二是文化传播窗口功能不断增强。B站集聚190万UP主,上传视频涵盖几千个品类、数百万个文化标签。其中,头部UP主海外播放量突破100亿,34万海外UP主已成为全球用户了解中国的重要窗口,其官方海外账号和国际版也深受海外用户的欢迎。

8.5 贵州大数据＋实体经济融合发展("云上贵州")

贵州省将发展大数据作为全省战略,出台《贵州省大数据发展应用促进条例》等地方法规,设立贵州省大数据发展管理局,各地各部门将大数据事业作为"一把手工程",开展"千企改造工程",搭建服务平台,推进大数据与产业融合应用,走出了欠发达省份发展大数据的新模式,把大数据作为弯道取直、后发赶超的战略引擎,深入实施大数据战略行动,以大数据引领经济社会和各项事业发展。

在政用方面,典型的代表有贵阳市政府数据开放平台、瑞普政法大数据办案平台。作为全国首个市、区两级政府一体化数据开放平台,贵阳市政府数据开放平台经过一年多的探索建设,经过三次改版升级,已取得丰硕成果。《2018中国地方政府数据开放报告》显示,贵阳市政府数据开放平台在全国地市级(含副省级)指数排名中名列第一,是中国政府数据开放平台的引领者和探路者。贵阳市政府数据开放平台上的数据覆盖52家市级部门及13个区县(开发区)。贵阳当地企业能够从平台发布的气象、环境、企业信用等各行各业的实时数据,发现商机,创新商业模式,深度挖掘数据价值。除此之外,贵阳本地创新企业还基于平台开放的数据开发了如"易动体育"等覆盖交通、旅游、食品等领域的10余款便民惠民App应用。在数据惠民方面,贵阳市民可以在平台上找到每日粮油价格、中小学划片区信息、公共体育场馆及设施信息、停车路线及车位信息等日常最为关心的民生数据。以医疗为例,市民既可以在平台上直接搜索获取相关区县医院信息,也可以通过"筑民生""健康贵阳"等App获取相关信息,具体包括是否属于医保医院、药品价格等。瑞普政法大数据办案平台利用大数据、云计算、区块链等技术,连通公安、检察院、法院三方的证据标准和数据,打破公检法三方信息壁垒,让公检法三方形成统一的证据标准办案,以提高办案效率、防范冤假错案的发生。瑞普政法大数据办案平台自2016年试运行以来,目前已实现因证据不足退回补充侦查率为2.3%(同比下降25.7%)、因证据不足不批准逮捕率同比下降28.8%、服判率92.5%(同比上升8.6%)、因证据不足作出无罪判决的案件"零发生"、办案时限缩短近30%的效果,并在贵阳、广州等地落地。

在民用方面，典型的代表有贵州多彩宝、智慧农业综合管控平台。贵州多彩宝"互联网＋益民服务"城乡全覆盖工程依托多彩宝"互联网＋"益民服务平台建设，是运用互联网、大数据促进保障和改善民生的惠民工程，为贵州人民群众提供生活缴费、政务服务、社会保障、公共交通、文化旅游等一站式互联网民生服务。同时，通过便民资讯平台将政策、民生、旅游、致富等信息传递到千家万户，更好地解决民生痛点、堵点、难点问题，实现数据多跑路、百姓少跑腿的宗旨。多彩宝平台已经完成了3个大版本迭代，正进行4.0全新升级，努力打造生活服务、政务服务、到家服务、资讯服务、特色服务五位一体的超级App。多彩宝业务不仅实现贵州全省9个市州及贵安新区全覆盖，更深入全省54个县城、351个乡镇，覆盖范围还在迅速扩大。智慧农业综合管控平台由贵州航天智慧农业有限公司打造而成，智慧农业综合管控平台运用了物联网、人工智能、大数据等技术，其以智慧物联体系和云网平台做支撑，通过建立智慧农业云网平台和大数据综合管控中心，采集各项目地的作物、气象、土壤、灌溉、设备状态等各种信息，为农业生产提供智慧灌溉、智能水肥决策等服务。通过对多年农作物数据的分析和经验的积累，贵州航天智慧农业已经逐步摸索出针对数据采集、治理、存储方面的相关方法和标准，并通过数据挖掘和人工智能对气象、土壤、灌溉、虫情等数据进行分析，建立病虫害特征识别库及虫害原因关联分析库，从而对农作物在不同种类、不同时间情况下作健康状况分析，以及时发现农作物生产问题，并利用航天科工无人机植保等力量开展病虫害防治工作。

在商用方面，典型的代表有贵州拖车侠、贵州航天云网、货车帮。拖车侠利用互联网技术和思维，通过大数据管理，以科学调度、分布式布局的方式，为用户提供动态的拖车救援服务，减少车主的救援等待时间，提高了拖车救援服务质量。在拖车侠的道路智慧救援平台上，保险公司、拖车公司和终端用户连接，以大数据科学管理为核心，通过科学调度与分布式布局，动态调配救援车辆，以打破传统汽车道路救援行业中价格垄断和资源垄断的现状；同时利用大数据管理将拖车流程可视化，解决了拖车过程中等待时间长、二次定损难判断等问题。此外，通过动态救援也有助于减轻政府对道路管理的压力。贵州航天云网将国内首个工业互联网平台——INDICS与贵州企业结合，助推贵州企业信息化。"贵州工业云"平台注册用户突破14万，共发布需求2.26万条，涉及产品2.64万个，贵州工业云实现了工业大数据在企业的深度分析和应用。据悉，通过已建成的产业发展平台、云制造、工业品商城、创新创业等功能板块，航天云网帮助企业实现研发设计、生产制造、质量监控、物流追踪等智能化改造。推动工业经济转型，助力贵州省实体经济加速发展和传统产业转型升级，打造出了发展工业大数据的贵州经验，成为助力贵州省发展"大数据＋实体经济深度融合"的标杆企业。贵州满帮集团作为全国最大的车货匹配信息平台，主要业务依旧是为用户提供信息交互平台服务。同时，满帮集团正发展成全国最大的货车车后服务平台，通过覆盖柴油、ETC、新车、金融、保险、园区等服务领域，为货车司机提供一站式服务。2013年，满帮集团旗下的"货车帮"App上线。货车帮官网显示，其已拥有520万诚信司机会员，125万认证货主会员，平台每日货源信息超过500万条，线下服务网点1 000家，被人们称为货运版的"滴滴"。"货车帮"的出现，解决了以往"车找货难，货找车难"的痛点。有数据统计，2017年，货车帮通过减少车辆空驶，节省了燃油成本860亿元，减少了碳排放4 600万吨。

本章小结

中国数字经济区域发展格局呈现"一核三极多强"。北京、上海、深圳等城市在数字产业化和治理等方面发挥辐射和带动作用。2020年,北京、上海、深圳等地的数字经济竞争力指数排名靠前。城市数字经济竞争力指数的六个分指数前五强城市包括北京、上海、深圳、广州、杭州和南京。这些城市在数字创新、基础设施、核心产业、融合应用和需求等方面表现突出。产业数字化转型路径模式主体表现在四个方面:全生态渗透、数字技术为核心、数据为关键要素、平台为载体。上海围绕城市数字化转型发展目标,发展数字贸易新模式新业态,建设数字贸易国际枢纽港。贵州将大数据作为战略发展重点,推进大数据与产业融合应用,政用、民用和商用方面均取得成效,成为全国工业大数据发展标杆。

思考题

1. 数字经贸在推动中国区域经济发展方面具有哪些优势?又面临哪些挑战?请结合具体案例进行分析。

2. 上海在发展数字贸易方面采取了哪些措施?这些措施对上海数字贸易的发展产生了什么影响?

3. 如何利用数字技术促进中国区域经济的平衡发展?请结合贵州的经验,探讨数字技术在欠发达地区的应用潜力。

参考文献

1. 唐立军,朱柏成.北京数字经济发展报告(2021—2022)——建设全球数字经济标杆城市[M].北京:北京市社会科学院,社会科学文献出版社,2022.

2. 戴跃华.上海数字贸易发展的瓶颈和对策[J].科学发展,2020(08):12-19.

3. 顾晓敏.上海产业数字化转型的现实基础和路径选择[J].科学发展,2022(05):5-14.

4. 全球数字经济新图景(2020年)——大变局下的可持续发展新动能[EB/OL],https://dsj.guizhou.gov.cn/xwzx/gnyw/202010/P020201027531667675294.PDF.

5. 上海数字贸易十大创新案例(上篇)[EB/OL],https://mp.weixin.qq.com/s/ALEmblo8DwGkaWoVtLBz_Q.

6. 上海数字贸易十大创新案例(下篇)[EB/OL],https://mp.weixin.qq.com/s/sLHagUqVxzWvHPWkME2RSw.

7. 《行业数字化转型模型与路径》白皮书发布透析数字化转型"新"路径[EB/OL],https://baijiahao.baidu.com/s?id=1701463918563992323&wfr=spider&for=pc.

8. 云上贵州——大数据的先行先试[EB/OL],https://mp.weixin.qq.com/s/o-DTBmdRaFwT8_KgJxrFpw.

9. 中国城市数字经济发展报告(2021年)[EB/OL], https://mp.weixin.qq.com/s/GOSxXWBbtHwTzUOyUB2R_g.

10. 中国数字经济发展报告(2022年)[EB/OL], https://mp.weixin.qq.com/s/8xnlYqpjWZgb7-Xg6sIbKQ.

附录8.1 数字经济竞争力指数构成

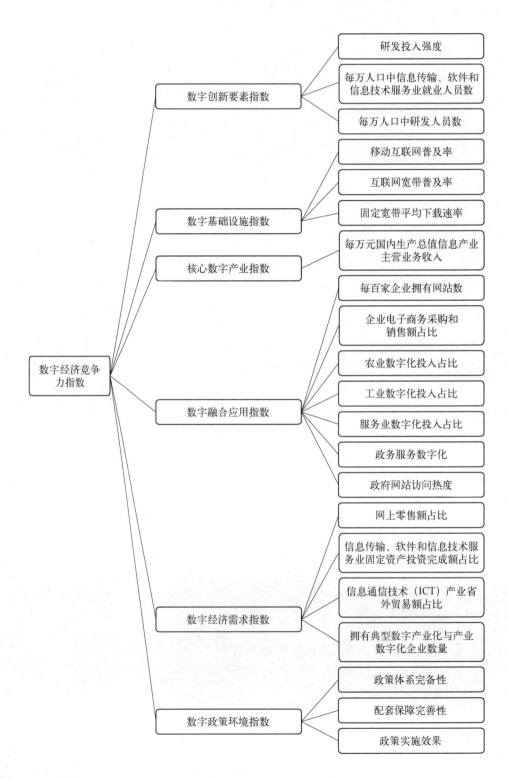

附录8.2 数字经济竞争力计算方法

数字经济竞争力指数评估采取层次分析法。层次分析法是一种解决多目标的复杂问题的定性与定量相结合的决策分析方法,被广泛用于工程计划、资源分配、方案排序、政策制定等领域。具体评估步骤如下:

1. 指标的标准化

由于评价体系中各项指标性质不同、计量单位不同,在测算的过程中需要对指标进行标准化处理。采用阈值方法得到标准化指标,阈值是标示指标临界值的数字,运用阈值法对指标进行无量纲化处理是国际通用的方法。我们采用固定阈值,即参考每项指标的最大值、最小值以及平均值,分别确定某一数值作为每项指标参考标准。以阈值为参考标准,分别对各项指标进行标准化处理,公式为:

$$x'_{ij} = \frac{x_{ij}}{x_{j,\text{阈值}}} \tag{8.1}$$

其中,x_{ij}为指标数据原始值,$x_{j,\text{阈值}}$为指标阈值或临界值,x'_{ij}为指标无量纲化之后的数值。

2. 指标权重确定

采取层次分析法确定评估指标体系的指标权重,各项指标的权重采用"熵权法"分别确定各级指标的权重及对应采集指标的权重。

根据信息论基本原理,信息是系统有序程度的一个度量。熵是系统无序程度的一个度量。熵可以被理解成为一种离散事件的概率。变量的不确定性越大,熵就越大,所需要的信息量也就越大。一个具体事件的信息量应该是随着其发生概率而递减的,且不能为负。此外,一般而言,当一种信息出现概率更高的时候,表明它被传播得更广泛,或者说,被引用的程度更高。

根据信息熵的定义,对于某项指标,可以用熵值来判断某个指标的离散程度。其信息熵值越小,指标的离散程度越大,该指标对综合评价的影响(即权重)就越大(信息熵值越小,该指标对综合评价的影响就越大)。

如果某项指标的值全部相等,则该指标在综合评价中不起作用。因此,可利用信息熵这个工具,计算出各个指标的权重,为多指标综合评价提供依据,即熵权法。具体计算步骤如下:

确定第i个评估对象的第j项指标比重:

$$p_{ij} = \frac{x'_{ij}}{\sum_{i=1}^{n} x'_{ij}} \tag{8.2}$$

计算第j项指标的熵值:

$$H(x_j) = -k \sum_{i=1}^{n} p_{ij} \ln p_{ij} \tag{8.3}$$

其中,k 为调节系数,$k=1/\ln n$。对于被估计指标的第 i 项值 x'_{ij} 越大,其熵值 $H(x_j)$ 则越小,表示该指标提供的信息量越多,影响程度也越大。当 $p_{ij}=0$ 时,$\ln p_{ij}$ 无意义,则定义为:

$$p_{ij}=\frac{1+x'_{ij}}{\sum_{i=1}^{n}(1+x'_{ij})} \tag{8.4}$$

将第 j 项指标的熵值转换为权重:

$$W_j=\frac{1-H(x_j)}{n-\sum_{j=1}^{n}H(x_j)} \tag{8.5}$$

其中,$0 \leqslant W_j \leqslant 1, \sum_{j=1}^{n}W_j=1$。

至此,得到各项指标的权重值。

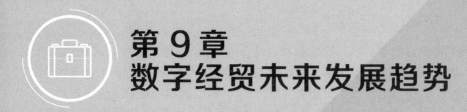

第 9 章
数字经贸未来发展趋势

9.1 全球数字经济与贸易发展的机遇与挑战

9.1.1 机遇

国际经济形势错综复杂,全球经济复苏势头减弱,世界经济正处在动能转换的换档期,世界各国对数字经济的重视度日渐提升,不断升级数字经济发展战略,抢夺战略高地。伴随着数字经济发展热点的迭代,数字化战略转型升级,为各国数字经济发展带来新机遇。

1. 数字经济战略从顶层设计向提升数字创新应用能力发展

在推出数字经济顶层设计后,各国围绕大数据、人工智能等领域的研发创新和应用发展加快布局。美国于 2018 年发布《美国机器智能国家战略报告》,提出六大国家机器智能策略,旨在通过对产品研究与开发的长期资金支持,促进机器智能技术安全发展,并通过强化创新基地巩固美国领先地位。2019 年启动"美国人工智能计划",美国发布了最新的《国家人工智能研究和发展战略计划》,重新评估了美国联邦政府人工智能研发投资的优先次序,加速人工智能发展,维持领先地位。德国于 2018 年推出《高技术战略 2025》,提出推动人工智能应用,利用国家人工智能战略系统提升德国在该领域的能力。同年,发布《德国人工智能发展战略》,旨在将人工智能重要性提升到国家高度,为人工智能的发展和应用提出整体政策框架,并计划在 2025 年前投入 30 亿欧元用于该战略的实施。日本于 2018 年发布《第二期战略性创新推进计划(SIP)》,着重推进大数据和人工智能技术在自动驾驶、生物技术、医疗、物流方面的应用,旨在通过推动科技从基础研究到实际应用的转化、解决国民生活的重要问题,以及提升日本经济水平和工业综合能力。

2. 各国加快数字规则制定,推动形成数字治理国际新机制

一是数据保护与开放共享成为数字化战略的新焦点。欧盟《通用数据保护条例》于 2018 年 5 月正式实施,成为欧盟内部唯一、统一的数据保护条例,也成为全球个人数据保护立法的典范。2018 年 10 月,发布《非个人数据在欧盟境内自由流动框架条例》,旨在确保非个人数据在欧盟范围内的自由流通,消除数据保护主义,增强欧盟在全球市场的竞争力。2019 年 4 月,欧盟公布一项新的 92 亿欧元资助计划——《数字欧洲计划》,以确保欧洲应对各种数字挑战具备所需的技能和基础设施。日本于 2018 年发布的《综合创新战略》强调要完善社会基础设施所必需的数据协作基础。

二是多国不断丰富平台治理手段。欧盟积极运用反垄断手段,频频对跨国科技巨头开出天价罚单;同时,欧委会拟将非欧盟国家的补贴纳入反垄断法考量,并相应扩大其执法权;此外,欧委会计划在1—2年内出台或更新相关的规范性文件,创新利用现有执法手段(如临时禁令),推动数据依法依规共享。美国社会各界对大型科技企业势力的担忧日益增长,2020年7月,美联邦众议院司法委员会反垄断小组举行听证会,就美国四大科技公司——亚马逊、谷歌、苹果和脸书正在面临的反垄断问题开展集中讨论。中国对数字经济企业采取包容审慎的监管方式,针对数字经济发展的新问题,也加强了规范和引导,2019年8月国务院办公厅印发《关于促进平台经济规范健康发展的指导意见》,着力营造公平竞争市场环境。2020年1月,国家市场监管总局对外正式公布《〈反垄断法〉修订草案(公开征求意见稿)》。该草案涉及互联网行业相关市场如何界定、市场支配地位如何认定、反垄断法面临的新挑战等棘手问题。

三是主要国家针对人工智能伦理已形成较为完备的准则。欧盟在2020年2月发布的《人工智能白皮书》中提出,面对人工智能引发的伦理担忧,关注人工智能带来的安全、隐私、尊严等方面的风险是欧盟人工智能战略和政策的侧重点。2020年7月,中国印发《国家新一代人工智能标准体系建设指南》,明确要规范人工智能服务冲击传统道德伦理和法律秩序而产生的要求,重点研究领域为医疗、交通、应急救援等特殊行业的标准研制。联合国教科文组织于2020年9月发布全球人工智能伦理建议书的最新进展,提出了关于人工智能的相称性、人类的监督和决定、环境管理、性别平等关键概念。

四是数字税成为国际规则制定的新桥头堡。目前全球已有包括法国、意大利、英国、印度、捷克、土耳其、奥地利等在内的超过30个国家宣布将对大型互联网公司征收数字税,其中,意大利、英国分别于2020年1月和4月确认开征数字税。各国制定的数字税政策主要针对搜索引擎、社交媒体、在线视频、即时通信、线上电商等数字服务领域。除此之外,自2020年6月起,美国贸易代表办公室对欧盟、巴西、印度等10个贸易伙伴的数字服务税再次开启"301调查",以确定该法案是否是歧视性的,是否会对美国商业构成负担。

9.1.2 挑战

20世纪50年代以来,全球生产结构发生了深刻变化,突出表现为发达国家制造业"逆向回流"和发展中国家制造业"高端跃升"并存。全球价值链成为构建国际分工体系的新方式,新冠肺炎疫情进一步催化产业链的逆全球化和内向化发展。全球产业链在疫情的冲击下表现出较大脆弱性,其中,对外依存度高的产业链环节受到较大冲击,诱发全球产业链回缩和布局调整转移,部分国家支持重要、关键产业回流本国。

1. 疫情使得国际供应链和市场供需收缩

叠加世界经济宏观调控矛盾和国家间利益博弈影响,全球产业链出现阻隔甚至断裂风险。从供给角度来看,德国和美国作为欧洲和北美洲两大区域生产网络的中心均受到疫情的严重影响,多条国际物流通道关闭,导致全球供应链、产业链和价值链出现断裂风险。同时,产业链危机由供给端扩散至需求端,新冠肺炎疫情造成的劳动收入减少引发需求萎缩,最终形成的供需两端同时萎缩局面,进一步冲击产业链。全球价值链体系出现断裂、萎缩乃至价值贬值现象。疫情对全球产业链形成冲击,尤其对汽车、电子和机械设备等全球价值链融合程度较高的行业,影响更为明显。新冠肺炎疫情使得一些商品的跨国生产、流通、储备、分配、消费等环节出现障碍,导致全球性价值创造及价值实现能力下降,全球公共福利水平受到损害。

2. 数字服务税规则带来数字经济发展新挑战

数字贸易的发展给全球税收体系造成巨大挑战,一是税收征管的范围由线下加速向线上拓展,征税对象呈现数字化、虚拟化、隐蔽化等特点,许多交易信息被隐蔽,导致企业利润难以有效衡量;二是互联网企业的数字服务突破了时间和空间约束,跨区域、跨国界经营成为常态,经济活动可能同时面临多个不同的税收监管主体,可能出现跨国企业转移到税率最低的国家报税的现象。例如,大量互联网科技企业巧妙运用避税手段,在税率较低的爱尔兰、卢森堡等国申报企业所得税,合法地保留了庞大的海外利益。根据有关机构整理数据,2017 年谷歌、脸书、亚马逊、eBay 等超大型跨国数字企业在获取高额收入的同时,纳税收入比却不足 2%,最低的亚马逊竟然只有 0.1%,远低于传统企业。随着税基侵蚀和利润转移问题的增多,推动国际税收体系的改革愈发重要,相关国际谈判也在加快进行。然而,关于数字服务税又存在较大分歧,主要集中于美国和其他国家,美国坚决反对征收数字服务税,特别是单边征收数字服务税的做法。美国的超大型互联网企业数量冠绝全球,且业务广泛覆盖全球主要国家和地区,一旦各国开始征收数字服务税,苹果、谷歌、亚马逊、微软、脸书等美国企业将成为最主要的征税对象。2019 年 7 月,美国贸易代表办公室宣布对法国政府通过的《数字服务税法案》发起调查。2020 年 6 月,美国贸易代表办公室宣布对多个贸易伙伴的数字服务税发起"301 调查",包括欧盟、英国、奥地利、捷克、意大利、西班牙、土耳其、巴西、印度和印度尼西亚等,紧接着又宣布推出国际数字服务税谈判。美国的退群做法引起欧盟强烈反对,法国时任外交部部长布鲁诺·勒梅尔认为美国的做法是对经合组织内所有合作伙伴的挑衅。

9.2 中国数字经济与贸易发展的机遇与挑战

新冠肺炎疫情在初期对中国经济社会有着较大的冲击,为恢复发展生产,中国适时提出"以国内大循环为主体,国内国际双循环相互促进的新发展格局":一方面,扩大内需,以畅通国民经济循环为主构建新发展格局;另一方面,加强全球抗疫合作,同时推动我国积极参与全球产业链重构,充分发挥我国在全球产业链和供应链中的重要作用。

9.2.1 机遇

数字贸易是推动全球经济复苏与增长的重要引擎。数字转型极大地拓展了贸易的广度和深度,在全球经济复苏不及预期背景下,数字贸易已成为全球贸易和经济增长的突出亮点。我国政策明确指出要大力发展数字贸易,推进数字服务出口基地建设,打造数字贸易示范区。新兴数字技术快速推广应用和数字贸易规则的逐步完善也为数字贸易的发展带来的良好的机遇。

1. 数字贸易的重要性日益凸显

党中央、国务院高度重视数字贸易发展，明确指出要加快数字贸易发展，推进数字服务出口基地建设，打造数字贸易示范区。新冠肺炎疫情导致人员跨境出行受限，大量依赖面对面的传统服务贸易转到线上，推动数字贸易逆势增长。全球数字经济蓬勃发展将推动全球数字贸易保持高速增长，为我国数字贸易发展提供广阔的市场空间。

2. 新兴数字技术快速推广应用

目前，大数据、云计算、人工智能、区块链等新兴数字技术快速推广应用，为金融、保险、运输、旅游、文化、教育、医疗、研发设计等服务贸易提供更多的数字化解决方案，也将有效加快相关领域的数字化进程，为数字贸易发展奠定了坚实的产业基础。

3. 数字贸易规则不断完善，制度逐步健全

我国将创新发展服务贸易、数字贸易，推进实施跨境服务贸易负面清单，深化通关便利化改革，加快国际物流体系建设，助力外贸降成本、提效率。另外，我国也将进一步建立健全数据资源确权等相关法规，加快建立数字资源产权、交易流通、跨境传输和安全保护等基础制度和标准规范。"一带一路"沿线国家合作潜力巨大，建设数字丝绸之路将为我国的数字贸易相关企业提供新的市场机遇和前景，尤其是区域全面经济伙伴关系协定（Regional Comprehensive Economic Partnership, RCEP）的落地，更是为我国数字经济与贸易发展提供了重要的机遇。

RCEP首次在亚太区域内达成了范围全面、水平较高的诸边电子商务规则成果，并对电信、电子商务、知识产权等领域做出了高水平承诺，体现了各成员国在数字经济和数字贸易领域进一步推动市场开放、完善监管体制、开展经贸合作的决心。数字贸易作为新兴的贸易形态，将成为未来国际竞争的焦点。在经济全球化新趋势的背景下，RCEP关于数字贸易的相关安排，实质上提高了区域内数字贸易开放水平，有助于进一步激发我国数字贸易内生动力，更好地利用国内国际两个市场、两种资源，助推数字贸易高质量发展。从RCEP具体条款来看，我国数字贸易企业主要面临四大市场机遇。

其一，有助于拓展电信服务市场。RCEP的第八章附件二电信附件制定了公平使用电信相关基础设施的电信服务规则，纳入了有利于促进电信行业市场竞争的多项新条款，为区域内电信服务营造了更加开放、公平的数字贸易营商环境。RCEP电信附件共包含23条内容，总的来看，电信附件条款主要围绕电信基础设施非歧视、电信市场公平竞争和电信网络互联互通展开。例如，RCEP有关转售服务、共址服务以及网络元素非捆绑的规定，将有助于打破区域电信主要服务提供者的非公平竞争行为，为新一代电信服务提供更好的发展空间与营商环境保障。而技术选择的灵活性条款也将有助于电信服务提供者灵活选择提供服务的技术，从而确保技术选择的公平性。当前，我国在通信技术领域具有较大优势，RCEP不仅将加速区域电信市场化竞争，也将有助于华为、中兴、烽火科技等国内通信设备厂商以及电信运营企业进入成员国电信服务市场，拓展新业务的发展空间。

其二，有助于发展跨境电子商务。RCEP的第十二章电子商务章节是首次在亚太区域内达成的范围全面、水平较高的诸边电子商务规则，主要包括电子商务信息跨境传输、保护线上消费者和个人信息、设立法律框架监管电子交易、避免增加不必要监管负担等内容，致力于营造透明、高效的数字贸易制度环境。在电子信息跨境传输方面,电子商务信息跨境传输是开展跨境电子商务的基础,RCEP 承认各缔约方通过电子方式传输信息可能有各自的监管要求,但同时明确规定,不得阻止投资者或服务提供者为进行商业行为而通过电子方式跨境传输信息。此外,RCEP 承认各缔约方为保证通信安全和保密要求,对于计算设施的使用或位置可能有各自的措施,但同时明确规定,缔约方不得将使用其境内计算设施或将设施置于境内作为投资者或服务提供者在其领土内进行商业行为的条件。这一规定有助于降低市场准入门槛,为电商企业跨境投资提供更多便利。在允许电子信息跨境传输和不得要求计算设施本地化的同时,RCEP 也规定了一些例外条件。一是允许基于实现合法的公共政策目标而采取必要的措施,只要该措施适用方式不构成任意或不合理的歧视或变相的贸易限制即可,且上述措施的必要性由实施政策的缔约方决定;二是允许基于保护基本安全利益而采取任何必要的措施,其他缔约方不得对此类措施提出异议。可见,RCEP 的例外条件也助于在便利电子传输的同时保护我国核心利益。RCEP 关于电子商务的规则将有助于我国阿里速卖通等电商平台企业拓展区域市场,推广电子支付技术和标准。此外,RCEP 货物贸易零关税产品整体上超过 90%,也便于电商平台与国内卖家形成发展合力。

其三,有助于培育数字贸易新业态新模式。RCEP 采用原产地累积规则,将促进区域内贸易合作,使企业能够更灵活地调整供应链布局,建立更精细、更完善的产业链分工体系,优化资源配置,降低生产成本,提高产品竞争力。RCEP 同时也将促进成员国提升贸易产品的数字化水平,加快产品标识、物流、仓储、结算、通关等相关数据信息的互联互通。此外,在疫情严重冲击全球供应链的背景下,RCEP 将进一步整合亚太一体化大市场,释放东盟国家人口红利优势、日本和韩国的技术资本优势、澳大利亚和新西兰的资源禀赋优势,促进亚太区域产业链、价值链和供应链融合发展,倒逼我国顺应数字化发展趋势,加快传统服务向数字化转型,有助于培育物联网、大数据、区块链等数字贸易新业态、新模式的发展。

其四,有助于促进数字内容贸易发展。RCEP 知识产权章节是 RCEP 内容最多、篇幅最长的,也是我国迄今为止已签署自贸协定所纳入的内容最全面的知识产权章节。RCEP 知识产权章节共包括 14 节 83 条和 2 个附件,将著作权、商标、地理标志、专利、工业设计、传统知识和民间文学艺术全部纳入保护范围,为发展数字内容贸易提供了制度保障。RCEP 知识产权保护水平高于世界贸易组织(WTO)的贸易知识产权协定(TRIPS),生效后将提升成员国知识产权的整体保护水平,侵权假冒行为将被有效打击。其中,对数字环境下的侵权行为适用民事和刑事处罚,有助于区域内高新技术和数字经济产业的发展。这也有助于我国企业把握中华传统文化复兴的机遇,积极发展数字出版、数字影视、数字教育、数字医疗等产业,提升在我国企业在 RCEP 成员国中的国际影响力。

9.2.2 挑战

当前,全球新一轮科技革命和产业变革深入发展,数字经济发展速度之快、辐射范围之广、影响程度之深前所未有,正推动生产方式、生活方式和治理方式深刻变革,成为重组全球要素资源、重塑全球经济结构、改变全球竞争格局的关键力量。我国数字经济发展正在转向深化应用、规范发展、普惠共享的新阶段,越来越多的数字技术进入大规模产业化、商业化应用阶段,数字经济与实体经济加速深度融合。我国数字经济发展在创造更大发展机遇的同时,也面临诸多严峻的挑战。

第一,信息基础设施全球领先,但关键核心技术不能自主可控。总体看,目前我国关键技术领域创新能力不足,关键核心技术不能自主可控,关键领域核心技术受制于人的状况没有得到根本改变。与美国等发达国家相比,中国在数字经济的核心产业,比如工业软件、云计算、区块链、金融科技、工业互联网、搜索引擎等领域还有不小差距,"卡脖子"技术严重威胁我国数字经济的长远发展。我国传统产业自主创新能力和技术研发能力不足,关键核心技术对国外依存度较高,尤其是制造业多以代工和组装为主。因此,我国数字经济的核心产业尚有很大改善空间。关键核心技术不能自主,在用新一代信息技术为实体经济发展赋能的过程中,一些产品的关键技术无法破解,这些都需要坚定不移走自主创新之路,加大力度解决自主可控问题。

第二,数据资源丰富,但数据要素市场远未形成。总体看,我国数据资源规模庞大,但价值潜力还没有充分释放,数据资产化、商品化、价值化仍处于初期探索阶段,尚未形成统一标准的数据要素大市场。数据的权属界定、价格形成、交易流通、开发利用等各个环节均存在诸多问题,数据的资产地位尚未确立,数据确权难题尚待破解,数据交易流通障碍重重,数据安全和隐私保护问题突出等。数字安全问题仍然存在,个人数据泄露、黑客攻击等事件频繁,木马病毒、恶意攻击等网络威胁正向国民经济的重要领域渗透。数据要素市场化滞后,严重制约以数据为关键要素的数字经济发展。

第三,数字经济规模快速扩张,但发展不充分、不平衡的问题突出,不同行业、不同区域、不同群体之间的数字鸿沟有扩大趋势。例如,从三次产业看,虽然数字经济在三次产业中的渗透率均不断提升,但是三次产业数字化覆盖不均衡问题突出。截至2020年底,我国一二三产业数字化渗透率分别为8.9%、21.0%和40.7%,第三产业数字化发展较为超前,一二产业数字化转型明显滞后。从不同行业数字化发展看,科学研究和技术服务业数字化发展很快,文化体育和娱乐业、批发和零售业以及租赁和商务服务业数字化发展速度更快,农、林、牧、渔等行业数字化转型相对缓慢。制造业数字化明显滞后,2020年我国制造业数字化渗透率仅为19.5%,低于发达国家33%的平均水平,与制造强国相比差距甚远。从不同地区产业数字化程度看,上海、海南、福建、北京等省市产业数字化程度位居前列,贵州、黑龙江、甘肃、云南的产业数字化程度较低,东西部地区间差距十分明显,数字化发展水平差异使得东西部地区间的发展差距进一步拉大。

第四,数字经济呈现明显的消费型数字经济"一条腿长"、生产型数字经济"一条腿短"的不均衡发展态势。消费领域数字化转型较快,但生产领域产业数字化转型相对滞后。一方面,因为目前信息通信技术(ICT)只适用于消费领域的数字经济,在生产领域的数字经济中缺失操作技术(OT)。未来应通过融合信息通信技术(ICT)以及操作技术(OT)来共同推动生产型数字经济的发展,助力企业实现数字化转型。另一方面,因为企业数字化转型壁垒较高,产业数字化转型主要存在"四不"问题:一是一些企业受到既有经营方式、思维惯性、渠道冲突等因素影响,对数字技术存在认识偏差,导致企业"不想转";二是大部分企业数字化转型应用项目投入大,建设周期长,转换成本高,导致企业"不敢转";三是数字化转型的关键技术标准尚不统一,应用难度大,造成企业"不能转";四是中小企业数字化转型的资金投入不足,新兴技术人才短缺,导致企业"不会转"。

第五,数字经济发展不规范的问题突出,数字经济治理面临挑战。从平台经济发展规律看,平台经济通常具有天然垄断性的趋势,数字平台企业在经过竞争、兼并、淘汰等市场行动后,往往最终形成"一家独大""赢者通吃"的市场格局,由此滋生市场垄断、税收侵蚀、数据安全等突出问题。例如,一些数字平台企业滥用市场支配地位行为,实施没有正当理由的掠夺性定价、拒绝交易、搭售等;滥用自主定价权,实施低价倾销、价格串通、哄抬价格、价格欺诈等;非法收集、使用消费者个人信息,带来数据安全隐患;利用数据优势"杀熟",损害消费者合法权益;利用技术手段损害竞争秩序,违法实施经营者集中,排除和限制竞争;实施商业混淆、虚假宣传、商业诋毁等不正当竞争行为,危害公平竞争市场环境。传统的治理体系、机制与规则难以有效解决数字平台崛起所带来的市场垄断、税收侵蚀、安全隐私、伦理道德等问题,数字经济治理体系需进一步完善。同时,各国在数字贸易规则方面尚未达成完全共识,全球数字治理体系尚未形成,这加剧了数字鸿沟和数字贸易失衡,影响全球包容性增长。

此外,作为数字经济的核心产业,中国在数字技术领域还面临来自欧美国家在政治、法律层面形成的竞争。自2020年初起,欧盟连续出台了一系列政策文件和法律框架,以提高数字"技术主权"和战略自主为目标,增强欧洲数字创新能力,降低数字技术对外依赖度。这一系列动作导致全球数字经济发展也出现了"裂痕"。

9.3 中国数字经贸发展对世界经济的意义

9.3.1 中国数字经济的发展道路为世界经济发展提供了新选择

1. 数字经济为世界经济作出新贡献

数字经济是继农业经济、工业经济之后的新的社会经济形态,其在生产组织形式和生产要素方面均发生了根本性的变革。当前,新一代网络信息技术不断创新突破,数字化、网络化、智能化深入发展,世界经济加快了向数字化转型的脚步。我国作为世界网络大国和数字经济大国,更加重视发展数字经济。突如其来的新冠肺炎疫情,从多个方面给世界主要经济体带来巨大冲击,当前世界经济复苏乏力,需要寻找重现繁荣的增长点。数字经济由于其高技术、高渗透、高融合、高增长等方面的特性,成为推动世界经济复苏、繁荣的重要动力。作为负责任的大国,中国紧紧把握全球数字经济发展大势,秉承共建人类命运共同体宗旨,从加强顶层战略设计、推动数字技术的国际合作开发、重点发展"一带一路"数字经济、推进国际数字基础设施建设、强化国际数字信息安全、扩大国内数字经济领域开放等方面入手,为数字经济带动世界经济复苏与繁荣作出新贡献。

2. 数字经济助力构建国内国际双循环相互促进新格局

构建国内国际双循环相互促进的新发展格局,是党中央在全球疫情蔓延和国际环境变化的双重效应下,因势而变的科学之举和与时俱进的重要战略选择。数字经济是适应内外部环境变化、高效满足市场需求、畅通国内国际循环的重要路径。一方面,数字经济从供给侧和需求侧为国内大循环创造畅通动力。数字技术的产业融合与渗透,帮助企业提升生产和服务供给品质和效率,能更好地满足用户需求,推动企业数字化应用。数字技术直接应用于人们的生活场景,创造并形成了广泛的线上需求,提升了人们的需求层次。数字经济迅速发展亦直接带动了5G网络、数据中心、工业互联网、人工智能等新型基础设施供给和投资需求。数字技术进步提高了市场透明度和信息对称性,降低了市场交易成本,促进了国际资源供给和需求方的匹配效率,从而极大推动国内大循环的有效畅通。另一方面,数字经济推动国内国际双循环有效链接。数字经济带来的国内财富效应,不断扩大的数字产业发展需求、企业数字化改造升级需求以及数字产品的市场需求,加之中国开放经济的拓展效应,将深化中国与世界各国的数字经济合作,吸引数字经济相关资源的国际流动,直接推动国际大循环发展。大数据和网络基础设施建设使得信息传递日益透明化,减少了跨国企业资源和市场搜寻成本,降低了签订契约和实施监督的交易成本。这将有利于传统经济形态中的企业内部分工以"众包"的形式进行跨国外包,推动国际专业化分工的精细化和精准化,密切各国经济主体联系;有利于推动全球化发展,减少保护主义障碍,促进我国对外贸易和双向投资发展。例如,我国基于数字经济的跨境电商发展迅速,2015—2019年年均增速近50%,极大地推动了我国对外贸易的发展。

9.3.2 中国数字贸易的发展为共建"一带一路"提供了新机遇

数字贸易通过大数据、云计算、人工智能等新的科技手段,利用国际电子支付、结算等数字金融工具迈出了高速发展的步伐。加之新冠肺炎疫情导致跨境出行受限,大量依赖面对面的传统服务贸易转到线上,推动数字贸易逆势增长,不仅引起了全球经济的根本性变革,也令全球经济活动重心从货物贸易、服务贸易向数字贸易转移。面对国际贸易发展新趋势,近年来,中国也加速了数字贸易领域的发展进程。据《数字贸易发展与合作报告》数据显示,中国数字服务贸易规模在2020年已高达2 947.6亿美元,不仅占服务贸易总额的44.5%,年平均增长率更达6.7%,高于同期服务贸易和货物贸易的增长速度。商务部还预测,到2025年,中国可数字化的服务贸易进出口总额将超过4 000亿美元,占服务贸易总额的比重可跃居50%左右。

为抓住数字贸易的新机遇,带动中国传统产业加快实现数字化转型,同时进一步推动中国数字领域新兴产业加快融入全球产业体系,中国政府高度重视数字经贸国际合作。中国不仅已宣布申请加入《数字经济伙伴关系协定》(DEPA)及其他相关国际经贸协定,在"十四五"时期还推进数字服务出口基地建设和打造数字贸易示范区等,以此加强和"一带一路"沿线国家的合作,并为中国的数字贸易发展乃至世界各国的数字贸易发展提供助力。2020年的《"一带一路"数字贸易指数发展报告》显示,"一带一路"沿线国家与我国的数字贸易大多呈现良好发展状态,数字贸易发展前景广阔,潜力巨大。从整体来看,亚洲国家与我国在"一带一路"数字贸易合作方面更为密切,综合指数排名前10的国家中,亚洲国家占了7个,其中5个位于东南亚,属于东盟国家。同时,印度、以色列、伊朗、塞尔维亚等国的数字贸易指数在5年里保持持续上升的趋势,新加坡、土耳其等国也表现亮眼,年增长率在2018年分别达到19%和11%。此外,还有一些国家的数字经济基础较为薄弱,具有极大合作发展与开拓空间。

同时,"一带一路"沿线国家大多属于经济较为落后的国家,且多属于"互联网发展中国家"。例如,非洲国家的互联网普及率目前只有15%左右,深陷数字鸿沟。中国要进行数字贸易国际合作,尤其是和"一带一路"沿线国家进行数字贸易合作,将至少遭遇以下四个挑战。

其一,监管挑战。在疫情冲击下,各国跨境电商发展迅速,因此,小批量、高频率的碎片化货物贸易,以及随之而来的大量数字信息,给传统货物监管部门和数字产业监管部门带来了巨大的监管挑战,这些挑战对部分"一带一路"沿线国家监管部门尤为巨大。

其二,人力资源和核心技术挑战。对于众多经济较为落后的"一带一路"沿线国家而言,如果未能及时拥抱数字贸易,不仅未来经贸发展不能进行弯道超车,还将被国际最新经贸发展潮流抛弃。但若要发展数字贸易,这些国家不少传统产业的中小微企业既缺乏诸如大数据、云计算、人工智能等新技术和数字贸易技术和数字金融工具的支持,也缺乏能够从事数字贸易的人才加盟,从而剥夺了这些企业原本留存在境内的部分收益以及生存、发展空间,严重的甚至会出现企业倒闭的情况。

其三,关税挑战。随着跨境数字贸易规模日益扩大,各国税收主权和利益受到较大影响,特别是净进口国维护本国税收利益的意愿愈发强烈,单边开征数字税的国家逐步增多。当前中国与"一带一路"沿线国家的单边碎片化和缺乏协调的数字服务税体系,不仅会增加中国与沿线国家的贸易摩擦,未来还将影响跨境数字贸易的开展和准入。

其四,跨国数据保护和法律挑战。进行数字贸易,必将涉及各国的信息安全问题。数字贸易尤其是跨境电商非常依赖于数据的移动、存储和使用。随着跨境数据流动变得更加频繁,其中个人信息、商业信息保护和法律问题已摆在中国与"一带一路"沿线国家面前,成为中国与沿线国家发展数字贸易的主要"拦路虎"。

上述提及的挑战,也是国际间发展数字贸易普遍面对的挑战。积极应对这些挑战,将促进中国与包括"一带一路"沿线国家在内的世界各国进行数字贸易,以及推动中国参与推动制定数字贸易国际新规则,掌握数字贸易国际合作话语权,为各国经济发展注入新的动力,建议可以采取以下三个方面的措施。

其一,要解决监管挑战和关税问题。由于中国已与147个国家、32个国际组织签署200多份共建"一带一路"合作文件,其中不少沿线国家已与中国在数字贸易领域展开较为广泛的合作。中国可推动相关部委与这些国家在已签署的"一带一路"合作文件中,补充签订数字贸易的监管协议和关税协议,填补监管空白,进一步加强国际税收信息交换、维护各国的税收权益,避免在国际上发生不必要的纠纷。

其二,要解决人力资源和核心技术挑战问题。我们可通过相关中国部委、高校、国际数字贸易协会和跨境电商平台等机构,主动向沿线国家从事或者有兴趣从事数字贸易相关领域教学和研究的教师和学者、数字贸易企业中高层管理人员们,提供访学、短期研修的项目,让他们在中国学习数字贸易发展所需要的技术和技能,并提供奖学金资助。

其三,要解决跨国数据保护和法律挑战问题。当前,作为世界贸易体系中最能保证公平竞争的组织WTO在全球数字贸易监管方面陷入僵局,但包括CPTPP、RCEP和DEPA在内的多项国际协定已经纳入了跨境电子商务、数字贸易的相关监管问题。例如,RCEP协定中,已包含"合法的公共政策目标"和"基本安全利益"等的豁免条件内容,可用于证明国内要求限制跨境数据流的合理性。

对此,中国可考虑与"一带一路"沿线中的区域性国际组织,尤其是与东盟、非盟等国家组织,参考CPTPP、RCEP等国际协议的相关条款,再结合各国具体情况,率先建立中国与东盟之间、中国与非盟之间的数字贸易信息保护法、安全法等相关法律法规,完善个人信息、商业信息保护、数据跨境流动、安全防护等制度;明确加强个人信息、商业信息保护的原则,包括收集限制、数据质量、目的规范、使用限制、安全保障和透明度,要求各缔约国依据这些原则建立法律框架来保护个人信息。

新冠肺炎疫情虽重创了世界经济,但却使远程医疗、在线教育、共享平台、协同办公、跨境电商等服务得到更广泛应用,带动了数字经济发展。随着各国提振经济的愿望日趋强烈,中国数字贸易的发展将为"一带一路"沿线国家的经贸发展带来更多新机遇。

9.3.3 中国数字经济与贸易发展推动构建人类命运共同体

习近平总书记在庆祝中国共产党成立100周年大会上的重要讲话强调:"以史为鉴、开创未来,必须不断推动构建人类命运共同体。"提出要"推动建设新型国际关系,推动构建人类命运共同体,推动共建'一带一路'高质量发展,以中国的新发展为世界提供新机遇"。

1. 为什么要构建人类命运共同体

党的十八大以来,以习近平同志为核心的党中央统揽两个大局,推动新型国际关系和人类命运共同体的构建,推动"一带一路"高质量发展,形成中国特色大国外交新格局,取得了一系列新成就、新进展。中国已在全球生产网络和价值链中居于枢纽地位,连续多年成为驱动全球经济增长的最重要引擎。另外,当今世界正面临百年未有之大变局,国际形势发生深刻变化。反全球化思潮逆流涌动,贸易孤立主义、民粹主义、保守主义抬头,部分国家试图与中国在关键价值链上实现脱钩,搞所谓的"去中国的全球化"。2020年,英国智库Henry Jackson Society的报告将中国定义为"技术上的威权主义"。美国总统拜登上台后对关键产业链进行"百日调查",认为在部分关键供应链上已经对中国形成了依赖,试图推动所谓"脱钩"。这些弱肉强食的丛林法则、你输我赢的零和游戏违背了和平、发展、合作、共赢的时代主题,不利于世界和平稳定和全人类的可持续发展。以习近平同志为核心的党中央高瞻远瞩,适时提出构建人类命运共同体,这是对当今世界和人类未来走向的重大研判,是中国以身作则构建的一种崭新的人类发展路径。在人类命运日益相依相存的时代,各国只有构建命运共同体,才可能解决全球性问题,真正实现人类拥有的共同理想。人类命运共同体理念顺应历史潮流,把握时代脉搏,是对中国传统文化的创造性转化和创新性发展,是当代中国共产党人为解决人类面临的各种复杂问题而贡献的中国方案。

2. 构建怎样的人类命运共同体

构建人类命运共同体蕴含着一种开放、包容、协调、可持续的新发展观。这种新发展观将地球和全人类看作一个整体,少数国家的发展是不充分的发展,全人类的全面发展和与自然环境和谐发展才是真正的发展,抛开了狭隘的民族主义和国家主义,是在更高站位上展现的更高格局。这种新发展观以人的全面自由发展为中心,重视人与人关系的和谐发展。传统的发展观过于强调个体利益和资本利润,突出国家之间的竞争关系,把人与人、不同民族放在了对立位置,这显然已不再符合当前的世界和平发展大势。人类命运共同体理念摒弃以个体和资本利润为中心的发展观,坚持人类共同发展,体现了开放、包容、协调、可持续的科学理念。构建人类命运共同体蕴含着建立以合作共赢为核心的新型国际关系和国际治理秩序。通过倡导平等、民主、公正、普惠的文化,保障不同国家间的平等参与权,反对单边主义和强权政治。当前世界体系依然受西方发达国家主导的"中心-边缘"结构影响,这本质上是拥有科技、金融和规则支配地位的中心发达国家和发展中国家进行不平等交换的体系。这种体系下,发展中国家通常处于价值链的低端,靠出卖劳动力和资源、牺牲生态环境来发展经济,却没有经济规则话语权、定价权,长期处于被支配地位,陷入贫困陷阱和中等收入陷阱。现存世界体系下,追求排他性利益必定会导致各国之间发展的愈发不平衡,滋生霸权主义和民粹主义,导致国际间的矛盾升级、文化冲突,进而造成竞争、动荡乃至战争。构建人类命运共同体,旨在建设一种能促进发展中国家平等参与国际分工合作、推动大国合作和多元主体协同、通过共赢高效解决全球性问题的治理体系。党的十八大以来,中国积极推动全球可持续和包容性发展,积极承担国际责任、履行国际义务,不断彰显中国担当,促进世界和平与发展。2020年,面对新冠肺炎疫情的严重冲击,中国果断采取举措抓疫情防控和经济社会发展,稳住了产业链,快速恢复供给,率先复苏,成为当年唯一实现正增长的世界主要经济体;从物资储备到产品供给,从科技攻关到医疗保障,中国抗疫成效显著,给处于阴霾之中的世界带来信心和希望,为全球团结合作抗疫、构建人类健康共同体贡献了力量。

3. 怎样推动构建人类命运共同体

必须把中国自身发展好,坚持走高质量发展之路,为世界带来中国发展的新机遇。同时,通过科技自立自强和超大规模市场建设加速构建新发展格局,高质量推进"一带一路"建设,抢抓数字变革的历史机遇,推动人类命运共同体构建。

第一,坚持以人民为中心的发展理念,搞好发展这一治国理政的第一要务。中国地大物博,自古以来就是举足轻重的大国。中国拥有14亿多人口,约占世界总人口的1/5。作为全球最大的发展中国家,中国自己的发展就是在促进人类社会的进步。改革开放以来,中国通过发展实现了7亿多人的脱贫;党的十八大以来,在中国共产党带领下打起了脱贫攻坚战,并在建党百年之际取得了全面胜利,现行标准下9 899万农村贫困人口全部脱贫,区域性整体贫困得到解决,完成了消除绝对贫困的艰巨任务,创造了人类历史上的奇迹。在全球贫困状况依然严峻的情况下,提前10年实现《联合国2030年可持续发展议程》减贫目标。中国的减贫成就是人类发展史上的一大创举,走出的具有中国特色的减贫道路充分彰显了以人为本的理念和以人的自由全面发展为中心的发展观的胜利,为解决贫困这一人类千百年来的痼疾提供了中国方案。

第二,抓住新一轮产业革命的历史机遇,实现创新发展。创新发展是新发展理念的重要内容,是顺应时代发展趋势、实现经济转型升级的必然要求。当前,新一轮科学技术革命正孕育待发。理论和实践表明,科技进步是经济长期增长的最根本动力,科技革命是国际体系变革的关键要素,人类历史上每一次工业革命都会带来国际格局的重大变化。我们应该加快科技体制机制改革,充分发挥市场作用,更好发挥政府作用,下大力气做好人才工作,最大限度释放人才红利。以时不我待的精神解决关键"卡脖子"技术,实现科技自立自强。另外,新技术交叉融合、跨国跨界交融更加频繁,科技创新与产业融合更加紧密,应积极支持科技领域的国际交流,通过互学互鉴推动各国经济发展和社会进步。科技进步是人类文明成果的重要组成部分,应通过交流交往惠及更多人群,为世界经济实现创新发展奠定基石。

第三,建设超大规模市场,构建新发展格局。立足新发展阶段,党中央提出构建新发展格局,这是事关全局的重大部署,是在新的历史条件下实现更高质量、更有效率、更加公平、更可持续、更为安全的发展的必由之路。要牢牢把握扩大内需这一战略基点,注重加强需求侧管理,形成需求牵引供给、供给创造需求的更高水平动态平衡,为新发展格局培根筑基。首先,持续扩大城乡消费。"十三五"规划收官之时,我国常住人口城镇化率超过60%,城镇化水平稳步提升,农村领域发生结构性变化。应持续开拓城乡消费市场,推动新型消费发展。鼓励网络购物、移动支付、在线教育和医疗等消费新业态新模式发展,推动城乡消费各环节更好融入国内大循环。其次,大力发展"银发经济"。"十四五"时期,老年人口预计突破

3亿人,要积极应对人口老龄化,大力发展"银发经济"。聚焦老龄人群需求,建立满足全生命周期需求的产品服务体系,提供高质量多元化服务。要加强老龄产业供给侧结构性改革,推动科技适老化,消除老年"数字鸿沟"。再次,着力构建一体化市场。近几年我国整体市场分割程度有所下降,但要素市场一体化进程相对滞后,市场分割显著影响了我国企业参与国际竞争合作时的优势。应支持资源的合理流动与开放共享。通过协商建立各要素跨区流动的统一标准和对接机制;完善跨区基础设施建设;探索区域协同创新模式,建设科技资源共享平台,支持劳动、资本、数字、技术等要素跨区域有序合理流动。应打破条块分割的治理结构。建立与一体化相适应的电子政务网络,实现跨区域、跨主体的协同治理。中国超大规模市场建设,不仅是中国经济发展的内在需要,也将为世界发展和各国企业带来外部机遇。

第四,高质量推动"一带一路"建设。要推动与沿线国家贸易投资合作的优化升级,实施更大范围、更宽领域、更深层次的对外开放,践行共商、共建、共享原则,弘扬开放、绿色、廉洁理念,与沿线各国共享发展机遇,同世界各国实现互利共赢。除了传统的基础设施、移动支付、信息技术、新能源等领域,还要与沿线各国建立紧密的卫生合作伙伴关系,特别要促进设施设备和规则标准的联通,既要实现"硬联通",也要实现"软联通";同时推动绿色"一带一路"建设,不断完善开放、市场化的合作体系,加强基建、能源、金融等领域的合作,改善各种多边合作平台,践行绿色发展理念。"一带一路"建设倡导的互联互通是一种重要的全球性公共产品,对于推动世界经济联动发展具有重要意义。"一带一路"构建的多边投融资框架及合作体系,建立合作共赢的协同发展模式,为包括沿线国家在内的世界各国提供实现发展的历史性机遇。

第五,抢抓数字变革契机,加快数字经贸发展。数字经济在国民经济发展中的重要性快速提升,数字贸易的作用也逐步凸显,日益成为国际竞争和合作的热点。数字经济与贸易由于其天然的跨区域性,将成为人类命运共同体建设的重要推动力。应依托我国的规模优势,推动数据在部门间的共享,破除"孤岛"效应,加快产业数字化、智能化转型,为数字经贸发展奠定坚实基础。进一步加快数字网络建设,提升数字基础设施覆盖率和内容传输效率,增强跨境电商的服务可达性;与"一带一路"沿线国家共同推动数字基础设施网络构架,构建更加一体化的数字基础设施空间体系,实现贸易各环节智能联动,提升跨境数字消费便利化水平。数字技术的广泛应用对贸易模式、要素禀赋、成本结构、规模与竞争效应、贸易政策与规则等都产生了巨大的影响,应充分发挥自由贸易试验区(港)的作用,建设数字自贸区,先行先试加强制度创新。引进和培育数字平台领先企业,促进资源汇聚和产业聚集,构建以市场力量为主驱动的数字生态系统。助力消费互联网和产业互联网融合并发生化学反应,为数字科技和管理人才在两网之间的流动提供便利,形成数字价值链层面的溢出效应,强化数字赋能。积极建设数字全产业链,打造国家数字服务出口基地、数字贸易先行示范区等。选取有条件的自贸区对标CPTPP等国际高标准规则进行试点,针对重点难点问题,如数据确权、价格评估、流通交易、跨境流动、隐私保护、数据安全、贸易仲裁、数据监管和治理等进行改革创新和压力测试,打造全球数字变革的策源地,为构建普惠包容的全球数字规则贡献中国智慧。

本章小结

本章探讨了数字经贸未来发展趋势,分析了全球数字经济与贸易发展的机遇与挑战。

各国对数字经济的重视度日渐提升,挑战包括全球生产结构变化、全球价值链构建、产业链逆全球化、数字服务税规则等。我国高度重视数字贸易发展,新兴数字技术为服务贸易提供数字化解决方案,推动数字贸易逆势增长。全球数字经济蓬勃发展将为我国数字贸易发展提供广阔市场空间。我国数字贸易企业面临拓展电信服务市场、发展跨境电子商务等市场机遇。RCEP关于数字贸易的规则将有助于我国企业拓展区域市场。我国还需应对信息基础设施、数据要素市场、数字鸿沟等挑战。数字经济呈现消费型和生产型不同发展态势,治理面临市场垄断、税收侵蚀、数据安全等挑战。中国积极发展数字经济,推动国际合作开发,加强顶层战略设计,推进"一带一路"数字经济合作,提高数字技术水平,助力企业数字化转型。数字经济的发展为世界经济发展提供了新选择,为构建新格局提供了机遇。本章讨论了数字贸易中的关税挑战、跨国数据保护与法律挑战等,建议中国推动与相关国家在数字贸易领域展开合作,加强个人信息和商业信息保护,完善相关法律法规。

思考题

1. 数字技术的快速发展将如何进一步推动数字经贸的发展?
2. 如何应对数字经贸发展中的挑战,如数据安全、隐私保护、数字鸿沟等问题?
3. 未来的数字经贸将呈现怎样的发展趋势和特点?

参考文献

1. RCEP生效在即,我国数字贸易迎发展机遇[EB/OL],https://mp.weixin.qq.com/s/G2eTxlV4OMOhqlTvKwBtrg.

2. 报告显示"一带一路"沿线国家与我国数字贸易呈良好态势[EB/OL],https://mp.weixin.qq.com/s/a8JXth7fYR4IgccLlt-Elg.

3. 当前我国数字经济发展面临的五大挑战及应对策略[EB/OL],https://mp.weixin.qq.com/s/nKtRSoimJP64C8JQ3w85Qw.

4. 数字经济为经济社会发展带来新动能[EB/OL],https://mp.weixin.qq.com/s/Swy06SZ68moJpF_uLpLvHA.

5. 数字经济引领高质量发展[EB/OL],https://mp.weixin.qq.com/s/Q9FJEPVCGck89uqm0c87nA.

6. 我国发展数字经济有何优势和挑战?[EB/OL],https://mp.weixin.qq.com/s/ENADtx0YkDemFSkdqm5sVg.

7. 中国如何加强与"一带一路"沿线国家数字贸易?[EB/OL],https://mp.weixin.qq.com/s/oV7aNPcyjlmUfesCp1XqKQ.

8. 朱恒鹏,杨志勇,洪俊杰,陈彦斌,陆毅.深入学习贯彻习近平总书记"七一"重要讲话精神笔谈[J].经济学动态,2021(09):3-21.

图书在版编目(CIP)数据

数字经济与贸易/沈华夏,张雅丽主编. -- 上海：复旦大学出版社,2025.1. -- (创优经管核心课程系列). -- ISBN 978-7-309-17696-4

Ⅰ.F49；F740.4-39

中国国家版本馆 CIP 数据核字第 2024WOR086 号

数字经济与贸易
SHUZI JINGJI YU MAOYI
沈华夏　张雅丽　主编
责任编辑/鲍雯妍

复旦大学出版社有限公司出版发行
上海市国权路 579 号　邮编：200433
网址：fupnet@fudanpress.com　http://www.fudanpress.com
门市零售：86-21-65102580　团体订购：86-21-65104505
出版部电话：86-21-65642845
上海新艺印刷有限公司

开本 787 毫米×1092 毫米　1/16　印张 11.75　字数 286 千字
2025 年 1 月第 1 版第 1 次印刷

ISBN 978-7-309-17696-4/F·3075
定价：49.00 元

如有印装质量问题，请向复旦大学出版社有限公司出版部调换。
版权所有　侵权必究